Terrorversicherungen und europäisches Wettbewerbsrecht

SCHRIFTEN
zum internationalen und zum öffentlichen
RECHT

Herausgegeben von Gilbert Gornig

Band 61

PETER LANG
Frankfurt am Main · Berlin · Bern · Bruxelles · New York · Oxford · Wien

Felix Wolf

Terrorversicherungen und europäisches Wettbewerbsrecht

Verschiedene Modelle staatlicher Beteiligung an einer Terrorversicherung für Wirtschaftsbetriebe und ihre Vereinbarkeit mit dem europäischen Wettbewerbsrecht

PETER LANG
Europäischer Verlag der Wissenschaften

Bibliografische Information Der Deutschen Bibliothek
Die Deutsche Bibliothek verzeichnet diese Publikation in der Deutschen Nationalbibliografie; detaillierte bibliografische Daten sind im Internet über <http://dnb.ddb.de> abrufbar.

Zugl.: Marburg, Univ., Diss., 2004

D 4
ISSN 0943-173X
ISBN 3-631-53864-2

www.peterlang.de

Meinen Eltern

Vorwort

Die vorliegende Arbeit wurde im Wintersemester 2003/2004 vom Fachbereich Rechtswissenschaften der Philipps-Universität Marburg als Dissertation angenommen.

Mein besonderer Dank für die Anregung und Betreuung der Arbeit gilt meinem Doktorvater, Herrn Professor Dr. Dr. h.c. Gilbert Gornig. Vor allem aufgrund seiner offenen, jederzeit hilfsbereiten und ermutigenden Art der Unterstützung hat mir die Ausarbeitung große Freude bereitet.

Für die zügige Erstellung des Zweitgutachtens gilt mein Dank ferner Herrn Prof. Dr. Hans-Detlef Horn.

Ich bedanke mich weiterhin bei der Flughafen-Frankfurt-am.Main-Stiftung herzlich für die großzügige finanzielle Unterstützung.

Schließlich bin ich meinen Eltern für ihre bedingungslose und immerwährende Unterstützung bei all meinen Vorhaben sehr dankbar.

Saarbrücken, im April 2005 Felix Wolf

Inhaltsverzeichnis

Abkürzungsverzeichnis XIX

ERSTER TEIL:

Einleitung und Allgemeines 1

I. Einleitung 1
1. Die Terroranschläge vom 11. September 2001 und ihre wirtschaftlichen Folgen 1
2. Ziel und Methode der Untersuchung 3
3. Versicherungsmodelle im Überblick 4
II. Volkswirtschaftlicher Überblick 5
1. „Risiko" und die Funktionen von Versicherung 5
2. Begründung sowie Vor- und Nachteile einer staatlichen Risikoübernahme 7
a) Begründungen staatlicher Risikoübernahme 7
aa) Allgemein 7
bb) Für den Bereich der Terrorrisiken 8
b) Vor- und Nachteile staatlicher Risikoübernahme 8
III. Allgemeine Erläuterungen zum europäischen Wettbewerbsrecht 9
1. Stellenwert und Aufgaben des europäischen Wettbewerbsrechts 9
2. Anwendbarkeit des europäischen Wettbewerbsrechts – Verhältnis zum nationalen Wettbewerbsrecht 10
a) Zwischenstaatlichkeitsklauseln als Kollisionsnormen 10
b) Weite Auslegung der Zwischenstaatlichkeitsklauseln 10
c) Anwendbarkeit des europäischen Wettbewerbsrechts auf Terrorversicherungen 11
3. Grundkonzeption und Systematik des europäischen Wettbewerbsrechts 12
a) Fragmentarischer Charakter 12
b) Unternehmens- und staatsbezogene Vorschriften 13
4. Unternehmensbezogene Vorschriften Art. 81, 82 EGV sowie Art. 86 EGV 13
a) Art. 81 EGV 13
b) Art. 82 EGV 14
c) Art. 86 EGV 14
aa) Art. 86 Abs. I EGV 15
bb) Art. 86 Abs. II EGV 15
(1) Reichweite des Art. 86 II EGV 16
(2) Enge Auslegung des Art. 86 II EGV 16
(3) Art. 86 Abs. III EGV 17

5. Staatsbezogene Vorschriften, Art. 87-89 EGV 17
a) Generelles Verbot staatlicher Beihilfen 17
b) Ausnahmen gemäß Art. 87 II EGV 17
c) Ausnahmen gemäß Art. 87 III EGV 18
IV. Versicherungsspezifisches gemeinschaftliches Sekundärrecht – EG-Schadensversicherungsrichtlinien 18
1. Erste Richtlinie des Rates zur Koordinierung der Rechts- und Verwaltungsvorschriften betreffend die Aufnahme und Ausübung der Tätigkeit der Direktversicherung (mit Ausnahme der Lebensversicherung) vom 24. Juli 1973 (73/239/EWG) 19
2. Zweite Richtlinie des Rates zur Koordinierung der Rechts- und Verwaltungsvorschriften für die Direktversicherung (mit Ausnahme der Lebensversicherung) und zur Erleichterung der tatsächlichen Ausübung des freien Dienstleistungsverkehrs sowie zur Änderung der Richtlinie 73/239/EWG vom 22. Juni 1988 (88/357/EWG) 20
3. Richtlinie 92/49/EWG des Rates zur Koordinierung der Rechts- und Verwaltungsvorschriften für die Direktversicherung (mit Ausnahme der Lebensversicherung) sowie zur Änderung der Richtlinien 73/239/EWG und 88/357/EWG (Dritte Richtlinie Schadensversicherung) vom 18. Juni 1992 20

ZWEITER TEIL:

Das Angebot staatseigener Versicherungen 22

I. Staatliche Monopolversicherung 22
1. Einführung 22
a) Ziele einer staatlichen Monopolversicherung 22
b) Merkmale einer staatlichen Monopolversicherung 23
aa) Versicherungszwang 23
bb) Alleiniges Angebotsrecht 24
cc) Bannrecht 24
c) Ordnungspolitische Bewertung einer staatlichen Monopolversicherung 25
d) Stellenwert des Modells in Literatur und Realität 25
2. Vereinbarkeit einer staatlichen Monopolversicherung mit europäischem Primärrecht 27
a) Unternehmenseigenschaft 27
aa) Bedeutung des Unternehmensbegriffs – Voraussetzung für die Anwendbarkeit des europäischen Wettbewerbsrechts 27
bb) Allgemeiner Unternehmensbegriff 27
(1) Funktionaler Unternehmensbegriff 29
(2) Rechtssubjektivität und organisatorische Selbstständigkeit 29
(3) Unterscheidung von wirtschaftlicher und nicht-wirtschaftlicher Tätigkeit 30

(a) Organisatorische Merkmale einer Einheit als Indiz für die Wirtschaftlichkeit ihrer Tätigkeit 31

(aa) Einrichtungen, die durch Gesetz geschaffen sind und lediglich staatliche Gesetze anwenden 31

(bb) Einrichtungen, die in öffentlich-rechtlicher Form konstituiert sind 32

(cc) Unerheblichkeit staatlicher Einflussmöglichkeiten 33

(dd) Stellungnahme zu organisatorischen Merkmalen insgesamt 33

(b) Öffentliches Interesse an der ausgeübten Tätigkeit – EuGH „Sacchi" 34

(c) Fehlende Gewinnerzielungsabsicht – EuGH „Höfner/Elser vs. Macrotron" 34

(d) Materiell hoheitliche Aufgaben – EuGH „SAT vs. Eurocontrol" 35

(aa) Materien völkerrechtlicher Abkommen 36

(bb) Beachtlichkeit staatlicher Zwangsbefugnisse und Sonderrechte 36

(cc) Traditionell oder notwendigerweise hoheitliche Tätigkeiten und Vergleich mit anderen Mitgliedsstaaten 39

(dd) Übertragung der Grundsätze aus Art. 39 I. V. , 45 EGV .. 41

cc) Unternehmensbegriff im Bereich der sozialen Sicherungssysteme 44

(1) Ähnlichkeiten zwischen staatlicher Monopol-Terrorversicherung und sozialen Sicherungssystemen – Das Solidarprinzip 44

(a) Keine oder nur eingeschränkte Korrelation von Risiko und Beitragshöhe 45

(b) Keine Korrelation von Versicherungsleistung und Beitragshöhe 45

(c) Ausnahmsweise Befreiung von der Beitragszahlung 46

(d) Finanzieller Ausgleich zwischen verschiedenen Einrichtungen 46

(2) Übertragbarkeit der Rechtsprechung zu sozialen Sicherungssystemen auf eine Terrorversicherung von Wirtschaftsbetrieben – Die Begriffe „Daseinsvorsorge" und „soziale Sicherheit" 47

(a) „Daseinsvorsorge für Wirtschaftsbetriebe" – Weites Verständnis des Begriffs „Daseinsvorsorge" 47

(b) Der Begriff „soziale Sicherheit" 49

dd) Forderung nach einem einheitlichen Unternehmensbegriff 50

(1) Unmöglichkeit eines einheitlichen Unternehmensbegriffs 51

(a) Nationale, mitgliedsstaatliche Dimensionen des Problems 52

(b) Relevanz des Problems auf gemeinschaftsrechtlicher Ebene 53

(2) Bedeutung für die Monopol-Terrorversicherung 54

b) Monopolcharakter der skizzierten Versicherung im Sinne des europäischen Wettbewerbsrechts 54

aa) Begriff der ausschließlichen und besonderen Rechte im Sinne des Art. 86 I EGV 55
bb) Alleiniges Angebotsrecht als ausschließliches Recht gemäß Art. 86 I EGV 56
cc) Bannrecht als ausschließliches Recht gemäß Art. 86 I EGV 57
(1) Das Bannrecht der ehemaligen deutschen Monopol-Gebäudeversicherungsanstalten 58
(a) Behandlung der deutschen Pflicht- und Monopolversicherungsanstalten durch die gemeinschaftsrechtlichen Versicherungsrichtlinien 58
(b) Rückschlüsse auf die Einordnung des Bannrechts 59
(2) Einordnung des Bannrechts allgemein 60
c) Vereinbarkeit von Dienstleistungsmonopolen mit dem EGV 60
aa) Die wesentlichen vertretenen Standpunkte 61
(1) Möglicherweise einschlägige Rechtsnormen 61
(2) Systematische Unterscheidung von staats- und unternehmensgerichteten Vorschriften des EGV 62
(a) Die Sphären wirtschaftlicher und staatlich-hoheitlicher Tätigkeit 62
(b) Vermischung beider Sphären durch staatliche Wirtschaftstätigkeit 63
(c) Funktion und systematische Besonderheiten des Art. 86 I EGV 64
bb) Vereinbarkeit von Dienstleistungsmonopolen mit den Grundfreiheiten, insbesondere der Dienstleistungsfreiheit 67
(1) Einschränkbarkeit der Dienstleistungsfreiheit 68
(2) Einschränkung durch Monopole 68
cc) Vereinbarkeit von Dienstleistungsmonopolen mit dem europäischen Wettbewerbsrecht 69
(1) Rechtsprechung des EuGH – „absolute competition“ oder “limited sovereignty approach“ 70
(a) Ausschließliche und besondere Rechte nicht ausnahmslos vertragskonform – EuGH „Frankreich vs. Kommission (Telekommunikationsendgeräte-Richtlinie)“ 72
(b) „Automatischer Missbrauch“ durch „versagendes Monopol“ – EuGH „Höfner/Elser vs. Macrotron“ 72
(c) Missbrauch bereits bei möglicher Schaffung einer missbrauchsgeeigneten Situation – EuGH „ERT“ 73
(d) Stellungnahme 76
(2) Rechtsprechung des EuGH – „limited competition approach“ 77
(a) EuGH “RTT vs. GB-INNO-BM” 78
(b) EuGH “Centre d’sinsemination de la Crespelle” und “Banchero” 80
(3) Auslegung des EGV 80

(a) Monopole und marktwirtschaftliches Programm des EGV 80
(b) Monopole als Besonderheit staatlicher Wirtschaftstätigkeit 81
(c) Bedeutung des Art. 31 EGV 82
(d) Bedeutung des Art. 86 II EGV 84
(e) Wettbewerbstheoretische Kontroverse um die Auslegung des Art. 82 EGV 84
(aa) Monopole als Ergebnis marktwirtschaftlichen Wettbewerbs 85
(bb) Monopole aufgrund politischer Entscheidung 85
d) Vereinbarkeit der gesetzlichen Monopol-Terrorversicherung mit Art. 82 EGV 86
aa) Marktbeherrschende Stellung der Versicherung auf dem Gemeinsamen Markt oder einem wesentlichen Teil des Gemeinsamen Marktes 86
(1) Relevanter Markt 86
(a) Sachlich relevanter Markt 87
(aa) Situation vor den Anschlägen vom 11. September 2001 .. 88
(bb) Situation nach den Anschlägen vom 11. September 2001 88
(b) Räumlich relevanter Markt 89
(c) Zeitlich relevanter Markt 90
(2) Gemeinsamer Markt oder wesentlicher Teil des Gemeinsamen Marktes 90
(3) Marktbeherrschung durch die Monopolversicherung 91
bb) Missbrauch der marktbeherrschenden Stellung 92
cc) Tatsächliche Missbrauchsprognose 92
(1) Das Versagen des Monopols 92
(2) Preisgestaltungsmissbrauch im Sinne des Art. 82 II a) EGV 93
3. Beurteilung der Monopol-Terrorversicherung am Maßstab des versicherungsspezifischen Sekundärrechts 93
a) Ausnahmsweises Monopolverbot 93
b) Generelles Monopolverbot 94
II. Terrorversicherung in Spanien – Das Consorcio de Compensación de Seguros ... 95
1. Beschreibung des Consorcio 95
a) Geschichte des Consorcio 95
b) Maßgebliche Rechtsnormen 96
c) Rechtsnatur des Consorcio 98
d) Aufgaben des Consorcio 98
aa) Außergewöhnliche Schadensursachen 99
(1) Bedeutung der außergewöhnlichen Schadensursachen 99
(2) Schadensursachen politischen oder sozialen Charakters 100
bb) Sonstige Aufgaben des Consorcio 100
e) Finanzen 101

f) Versicherbare Objekte 102
g) Versicherte Schäden 102
aa) Allgemein 102
bb) Insbesondere Betriebsunterbrechungen beziehungsweise Ertragsverluste (pérdida de beneficios) 103
h) Voraussetzungen für den Eintritt des Consorcio 104
aa) Basisversicherungen 104
bb) Obligatorischer Zuschlag (recargo) 105
cc) Subsidiärer Charakter der Leistungen des Consorcio 105
dd) Pflicht zur Zuschlagszahlung auch bei Bestehen einer privaten Versicherung 106
ee) Selbstbehalte 106
2. Beurteilung des Consorcio am Maßstab der Art. 86, 82 EGV 106
a) Unternehmenseigenschaft des Consorcio 107
aa) Behandlung des Consorcio durch das gemeinschaftsrechtliche Sekundärrecht – Bedeutung des Begriffs „Kompensationsfonds“ 107
bb) Beurteilung anhand allgemeiner Kriterien 108
(1) Das Consorcio als Wettbewerber privater Versicherungen 109
(2) Voraussetzungen einer Leistung des Consorcio 109
cc) Stellungnahme zur sekundärrechtlichen Einordnung des Consorcio 110
(1) Abgrenzungskriterien für den Begriff „Versicherung“ auf gemeinschaftsrechtlicher Ebene 110
(2) Merkmale eines Entschädigungs- und Ausgleichsfonds im deutschen Recht 111
(a) Absicherung Dritter 112
(b) Gemeinsamer Zweck der Beitragszahler 112
(3) Konkurrierende Kompensationsmechanismen in Spanien 113
(4) Eigendarstellung des Consorcio und Einordnung in der Literatur 113
b) Beherrschende Stellung des Consorcio auf dem Gemeinsamen Markt oder einem wesentlichen Teil des Gemeinsamen Marktes 114
aa) Relevanter Markt 114
bb) Marktbeherrschung durch das Consorcio 116
cc) Wesentlichkeit des beherrschten Marktes 117
c) Missbräuchliches Ausnutzen der beherrschenden Stellung gemäß Art. 86 I, 82 EGV 117
aa) Voraussetzungen des Art. 86 I EGV 118
(1) Öffentliches oder privilegiertes Unternehmen 118
(a) Öffentliches Unternehmen 118
(b) Privilegiertes Unternehmen 119
(2) Maßnahme im Sinne des Art. 86 I EGV 120
(3) Maßnahme „in Bezug“ auf öffentliche oder privilegierte Unternehmen 120

bb) Widerspruch der Maßnahme zum Missbrauchsverbot des Art. 82 EGV ... 120
(1) Begriff des Missbrauchs allgemein ... 121
(2) Zuschlagsregelung als Kopplungsgeschäft gemäß Art. 82 II d) EGV ... 121
(a) Leistungserbringung im Sinne des Art. 82 II d) EGV durch das Consorcio ... 122
(b) Zusätzliche Leistung – Struktur des Kopplungsgeschäfts ... 122
(c) Kopplungsgeschäft des Consorcio im Sinne des Art. 82 II d) EGV ... 124
(3) Missbrauch einer marktbeherrschenden Stellung im Sinne der Generalklausel des Art. 82 I EGV ... 125
(a) Zuschlagsregelung als Behinderungsmissbrauch ... 125
(b) Verhältnis von ausschließlichen Rechten und Behinderungsmissbrauch im Sinne des Art. 82 I EGV ... 125
d) Ausnahme gemäß Art. 86 II EGV – Dienstleistungen von allgemeinem wirtschaftlichem Interesse ... 128
aa) Stellenwert mitgliedsstaatlicher Konzepte ... 128
bb) Dienstleistung von allgemeinem wirtschaftlichem Interesse als autonomer gemeinschaftsrechtlicher Begriff ... 128
(1) Das Tatbestandsmerkmal „allgemeines Interesse“ ... 129
(2) Terrorversicherung für die Wirtschaft als Dienstleistung von allgemeinem Interesse ... 130
3. Beihilfenrechtliche Überprüfung des Consorcio ... 132
a) Beihilfencharakter der Terrordeckung im Sinne des Art. 87 EGV ... 133
aa) Weite Auslegung des Beihilfenbegriffs ... 133
bb) Beihilfen in Form staatlicher Bürgschaften und Haftungszusagen ... 134
cc) Fehlen einer marktüblichen Gegenleistung – „private investor's test“ .. 135
(1) Beihilfencharakter einer Versicherung noch marktgängiger Risiken ... 136
(2) Beihilfencharakter einer Versicherung nicht-marktgängiger Risiken ... 136
b) Begünstigung bestimmter Unternehmen oder Produktionszweige ... 138
c) „Staatliche“ oder „aus staatlichen Mitteln gewährte“ Beihilfe im Sinne des Art. 87 I EGV ... 141
aa) Die Einnahmen des Consorcio ... 141
(1) Bezeichnung der als Beihilfeleistende in Frage kommenden Stellen ... 142
(2) Bedeutungsgehalt des Begriffspaars „staatlich“ oder „aus staatlichen Mitteln gewährt“ über die Bezeichnung der Beihilfeleistenden hinaus ... 143
(a) Überblick über die vertretenen Ansichten ... 143
(aa) Weite Auslegung ... 143

(bb) Mittlere Auslegung ... 144
(cc) Enge Auslegung ... 145
(b) Rechtsprechung des EuGH ... 145
(aa) EuGH „van Tiggele“ und EuGH „Norddeutsches Vieh- und Fleischkontor vs. BALM“ ... 145
(bb) EuGH „Kommission gegen Frankreich, Rs. 290/83“ EuGH „van der Kooy vs. Kommission“ EuGH „Kommission gegen Griechenland, Rs. 57/86“ ... 146
(cc) EuGH „Sloman Neptun vs. Ziesemer“, „Kirsammer Hack vs. Sidal“, „Piaggio vs. Ifitalia“ etc. ... 147
(dd) Das Urteil des EuGH „PreissenElektra vs. Schleswag“ ... 148
(3) „Staatliche“ oder „private“ Mittel ... 149
(a) Kein beihilfenrechtliches Verbot einer Übertragung privater Mittel auf Private ohne Zwischeninstanz ... 149
(b) Rechtslage bei Einschaltung einer Zwischeninstanz ... 149
(aa) Merkmale einer als „Transformator“ geeigneten Zwischeninstanz ... 149
(bb) Herkunft der Mittel ... 150
(cc) Stellungnahme zum Erfordernis staatlicher Herkunft der Mittel ... 151
bb) Einsatz staatlicher Mittel durch Verzicht auf Steuereinnahmen ... 152
d) Tatsächliche oder drohende Wettbewerbsverfälschung ... 153
e) Beeinträchtigung des Handels zwischen den Mitgliedsstaaten ... 155
f) Ausnahmsweise Zulässigkeit der Beihilfen gemäß Art. 87 II b) EGV ... 155

DRITTER TEIL:

Nicht-staatseigene Versicherung mit staatlicher Beteiligung – die deutsche EXTREMUS AG ... 156

I. Darstellung der EXTREMUS AG ... 156
1. Geschichte ... 156
2. Aufbau der EXTREMUS AG ... 158
3. Abgedeckte Gefahren und Schäden ... 159
4. Nicht abgedeckte Gefahren und Schäden ... 159
5. Versicherbare Sachen ... 160
6. Räumliche Beschränkungen des Versicherungsschutzes ... 160
7. Haftungsvoraussetzungen ... 161
a) Mindest-Versicherungssumme ... 161
b) Anbindung an die Feuerversicherung ... 161
8. Prämienhöhe und Berechnungsgrundlagen ... 162
II. Beihilfenrechtliche Überprüfung der EXTREMUS AG ... 162
1. Die Staatsgarantie ... 163

a) Beihilfencharakter der Staatsgarantie 163
aa) Ergebnis der „private investor's test" bei gänzlichem Fehlen alternativer Angebote 164
bb) Ergebnis des „private investor's test" im konkreten Fall 165
b) Begünstigung bestimmter Unternehmen oder Produktionszweige 166
c) Staatliche oder aus staatlichen Mitteln gewährte Beihilfe 166
d) Tatsächliche oder drohende Wettbewerbsverfälschung 166
e) Beeinträchtigung des Handels zwischen den Mitgliedsstaaten 167
2. Die Bildung von Rückstellungen durch Terrorversicherungsunternehmen 167
a) Die Regelung und ihre Auswirkungen 168
aa) Rückstellungen allgemein – Bilanzrechtliche Bedeutung 168
bb) Versicherungstechnische Rückstellungen im Sinne des § 341 h) HGB . 169
cc) Rückstellungen gemäß § 30 der geänderten Versicherungsunternehmens-Rechnungslegungsverordnung 170
dd) Steuerrechtliche Auswirkungen der Terrorrisiken-Rückstellungen – der Maßgeblichkeitsgrundsatz 170
b) Beihilfenrechtliche Beurteilung der Rückstellungen 172
aa) Beihilfencharakter der Rückstellungen 173
(1) Verpflichtung zur Rückstellungsauflösung – keine Vergünstigung in Gestalt endgültigen Steuerverzichts 173
(2) Zins- und Liquiditätsgewinne – Vergünstigung trotz Auflösungsverpflichtung 174
(a) Vergünstigung durch Liquiditätsgewinn 174
(b) Vergünstigung durch Zinsgewinne 174
(3) Fehlen einer marktgerechten Gegenleistung 175
bb) „Staatliche" oder „aus staatlichen Mitteln gewährte" Beihilfe im Sinne des Art. 87 I EGV 175
cc) Tatsächliche oder drohende Wettbewerbsverfälschung 176
(1) Wettbewerbsverfälschung auf dem Markt der Erstversicherung von Terrorrisiken 176
(a) Keine Monopolstellung der EXTREMUS AG 176
(b) Keine gleichartige Begünstigung aller Wettbewerber 177
(2) Wettbewerbsverfälschung auf dem Markt der Rückversicherung von Terrorrisiken 177
(3) Wettbewerbsverfälschung auf anderen als dem Terrorversicherungsmarkt 177
dd) Beeinträchtigung des Handels zwischen den Mitgliedsstaaten 178
ee) Begünstigung bestimmter Unternehmen oder Produktionszweige 178
(1) Rückstellungen generell 179
(2) Freie Verfügbarkeit der Rückstellungen 180
(3) Voraussetzungen einer Rückstellung für ungewisse Verbindlichkeiten 180

(4) Höhe der Terrorrisiken-Rückstellungen ... 182
3. Ausnahmsweise Zulässigkeit der Beihilfen gemäß Art. 87 II b) EGV ... 183
a) Außergewöhnliche Ereignisse im Sinne des Art. 87 II b) EGV ... 183
b) Unmittelbarkeit der auszugleichenden Schäden ... 184
aa) Unmittelbarkeit einer Versicherung von Betrieben ... 184
bb) Unmittelbarkeit einer Beihilfe zugunsten einer Versicherung ... 185
c) Sonstige Anforderungen der Kommission an eine Beihilfe im Sinne des Art. 87 II b) EGV ... 186
aa) Angemessenes Entgelt ... 186
bb) Gleichbehandlung auf Ebene des jeweiligen Mitgliedsstaats ... 186
cc) Zeitliche Begrenzung und Auslaufen bei privatwirtschaftlicher Alternative ... 187

VIERTER TEIL:

Fazit und Ausblick ... 189

I. Fazit ... 189
II. Ausblick ... 190
1. Notwendigkeit staatlicher Beteiligung ... 190
2. Für und Wider eines Versicherungszwangs ... 191
3. Leitlinien einer Versicherungslösung ... 192
a) Größtmögliche Marktnähe ... 192
b) Möglichst weitgehende Gleichbehandlung der Versicherten ... 192
c) Vor- und Nachteile von Fondslösungen ... 193
d) Schlussfolgerungen ... 194

Literaturverzeichnis ... 196

Abkürzungsverzeichnis

a.A.	anderer Ansicht
a.a.O.	an anderem Orte
ABl. EG	Amtsblatt der Europäischen Gemeinschaften
Abs.	Absatz
AEA	Association of European Airlines
AG	Aktiengesellschaft
AIDN	Association Internationale du Droit Nucléaire
ART	Alternative Risk Transfer
Art.	Artikel
ATA	Air Transport Association
ATB	Allgemeine Terrorversicherungs-Bedingungen
atw	atomwirtschaft (Zeitschrift)
Aufl.	Auflage
Bd.	Band
BfA	Bundesanstalt für Arbeit
BFH	Bundesfinanzhof
BFHE	Sammlung der Entscheidungen des Bundesfinanzhofs
BGBl.	Bundesgesetzblatt
BOE	Boletín Oficial del Estado
BR	Bundesrat
bsp.	beispielsweise
BStBl.	Bundessteuerblatt
BT	Bundestag
CCR	Caisse Centrale de Réassurance
CEEP	Centre Européen des Entreprises á Participation Publique et des Entreprises d´Intérêt Economique Général
CESCE	Compañía Española de seguros de crédito a la exportación (Spanische Gesellschaft für Ausfuhrkreditversicherung)
CGWI	Council Study Group on Aviation War Risk Insurance, (Studiengruppe der ICAO)
CML Rev.	Common Market Law Review
DB	Der Betrieb

DÖV	Die öffentliche Verwaltung
Einl.	Einleitung
EL Rev.	European Law Review
EC	European Comunity
ECLR	European Competition Law Review
ECOFIN	Rat der Wirtschafts- und Finanzminister der Mitgliedsstaaten der Europäischen Union
EG	Europäische Gemeinschaft (nach EGV)
EGV	Vertrag zur Gründung der Europäischen Gemeinschaft
EL	Ergänzungslieferung
ELR	European Law Review
ETA	euskadi ta askatasuna (baskische Terrororganisation)
EU	Europäische Union
EuG	Gericht erster Instanz der Europäischen Gemeinschaften
EuGH	Europäischer Gerichtshof
EuR	Europarecht (Zeitschrift)
Euratom	Europäische Atomgemeinschaft
EUV	Vertrag zur Gründung der Europäischen Union
EuZW	Europäische Zeitschrift für Wirtschaftsrecht
EWG	Europäische Wirtschaftsgemeinschaft
EWS	Europäisches Wirtschafts- und Steuerrecht (Zeitschrift)
FAZ	Frankfurter Allgemeine Zeitung
f.	folgende (Seite)
ff.	folgende Seiten
FIDE	Fédération Internationale pour le Droit Européen
FIW	Forschungsinstitut für Wirtschaftsverfassung und Wettbewerb e.V.
Fn.	Fußnote
FS	Festschrift
GA	Generalanwalt
GDV	Gesamtverband der deutschen Versicherungswirtschaft e.V.
GK	Gemeinschaftskommentar
GS	Gedächtnisschrift
GWB	Gesetz gegen Wettbewerbsbeschränkungen
Hdb.	Handbuch

HGB	Handelsgesetzbuch
Hrsg.	Herausgeber
IAS	International Accounting Standards
ICAO	International Civil Aviation Organization
IDW	Institut der Wirtschaftsprüfer
INLA	International Nuclear Law Association
i.S.d.	im Sinne des (der)
JA	Juristische Ausbildung
Jg.	Jahrgang
JHE	Jahreshöchstentschädigung
JuS	Juristische Schulung
JZ	Juristenzeitung
Kap.	Kapitel
KFZ	Kraftfahrzeug
KOM/COM	Europäische Kommission/European Comission
mpl	maximum possible loss
MüKO	Münchner Kommentar
n.F.	neue Fassung
NJW	Neue Juristische Wochenschrift
NVwZ	Neue Zeitschrift für Verwaltungsrecht
OECD	Organisation for Economic Co-Operation and Development
RabelsZ	Rabels Zeitschrift für ausländisches und internationales Privatrecht
RdE	Recht der Energiewirtschaft (Zeitschrift)
Rn.	Randnummer
Rs.	Rechtssache
RTd eur.	Revue trimestrielle de droit européen
Slg.	Sammlung
SRIR	Special Risk Insurance and Reinsurance S.A. Luxemburg
u.a.	und andere
UNESPA	Unión Española de Entidades Aseguradoras y Reaseguradoras
US-GAAP	Generally Accepted Accounting Principles
VAG	Versicherungsaufsichtsgesetz
VBlBW	Verwaltungsblätter für Baden-Württemberg
verb. Rs.	verbundene Rechtssachen

Vol.	Volúmen
vs.	versus
VSSR	Vierteljahresschrift für Sozialrecht
VVDStRL	Veröffentlichungen der Vereinigung der Deutschen Staatsrechtslehrer
WM	Wertpapier-Mitteilungen
WTC	World Trade Center
WuW	Wirtschaft und Wettbewerb – Zeitschrift für deutsches und europäisches Wettbewerbsrecht
z.B.	zum Beispiel
ZEuP	Zeitschrift für europäisches Privatrecht
ZHR	Zeitschrift für das gesamte Handelsrecht und Wirtschaftsrecht
zit.	zitiert
ZNER	Zeitschrift für neues Energierecht

ERSTER TEIL:
Einleitung und Allgemeines

I. Einleitung

1. Die Terroranschläge vom 11. September 2001 und ihre wirtschaftlichen Folgen

Die Terrorattacken in den Vereinigten Staaten von Amerika am 11. September 2001 und vor allem die Zerstörung des World Trade Centers (WTC) in New York haben die Welt nicht nur menschlich und politisch erschüttert. Auch die wirtschaftlichen Folgen der Angriffe waren und sind verheerend. Neben der Gesamtwirtschaft, die infolge der Anschläge mindestens unter rezessionsverstärkenden Konsequenzen zu leiden hat[1], ist mit der Versicherungs- und Rückversicherungsindustrie eine Branche besonders in den Blickpunkt gerückt[2].

Noch immer liegen keine endgültigen Zahlen über die letztlich zu regulierenden Schäden vor, weil die Rechnung zu viele Unbekannte enthält. Als Beispiel sei hier nur die Frage genannt, ob es sich bei den Anschlägen auf die beiden Türme des World Trade Centers versicherungsrechtlich um ein oder zwei Schadensereignisse gehandelt hat[3].

Die meisten Schätzungen rechnen mit Schäden zwischen 40 und 50 Milliarden Dollar[4]. Vereinzelt wird aber auch mit einer Schadenssumme von bis zu 80 Mil-

---

1 BELL, S. 208 (208).

2 Die Frage nach den Möglichkeiten einer Terrorversicherung für die Wirtschaft gewinnt auf Seiten der potentiellen Versicherungsnehmer dadurch an Brisanz, dass inzwischen Stimmen laut werden, die den Nichtabschluss einer Terrorversicherung unter bestimmten Umständen für eine nach deutschem Recht haftungsauslösende Sorgfaltspflichtverletzung der Unternehmensführung halten, siehe dazu SCHAAL in Versicherungswirtschaft 2002, S. 1468 ff., 1579 ff.

3 NÖHRBASS in Versicherungswirtschaft 2001, Heft 19, S. 1572 (1572); siehe auch „Rückschlag für Allianz im Streit um World Trade Center", in: FAZ vom 31.1.2003, S. 16: danach stellt sich die Situation merkwürdigerweise so dar, dass die Frage für einige Rechtsstreitigkeiten noch nicht entschieden ist, obwohl die Anschläge in anderen Verfahren bereits als ein Ereignis eingestuft wurden; die Folgen der Anschläge auf das World Trade Center und die teilweise noch immer ungeklärte Frage nach der versicherungsrechtlichen Anzahl von Schadensereignissen belasten auch in 2003 noch immer die Aktienkurse beispielsweise der Münchner Rück, siehe dazu „Tops & Flops", in: FAZ vom 9.2.2003, S. 43.

4 LIEDTKE/COURBAGE, S. 1 (1).

liarden Dollar kalkuliert[5]. Sicher ist, dass es sich bei den Anschlägen um den größten von Menschen verursachten Versicherungsfall aller Zeiten handelt[6]. Klar ist inzwischen auch, dass die Schadensdimensionen der mit 19,6 Milliarden Dollar bisher teuersten Naturkatastrophe, die Hurrikan Andrew 1992 anrichtete, weit übertroffen werden[7].

Angesichts dieser Dimensionen wurden schon kurz nach den Anschlägen Forderungen nach staatlicher Beteiligung am Ausgleich der entstandenen und möglicher zukünftiger Terrorschäden laut. Ihren Ausgangspunkt nahm die Diskussion bei der Frage nach staatlichen Garantien im Luftverkehr, nachdem die Drittschadensversicherungen[8] der meisten Fluglinien als Reaktion auf die Geschehnisse kurzfristig gekündigt worden waren[9].

Eine eingehende Analyse des religiös-fundamentalistischen Terrors, dessen vorläufiger Höhepunkt die Zerstörung des World Trade Centers darstellt, unterstreicht die zentrale Bedeutung der Frage nach der Versicherbarkeit von Terrorschäden für die Zukunft. War man sich bei den Attacken vom 11. September über den Stellenwert ökonomischer Verheerungen in der Strategie der Terroristen noch nicht sofort im Klaren, so sprechen Anschläge jüngeren Datums diesbezüglich eine deutliche Sprache. Angriffe wie der auf den französischen Öltanker „Limburg“ legen das Kalkül der Täter offen, westliche Volkswirtschaften durch Angriffe auf Schlüsselindustrien zu destabilisieren[10]. Vorrangiges Ziel dieses wirtschaftsbezogenen Terrors dürfte nach Ansicht von Experten die Ölversorgung sein, da entsprechende Anschläge eine Schwächung der gesamten Weltwirtschaft zur Folge hätten[11]. In ähnlich offenkundiger Weise zielen die Anschläge auf Urlauber in Ägypten, Tunesien und zuletzt Bali auf eine Schwächung der Tourismusindustrie, wobei die Effekte hier für die Gastländer am gravierendsten sind[12].

---

5 FROMME in Financial Times Deutschland online vom 27.12.2001.

6 FLESCH inVersicherungswirtschaft 2001, Heft 19, S. 1580; MARSAUD, S. 43 (43).

7 „Versicherungen – Rechnung mit vielen Unbekannten“, in: Spiegel online vom 25. September 2001.

8 Das Problem des Ausgleichs von Terrorschäden stellt sich nicht nur für Drittschäden, sondern beispielsweise auch bezüglich möglicher Opfer unter den Passagieren, siehe dazu ELSMORE.

9 Versicherungen halten Staatsgarantien für unerlässlich“, in: FAZ vom 25.9.2001, S. 17.

10 MÜNKLER in FAZ vom 16.10.2002, S. 8.

11 „Piratenüberfälle dienen als Vorbild“, in: FAZ vom 4.5.2002, S. 14.

12 HEIN in FAZ vom 24.11.2002; HERMANN in FAZ vom 17.11.2002, S. 12.

2. *Ziel und Methode der Untersuchung*

Die vorliegende Arbeit widmet sich einem Teilaspekt staatlicher Mitwirkung bei der Versicherung von Terrorrisiken, die in vielen Staaten inzwischen wenigstens für bestimmte Bereiche realisiert wurde: Verschiedene Modelle staatlicher Eingriffe in den Versicherungsmarkt werden auf ihre Vereinbarkeit mit dem europäischen Wettbewerbsrecht (Kapitel 1 des VI. Titels des EGV), also der an die Unternehmen gerichteten Art. 81-86 EGV und der in Art. 87-89 EGV enthaltenen Vorschriften über staatliche Beihilfen, überprüft.

Einige dieser Konstruktionen existierten bereits vor dem 11. September 2001, andere wurden erst als Reaktion auf die Anschläge geschaffen oder zumindest in Erwägung gezogen.

Verzichtet wird auf eine nähere Beschäftigung mit den Problemen, die die untersuchten Modelle im Hinblick auf die einschlägigen Grundfreiheiten aufwerfen. Angesichts der inzwischen beinahe lückenlosen und entsprechend voluminösen wissenschaftlichen Betrachtung der Grundfreiheiten würde eine entsprechende Erweiterung des Prüfungsmaßstabs zu weit führen.

Da sich die vorliegende Untersuchung auf die Vereinbarkeit bestimmter Modelle mit dem europäischen Primärrecht konzentriert, tritt auch die Einordnung in das Koordinatensystem des einschlägigen europäischen Sekundärrechts in den Hintergrund, das von den Schadensversicherungsrichtlinien geprägt wird. Trotz dieser Akzentsetzung werden die Grundlinien des Sekundärrechts und seine Maßgaben für die untersuchten Terrorversicherungsmodelle vorgestellt. Die Vorgaben des Sekundärrechts dienen an einigen Stellen außerdem als Anhaltspunkte für das Verständnis und die Auslegung primärrechtlicher Vorgaben[13].

Methodisch ist es vorrangiges Ziel der Untersuchung, die wettbewerbsrechtlichen Probleme bestimmter Versicherungsmodelle zu untersuchen. Teilweise haben jedoch reale Vorbilder erst den Anstoß zu der jeweiligen Modelluntersuchung gegeben. Dies gilt insbesondere für die Untersuchung des spanischen Consorcio de Compensación de Seguros[14].

---

[13] Obwohl diese Vorgehensweise rechtssystematisch gleichsam „die falsche Richtung einschlägt", lässt der Blick auf das Sekundärrecht doch zumindest Rückschlüsse auf die Auslegung des Primärrechts durch die mit der Materie beschäftigten Experten zu.

[14] Im Folgenden CONSORCIO.

Wo Vorbilder existieren, die dem untersuchten Modell entsprechen oder ähneln, werden sie eingehend vorgestellt und beispielhaft auf die ihnen innewohnenden wettbewerbsrechtlichen Probleme hin untersucht.

3. Versicherungsmodelle im Überblick

In einem ersten Überblick lassen sich zunächst drei Gruppen von Modellen ausmachen. Allerdings können zwischen den Varianten staatlicher Eingriffe innerhalb einer Gruppe erhebliche Unterschiede bestehen. Zudem existieren Modelle, die sozusagen als Mischformen Merkmale aller Gruppen in sich vereinen.

Die intensivste Form staatlichen Eingreifens in die Versicherungsmärkte ist der Aufbau einer staatseigenen Versicherung, die als Monopolversicherung konzipiert ist und das Angebot privater Versicherungen gänzlich verdrängt. Strukturell lässt sich diese Lösung am ehesten mit den gesetzlichen Krankenversicherungen, aber auch mit den inzwischen abgeschafften deutschen Gebäudeversicherungsmonopolen vergleichen. Mit der Untersuchung einer solchen modellhaften staatseigenen Monopolversicherung beginnt die eigentliche wettbewerbsrechtliche Betrachtung[15].

Weniger einschneidend wirken Modelle, die zwar ebenfalls eine staatseigene, mit bestimmten Sonderrechten ausgestattete Versicherung vorsehen, in deren Rahmen die Konkurrenz privater Anbieter aber nicht untersagt ist. Beispielhaft für derartige Lösungen wird das spanische Consorcio de Compensación de Seguros untersucht[16].

Das dritte untersuchte Modell[17], die nach dem 11. September 2001 gegründete deutsche EXTREMUS AG, steht für Konstruktionen, die die Kosten je nach der erreichten Schadenshöhe auf private und öffentliche Schultern verteilen, ohne dass es zum Aufbau einer staatseigenen Versicherung kommt. Üblich ist in diesem Zusammenhang die Aufteilung der Zahlungsverpflichtung in aufeinanderfolgende sogenannte „layers".

Jeder „layer" setzt die Schadensgrenze fest, ab der der jeweilige Zahlungsverpflichtete einzutreten hat, sowie die Schadenshöhe, an der die Zahlungsver-

---

[15] Siehe dazu unten, Zweiter Teil, I.

[16] Siehe dazu unten, Zweiter Teil, II.

[17] Siehe dazu unten, Dritter Teil.

pflichtung endet. Einige Entwürfe sehen dabei layer vor, die durch den Kostentransfer auf die globalen Kapitalmärkte mittels spezieller Katastrophenbonds zusätzliche finanzielle Kapazitäten erschließen sollen[18]. Oftmals werden diese Einrichtungen durch Pools von Erst- oder Rückversicherungen ergänzt, die ihrerseits einen bestimmten layer übernehmen. Beispiele für derartige Konstruktionen sind die britische United Kingdom's Pool Reinsurance (Pool Re)[19]. Auch das im US-amerikanischen Terrorism Risk Insurance Act 2002 vorgesehene Modell setzt auf eine je nach Schadenshöhe geteilte Ausgleichspflicht von Versicherungswirtschaft und Staat[20].

II. Volkswirtschaftlicher Überblick

1. „Risiko" und die Funktionen von Versicherung

In der Wirtschaftstheorie bezeichnet der Begriff des Risikos die Gefahr, dass eine zukünftige Situation, gemessen an ökonomischen Bewertungskriterien, schlechter als erwartet beurteilt werden muss[21]. Allgemeiner formuliert bedeutet Risiko die Möglichkeit, dass sich positive Erwartungen nicht erfüllen[22].

In der ökonomischen Wirklichkeit folgt der Identifizierung eines Risikos das Streben nach dem Zustand der Sicherheit. Da zur Erreichung des Zieles Sicherheit Geld oder geldwerte Mittel eingesetzt werden, bedarf es einer Umrechnung der drohenden Gefahr in einen Geldmaßstab. Nur so kann sichergestellt werden,

---

18 Sogenannte Alternative Risk Transfers (ART); siehe zu den Einzelheiten und Vorteilen solcher Konstruktionen beispielsweise: CUNTZE in Versicherungswirtschaft 2002, Heft 5, S. 316 ff.; MÜLLER-GOTTHARD in Versicherungswirtschaft 2002, Heft 7, S. 466; anzumerken ist, dass die Bezeichnung ART der Oberbegriff für eine Vielzahl verschiedener Kapitalmarktprodukte ist, von denen die hier vorrangig einschlägigen Katastrophenanleihen nur eine Variante darstellen, siehe dazu: BANZ, S. 19 ff.; kritisch insbesondere zu den Größenordnungen der zu erwartenden Erlöse beispielsweise: WOLGAST, S. 70 (84). Vergleichbare Überlegungen zu alternativen Finanzierungsmodellen werden insbesondere im Bereich der Atomhaftung angestellt, dort z.B. unter dem Titel „Environmental Risk Internalization through Capital Markets (ERICAM)", siehe beispielsweise: TYRAN, S. 163 ff.; ähnliche Kritik wie oben zu den ART beispielsweise bei: REHMANN, S. 187 ff.

19 Dazu CLUFF/JONKMAN, S. 215 (221).

20 Siehe dazu V. MÜNCH in Versicherungswirtschaft 2003, S. 16 (17); der Terrorism insurance act 2002 ist abrufbar unter: http://vu.iiaa.net/Docs/PDF/TerrorismLegislation.pdf.

21 QUANDT, S. 8.

22 HALLER, S. 26.

dass nicht unverhältnismäßig viel in die Erreichung von Sicherheit investiert wird[23].

Im Anschluss an die Kalkulation der drohenden Gefahr stehen für den Einsatz der sicherheitsorientierten Mittel verschiedene Optionen offen, die zunächst in die Begriffe Prävention und Kompensation unterteilt werden können[24].

Das Versichern wiederum ist die gängigste Form der Kompensationslösung[25], die nach dem Eintritt eines Schadens ein der negativen Wirkungsrichtung des Schadens entgegengerichtetes Ereignis auslöst[26]. Der Schaden wird also nicht verhindert oder verzögert. Stattdessen wird versucht, seine wirtschaftlichen Folgen auszugleichen[27]. Im Falle der Versicherung besteht das kompensierende Ereignis in der Auszahlung der Versicherungssumme.

Die Funktion der Versicherung besteht somit darin, planmäßig und als Gegenleistung für die Zahlung der Versicherungsprämien einen risikobedingten, finanziellen Eventualbedarf abzudecken. Der für den Versicherungsnehmer unvorhersehbare Eventualbedarf wird mittels festgelegter Prämien kalkulierbar gemacht[28].

Die Risikoübernahme durch die Versicherung nimmt der versicherungsgeschützten Einzelwirtschaft die Sorge vor möglicherweise existenzvernichtenden Verlusten[29]. Volkswirtschaftlich betrachtet sorgen Versicherungen deshalb zum einen dafür, dass notwendige oder erwünschte wirtschaftliche Aktivitäten überhaupt erst vorgenommen werden, weil die Übernahme eines Wagnisses erleichtert wird[30]. Die Bedeutung dieser Ermöglichungsfunktion von Versicherungen

---

23 HALLER, S. 39; QUANDT, S. 9 f.

24 QUANDT, S. 28 f.

25 QUANDT, S. 33.

26 QUANDT, S. 29.

27 BRAESS, S. 11 f.; der Normalfall in der Realität ist natürlich die Kombination von Prävention und Kompensation. Gerade den Versicherern als den von der Kompensationsverpflichtung Belasteten wird sogar eine Haupt-Schrittmacherfunktion für das Streben nach wirksamer Prävention zugeschrieben. Teilweise ist die Prävention sogar eine der Hauptaufgaben einer Versicherung, siehe dazu beispielsweise: HAILBRONNER, S. 28.

28 BRAESS, S. 14.

29 BRAESS, S. 15.

30 MAHR, S. 91 f.; SINN in Zeitschrift für die gesamte Versicherungswissenschaft, Bd. 77 (1988), S. 1 (15); WOLGAST, S. 243 (252).

wächst noch dadurch, dass infolge des technologischen Fortschritts immer neue, teils sehr erhebliche unternehmerische Risiken entstehen[31].

Zum anderen bewirkt die Versicherung von Risiken eine produktivere Allokation von Kapital, weil keine liquiden Geldreserven in der möglicherweise enormen Höhe eines potentiellen Schadens vorgehalten werden müssen[32].

2. *Begründung sowie Vor- und Nachteile einer staatlichen Risikoübernahme*

a) *Begründungen staatlicher Risikoübernahme*

aa) *Allgemein*

Die Begründung für eine staatliche Risikoübernahme erschließt sich aus der volkswirtschaftlichen Funktion von Versicherungen[33]. Wie jede Versicherung macht auch eine staatliche Risikoübernahme wirtschaftliche Aktivitäten, vor allem solche mit einem gewissen Risiko, überhaupt erst möglich. Die Übernahme solcher Risiken durch das Gemeinwesen wird durch die Vermutung gerechtfertigt, dass die Allgemeinheit infolge des ermöglichten Wirtschaftswachstums auch einen Wohlstandszugewinn zu erwarten hat[34].

Allerdings ist auf der Grundlage dieser Argumentation eine Unterscheidung von Risiken, die privaten Versicherern überlassen werden und solchen, die der Staat zu übernehmen hat, nicht möglich. Einem Abgrenzungskriterium, das als Argument für eine staatliche Risikoübernahme einen gleichsam mittelbaren Wohlstandszugewinn für die Allgemeinheit ausreichen lässt, fehlt es an Trennschärfe. Denn jede erfolgreiche private Wirtschaftstätigkeit zieht in gewissem Maße auch positive Auswirkungen auf den Wohlstand der Allgemeinheit nach sich[35].

---

31 MEYER in Zeitschrift für die gesamte Versicherungswissenschaft, Bd. 78 (1989), S. 191 (191).

32 MEYER in Zeitschrift für die gesamte Versicherungswissenschaft, Bd. 78 (1989), S. 191 (192).

33 Siehe dazu oben, Erster Teil, II.

34 WOLGAST, S. 243 (252).

35 Solche sogenannten „spill-over-Effekte“ bestehen beispielsweise darin, dass ein erfolgreiches Unternehmen höhere Steuern zahlt sowie Arbeitsplätze schafft; die Beschäftigten sind nicht nur nicht auf Sozialleistungen angewiesen, sondern vergrößern ihrerseits das Steueraufkommen.

bb) Für den Bereich der Terrorrisiken

Angesichts der Erkenntnis, dass ein Hinweis auf die wohlstandssteigernde Funktion von Versicherungen nicht ausreicht, um staatlich von privat zu deckenden Risiken zu unterscheiden[36], wird die staatliche Deckung von Terrorrisiken zusätzlich damit begründet, dass die Gewährleistung politischer Stabilität und innerer Sicherheit klassische Staatsaufgabe ist und der Staat deshalb auch für ihre Abwesenheit einzustehen hat[37]. Diese Argumentation erscheint allerdings ebenfalls problematisch, weil sie zu weitreichende Folgen hat. Mit ihr ließen sich nämlich viele, wenn nicht zu viele weitere Risiken der staatlichen Verantwortung zuordnen. Soll der Staat beispielsweise sämtliche Einbruchs- und Diebstahlsversicherungen übernehmen, weil mangelnde Polizeipräsenz die entsprechenden Straftaten ermöglicht?

Letztlich dürfte es kaum möglich sein, staatlich abzudeckende Risiken von vornherein abstrakt zu bestimmen, weil staatliche Risikoübernahme immer auch Ausdruck politischer Entscheidungen ist[38].

b) Vor- und Nachteile staatlicher Risikoübernahme

Die Vorteile einer staatlichen Risikoübernahme wurden bereits genannt: Es werden wirtschaftliche Aktivitäten ermöglicht und gefördert, die ohne staatlichen Versicherungsschutz eingeschränkt oder gänzlich eingestellt werden müssten, weil private Versicherungsangebote fehlen oder zu teuer sind.

Gerade der Ausfall oder die Verknappung privater Angebote sind aber auch Anhaltspunkte für die Gefahren einer staatlichen Risikoübernahme.

Private Versicherungen kalkulieren genau, welche Risiken zu welchen Konditionen versicherbar sind und filtern zu riskante und volkswirtschaftlich deshalb ineffiziente Aktivitäten heraus.

Bei der staatlichen Risikoübernahme tritt an die Stelle risikogerechter Tarifierung die politische Entscheidung, bestimmte Aktivitäten zu ermöglichen oder zu

---

36 Siehe dazu oben, Erster Teil, II., 2., a), aa).

37 WOLGAST, S. 243 (252 f.).

38 Anschaulich illustriert dies beispielsweise der Streit um die Beteiligung des Staates an der Absicherung der friedlichen Kernenergienutzung in Deutschland.

fördern[39]. Dies bringt zunächst die Gefahr mit sich, dass die staatlich Versicherten weniger in Sorgfalt und Schadensprävention investieren, weil sich entsprechende Anstrengungen nicht oder nur eingeschränkt in der Höhe der zu zahlenden Prämien niederschlagen[40]. Die Möglichkeit des Staates, kurzfristig auf prinzipiell unerschöpfliche steuerfinanzierte Mittel zurückzugreifen, birgt außerdem die Gefahr, dass aufgrund rein politischer Motive Schäden ausgeglichen werden, die einer staatlichen Regulierung gar nicht bedürften[41].

Vor allem aber birgt eine staatliche Risikoübernahme die Gefahr von Fehlanreizen: Es werden Unternehmungen ermöglicht, die angesichts ihrer Gefährdung ineffizient und gerade nicht wohlstandssteigernd sind[42].

III. Allgemeine Erläuterungen zum europäischen Wettbewerbsrecht

1. Stellenwert und Aufgaben des europäischen Wettbewerbsrechts

Der Schutz des Wettbewerbs innerhalb des Gemeinsamen Marktes vor Verfälschungen ist gemäß Art. 3 I g) EGV eine der fundamentalen Aufgaben, die der Gemeinschaft in Art. 3 EGV aufgetragen werden. Die Bedeutung des europäischen Wettbewerbsrechts wird zusätzlich dadurch unterstrichen, dass der freie Wettbewerb gemäß Art. 4 EGV ein Charakteristikum der angestrebten europäischen Wirtschaftspolitik ist. Die Gewährleistung eines freien beziehungsweise unverfälschten Wettbewerbs durch die Wettbewerbsregeln des EGV ist zum einen also ein eigenes, fundamentales Ziel des EGV, zum anderen aber auch notwendige Voraussetzung für die Verwirklichung weiterer elementarer Anliegen der Europäischen Gemeinschaft.

---

39 Die Gefahr von Fehlanreizen durch staatliche Risikoübernahme wird etwa bei der Nutzung der Kernenergie ohne ausreichenden Versicherungsschutz gesehen, siehe dazu etwa WECKER, Ein liberales Programm, S. 3.

40 NELL, S. 1, 3-5.

41 CLUFF/JONKMAN, S. 215 (224).

42 NELL, S. 1, 3-5; STRAUBHAAR in Zeitschrift für Politikwissenschaft (Journal of political science), Jg. 13 (2003), S. 123 (137), der Autor weist auf die Gefahr hin, dass eine Staatshaftung zu besonders riskantem Verhalten verführen könnte.

2. *Anwendbarkeit des europäischen Wettbewerbsrechts – Verhältnis zum nationalen Wettbewerbsrecht*

Die Abgrenzung der Anwendungsbereiche nationalen und europäischen Wettbewerbsrechts orientiert sich an der Zielsetzung des EGV, einen Gemeinsamen Europäischen Binnenmarkt zu schaffen. Da rein innerstaatlich wirkende Wettbewerbsbeschränkungen den Gemeinsamen Markt nicht beeinträchtigen, fallen sie nicht in den Anwendungsbereich der gemeinschaftlichen Wettbewerbsregeln[43].

a) Zwischenstaatlichkeitsklauseln als Kollisionsnormen

Als Kollisionsnormen für die Anwendungskonkurrenz nationalen und mitgliedsstaatlichen Wettbewerbsrechts dienen folgerichtig sogenannte Zwischenstaatlichkeitsklauseln. Sie machen in Art. 81, 82 und 87 EGV die Anwendbarkeit des europäischen Wettbewerbsrechts davon abhängig, ob eine Wettbewerbsbeschränkung zur Beeinträchtigung des zwischenstaatlichen Handels geeignet ist[44].

b) Weite Auslegung der Zwischenstaatlichkeitsklauseln

In der Rechtsprechung des EuGH erfahren die Zwischenstaatlichkeitsklauseln des europäischen Wettbewerbsrechts eine so weite Auslegung, dass teilweise ihre materiell-rechtliche Bedeutung angezweifelt wird[45].

Nach dieser weiten Auslegung ist das Gemeinschaftsrecht anwendbar, wenn eine Maßnahme aufgrund der Gesamtwürdigung aller Umstände unmittelbar oder mittelbar, tatsächlich oder der Möglichkeit nach geeignet ist, die Freiheit des Handels zwischen den Mitgliedsstaaten in einer Weise zu gefährden, die der Verwirklichung der Ziele eines einheitlichen zwischenstaatlichen Marktes entgegenstehen könnte[46].

---

43 SCHOLLMEIER/KRIMPHOVE, in: BLECKMANN, Europarecht, Rn. 1796.

44 GLEISS/HIRSCH/BURKERT, Art. 85 (1) EGV, Rn. 230; SCHOLLMEIER/KRIMPHOVE, in: BLECKMANN, Europarecht, Rn. 1796.

45 GLEISS/HIRSCH/BURKERT, Art. 85 (1) EGV, Rn. 233.

46 EuGH „Consten und Grundig vs. Kommission“, verbundene Rs. 56 und 58/64, Slg. 1966, S. 321 (389).

c) *Anwendbarkeit des europäischen Wettbewerbsrechts auf Terrorversicherungen*

Die Gefahr einer Behinderung des zwischenstaatlichen Handels ist besonders groß, wenn Erbringer und Empfänger einer Dienstleistung in verschiedenen Mitgliedsstaaten ansässig sind[47].

Entscheidend für die Anwendbarkeit der europäischen Wettbewerbsregeln auf Terrorversicherungen für Wirtschaftsbetriebe ist die Erkenntnis, dass es sich bei Versicherungen um typische sogenannte Korrespondenzdienstleistungen handelt. Diese zeichnen sich dadurch aus, dass sie selbst die mitgliedsstaatlichen Grenzen überschreiten können, etwa per Post oder Datenübertragung. Ihr Austausch kann also erfolgen, ohne dass einer der Vertragspartner seinen Aufenthaltsort verändern muss[48]. Korrespondenzdienstleistungen sind somit besonders geeignet, über die mitgliedsstaatlichen Grenzen hinweg gehandelt zu werden. Es ist deshalb regelmäßig davon auszugehen, dass Anbieter ihre Produkte auch potentiellen Kunden in anderen Staaten anbieten möchten und die Zwischenstaatlichkeitsklauseln des europäischen Wettbewerbsrechts damit erfüllt sind. Angesichts der fortschreitenden wirtschaftlichen Globalisierung gilt dies erst recht für die Versicherung von Wirtschaftsunternehmen.

Bestätigt wird die Vermutung grenzüberschreitender Terrorversicherungsangebote dadurch, dass der nach den Anschlägen vom 11. September 2001 gegründete Terrorversicherer „Special Risk Insurance and Reinsurance S.A. Luxemburg“ (SRIR) seinen Sitz in Luxemburg hat, nach eigenem Bekunden aber Europa und die ganze Welt als Absatzmarkt für seine Produkte ins Visier genommen hat[49].

Auf die wettbewerbsrechtlichen Probleme im Zusammenhang mit Terrorversicherungen für die Wirtschaft dürfte somit in aller Regel europäisches Wettbewerbsrecht anwendbar sein[50].

---

47 GLEISS/HIRSCH/BURKERT, Art. 85 (1) EGV, Rn. 239.

48 KOENIG/HARATSCH, Rn. 665.

49 Nähere Informationen unter: http://www.specialrisks.com/corporate.htm. Die Tatsache, dass die SRIR inzwischen ihre Pforten geschlossen hat, ändert nichts an der Vermutung eines grenzüberschreitenden Marktes, da potentielle zukünftige Anbieter von Terrorversicherungen angesichts des Scheiterns der SRIR erst recht versuchen werden, Kunden in mehr als einem Staat zu gewinnen.

50 Zum Erfordernis einer Beeinträchtigung des zwischenstaatlichen Handels siehe auch jeweils unten bei der Untersuchung der einzelnen Terrorversicherungsmodelle, Zweiter Teil, II., 3., e), sowie Dritter Teil, II., 1., e).

3. Grundkonzeption und Systematik des europäischen Wettbewerbsrechts

a) Fragmentarischer Charakter

Bei der Betrachtung der Wettbewerbsvorschriften des EGV drängt sich zunächst der Eindruck einer gewissen Unvollständigkeit auf. Von den mannigfaltigen Möglichkeiten, den von der Gemeinschaft angestrebten „hinreichenden" oder „unverfälschten"[51] Wettbewerb zu beeinträchtigen, nennt das 1. Kapitel des VI. Titels des EGV allein die wettbewerbsbeschränkenden Vereinbarungen und Verhaltensweisen in Art. 81 EGV (Kartellverbot), den Missbrauch einer marktbeherrschenden Stellung in Art. 82 EGV, die staatliche Einflussnahme auf öffentliche und privilegierte Unternehmen in Art. 86 EGV sowie die staatliche Bereitstellung von Beihilfen in den Art. 87-89 EGV.

Die zurückhaltende Enumeration wettbewerbsgefährdender Tatbestände erklärt sich zum einen daraus, dass das europäische Wettbewerbsrecht tatsächlich nicht alle denkbaren wettbewerbsverfälschenden Verhaltensweisen verhindern oder sanktionieren will, da dies angesichts anderer Vorschriften des EGV, die ebenfalls zur Sanktionierung von Wettbewerbsverletzungen taugen, gar nicht erforderlich ist.

Insbesondere die Grundfreiheiten, deren Schutz ein eigenes, dem Schutz des Wettbewerbs in Art. 3 c) EGV gleichgestelltes Aufgabenfeld darstellt, kommen als wirksame Waffen gegen Wettbewerbsbeeinträchtigungen in Betracht. Denn Beschränkungen des freien Waren-, Personen-, Dienstleistungs- und Kapitalverkehrs bringen oftmals auch die Gefahr von Wettbewerbsverfälschungen mit sich[52]. Die wettbewerbsschützende Funktion der Grundfreiheiten wird noch dadurch gestärkt, dass sie teilweise von reinen Diskriminierungsverboten zu allgemeinen Beschränkungsverboten entwickelt werden[53].

Zum anderen bedient sich der EGV in Art. 81, 82 EGV nach US-amerikanischem Vorbild generalklauselartiger Tatbestände. Trotz der fragmentarisch erscheinenden Normierung fällt deshalb eine Vielzahl von Handlungsweisen in den Anwendungsbereich des europäischen Wettbewerbsrechts[54].

---

[51] EMMERT, Kap. 14, Rn. 1-7.

[52] EMMERT, Kap. 14, Rn. 8.

[53] „Dassonville"-Formel, siehe etwa HERDEGEN, Rn. 289.

[54] SCHOLLMEIER/KRIMPHOVE, in: BLECKMANN, Europarecht, Rn. 1788.

b) Unternehmens- und staatsbezogene Vorschriften

Die Vorschriften des europäischen Wettbewerbsrechts richten sich an verschiedene Adressaten. Einige Vorschriften richten sich an die auf dem Binnenmarkt tätigen Unternehmen, andere dagegen an die Mitgliedsstaaten der Gemeinschaft. Die Systematik des europäischen Wettbewerbsrechts spiegelt mit dieser Einteilung der Vorschriften nach den Adressaten die Erkenntnis wider, dass Wettbewerbsverfälschungen sowohl mit staatlichen Maßnahmen als auch mit Handlungen der am Markt operierenden Unternehmen zu bewerkstelligen sind[55].

Trotz der eindeutigen Überschrift des Abschnitts 1. des 1. Kapitels des VI. Titels (Vorschriften für Unternehmen) darf allerdings nicht übersehen werden, dass die Mitgliedsstaaten über das allgemeine Vertragstreuegebot des Art. 10 EGV verpflichtet sind, allen Vorschriften des EGV, also auch den unternehmensbezogenen, zur bestmöglichen Geltung zu verhelfen.

Die eingehendere Betrachtung des Art. 86 EGV wird darüber hinaus ergeben, dass dessen Einordnung als unternehmensbezogene Vorschrift nicht frei von Widersprüchen ist[56].

4. Unternehmensbezogene Vorschriften Art. 81, 82 EGV sowie Art. 86 EGV

a) Art. 81 EGV

Das Kartellverbot des Art. 81 EGV sanktioniert wettbewerbsbeschränkende Vereinbarungen und Verhaltensweisen. Es verbietet den Unternehmen Verhaltensweisen, die die wirtschaftliche Betätigungsfreiheit anderer Unternehmen beschränken[57]. Die Vorschrift schützt insbesondere die Freiheit des Marktzugangs und des Abschlusses und der Gestaltung von Austauschverträgen[58].

Durch Art. 81 EGV soll der Wettbewerb im Handel zwischen den Mitgliedsstaaten auf allen Handelsstufen vor wettbewerbsbeschränkenden Vereinbarungen und aufeinander abgestimmten Verhaltensweisen der Unternehmen bewahrt werden[59].

---

55 SCHOLLMEIER/KRIMPHOVE, in: BLECKMANN, Europarecht, Rn. 1784.
56 Siehe dazu unten, Zweiter Teil, I., 2., c), aa), (2), (c).
57 GEIGER, Art. 81 EGV, Rn. 11.
58 GEIGER, Art. 81 EGV, Rn. 11.
59 GEIGER, Art. 81 EGV, Rn. 12, 14.

b) Art. 82 EGV

Je stärker ein oder mehrere Unternehmen einen abgrenzbaren Markt dominieren, desto weniger sind die Marktkräfte in der Lage, der so geschaffenen Macht und der ihr innewohnenden Missbrauchsgefahr etwas entgegenzusetzen[60].

Während Art. 81 EGV das wettbewerbsbeschränkende Zusammenwirken mehrerer Unternehmen sanktioniert, richtet sich Art. 82 EGV gegen den Missbrauch überlegener Marktmacht durch autonome Verhaltensweisen eines einzelnen Marktteilnehmers, etwa in Gestalt einer bestimmten Preisgestaltung. Die unabhängig nebeneinander stehenden Art. 81 und 82 EGV erfassen also oftmals verschiedene Konstellationen. In bestimmten Fällen können aber auch beide zugleich in Idealkonkurrenz erfüllt sein[61].

Nach dem Wortlaut des Art. 82 EGV muss zwischen der Existenz einer marktbeherrschenden Stellung und ihrem Missbrauch unterschieden werden. Der Normtext des Art. 82 EGV legt ein Verständnis nahe, nach dem nicht die Erlangung und Verteidigung einer marktbeherrschenden Stellung, sondern lediglich ihr Missbrauch sanktioniert wird[62]. Einem marktbeherrschenden Unternehmen ist ein Verhalten nicht zu verwehren, das auch jedem seiner Wettbewerber möglich ist. Art. 82 EGV erfasst also nur Verhaltensweisen, die dem Unternehmen ohne seine marktbeherrschende Stellung und bei funktionierendem Wettbewerb nicht möglich wären[63].

c) Art. 86 EGV

Die Bedeutung der Vorschrift resultiert zunächst einmal daraus, dass sich der EGV hier direkt und ausdrücklich mit der wirtschaftlichen Betätigung der öffentlichen Hand beschäftigt, einem Bereich, dessen Bedeutung sich an ökonomischen Kennzahlen ablesen lässt: 1999 betrug der Anteil öffentlicher Unternehmen an der nicht-agrarischen Gesamtwirtschaft der EU 9 %, basierend auf den Zahlen für Beschäftigung, Produktion und Investitionen[64]. Hinzu kommt, dass die öffentliche Hand in erster Linie auf volkswirtschaftlichen Schlüsselsektoren

---

60 KOENIG/HARATSCH, Rn. 828.
61 GEIGER, Art. 82 EGV, Rn. 1.
62 Siehe dazu unten, Zweiter Teil, I., 2., c).
63 WEIß, in: CALLIESS/RUFFERT (Hrsg.), EUV/EGV, Art. 82 EGV, Rn. 30.
64 CEEP.

wie der Energie- und Wasserversorgung, dem Transportwesen und der Telekommunikation tätig ist[65].

aa) Art. 86 Abs. I EGV

Historisch ist Art. 86 EGV Ausdruck eines Kompromisses von Mitgliedsstaaten, deren Volkswirtschaften von unterschiedlichen Strukturen geprägt waren. Im Interesse der weitgehend privatwirtschaftlich organisierten Mitgliedsstaaten ordnet Abs. I die grundsätzliche Gleichbehandlung von öffentlichen und privaten Unternehmen an[66] [67].

bb) Art. 86 Abs. II EGV

Art. 86 II EGV illustriert den Kompromisscharakter des Art. 86 EGV nochmals deutlich[68]. Die Vorschrift gibt insbesondere Mitgliedsstaaten mit ausgeprägter staatlicher Wirtschaftstätigkeit die Möglichkeit, bestimmte wirtschaftspolitische Ziele zu verfolgen[69]. Die gemäß Art. 86 I EGV mit besonderen Aufgaben betrauten Unternehmen dürfen zu diesem Zweck von den Vorschriften des Vertrags, vor allem von den Wettbewerbsregeln, abweichen, soweit es zur Erfüllung der ihnen übertragenen Aufgabe erforderlich ist[70]. Die Grenze dieser Freistellungsmöglichkeit ist gemäß Abs. II S. 2 erreicht, wenn die Beeinträchtigung des Handelsverkehrs ein Maß erreicht, das den Interessen der Gemeinschaft zuwiderläuft.

Bei Art. 86 Abs. II handelt es sich, anders als bei Abs. I, um eine unternehmensbezogene Vorschrift. Theoretisch ist es auch nicht erforderlich, dass Unternehmen im Sinne des Abs. II gleichzeitig öffentliche oder privilegierte Unternehmen gemäß Abs. I sind. Allerdings werden Unternehmen im Sinne des Abs. II in aller Regel auch unter den Unternehmensbegriff des Abs. I fallen. Dienstleistun-

---

65 CEEP.

66 JUNG, in: CALLIESS/RUFFERT (Hrsg.), EUV/EGV, Art. 86 EGV, Rn. 3.

67 Eingehend zu Aufgabe und Struktur des Art. 86 I EGV siehe unten, Zweiter Teil, I., 2., c), aa), (2), (c).

68 JUNG, in: CALLIESS/RUFFERT (Hrsg.), EUV/EGV, Art. 86 EGV, Rn. 34; siehe zu der Vorschrift insgesamt auch BADURA, in: CLASSEN/DITTMANN/FECHNER/GASSNER/KILIAN (Hrsg.), In einem vereinten Europa dem Frieden der Welt zu dienen... – Liber amicorum für Thomas Oppermann, S. 571 ff.

69 JUNG, in: CALLIESS/RUFFERT (Hrsg.), EUV/EGV, Art. 86 EGV, Rn. 34.

70 HEINEMANN, S. 181.

gen von allgemeinem wirtschaftlichem Interesse sind nämlich normalerweise zumindest teilweise unwirtschaftlich. Private Unternehmen werden sie deshalb in der Regel nur im Gegenzug für die Gewährung ausschließlicher oder besonderer Recht nach Abs. I erbringen. Außerdem werden die meisten Mitgliedsstaaten auch nicht bereit sein, solche Dienstleistungen ohne den Verbleib von Einwirkungsmöglichkeiten privaten Unternehmen zu überlassen[71].

(1) Reichweite des Art. 86 II EGV

Der Wortlaut des Art. 86 II EGV deutet bereits daraufhin, dass es sich bei der Vorschrift um eine stets zu prüfende Ausnahmereglung handelt („... *die Vorschriften dieses Vertrags* ..."). Es werden also nicht nur Ausnahmen von den unternehmensbezogenen Normen des Vertrags, sondern von allen seinen, die wirtschaftliche Integration betreffenden Kernvorschriften ermöglicht[72].

Insbesondere können somit auch Ausnahmen vom Beihilfenverbot des Art. 87 EGV[73] und von den Grundfreiheiten[74] auf Art. 86 II EGV gestützt werden.

Allerdings ist die Anwendung des Art. 86 II EGV insofern subsidiär, als immer erst die in Frage kommenden speziellen Ausnahmevorschriften geprüft werden müssen, mit Bezug auf die Grundfreiheiten also beispielsweise die Art. 45, 55 EGV oder Art. 87 II und III EGV, wenn es um eine Befreiung vom Beihilfenverbot geht[75].

(2) Enge Auslegung des Art. 86 II EGV

Als Ausnahmevorschrift ist die Norm eng auszulegen[76]. Neben diesem grundsätzlichen systematischen Argument spricht für eine enge Auslegung gerade auch die erwähnte Erkenntnis, dass Art. 86 II EGV als Ausnahmevorschrift auf sämtliche Vorschriften des Vertrags anwendbar ist[77].

---

71 EHRICKE in EuZW 1993, S. 211 (214).

72 DOHMS, Rn. 280, 273; KOENIG/HARATSCH, Rn. 880; a.A. HOCHBAUM, in: VON DER GROEBEN/SCHWARZE (Hrsg.), EUV/EGV, Bd. 2, Art. 86 EGV, Rn. 55.

73 V. LIVONIUS, S. 114.

74 EuGH "Porto di Genova", Rs. C-179/90, Slg. 1991, I-S. 5889 (5931/Rn. 27); DOHMS, Rn. 281.

75 HEINEMANN, S. 185; KOENIG/HARATSCH, Rn. 880.

76 EuGH „Kommission vs. Frankreich", Rs. C-159/94, Slg. 1997, I-S. 5815 (5834/Rn. 53); JUNG, in: CALLIESS/RUFFERT (Hrsg.), EUV/EGV, Art. 86 EGV, Rn. 34; DOHMS, Rn. 274.

77 DOHMS, Rn. 273 f.

cc) Art. 86 Abs. III EGV

Abs. III richtet sich an die Kommission und beinhaltet eine der wenigen eigenen Rechtsetzungsbefugnisse der Kommission. Seiner Funktion nach handelt es sich bei Art. 86 Abs. III EGV um eine spezielle Ausformung der generellen Aufgabe der Kommission, gemäß Art. 211 Spiegelstrich 1 EGV für die Verwirklichung des Vertrags Sorge zu tragen[78].

5. Staatsbezogene Vorschriften, Art. 87-89 EGV

Die Beihilferegelungen der Art. 87-89 EGV schützen wie das gesamte Wettbewerbsrecht den Wettbewerb innerhalb des Binnenmarktes vor Verfälschungen[79]. Ziel der Beihilferegelungen ist es innerhalb dieser Gesamtaufgabe, die Chancengleichheit zwischen den Unternehmen vor Störungen durch eine unkontrollierte Subventionspraxis der Mitgliedsstaaten zu bewahren[80].

Das Beihilfenverbot ergänzt die Gebote der Grundfreiheiten. Beihilfenverbot und das Verbot tarifärer Handelshemmnisse werden als „*zwei Seiten derselben Medaille*" verstanden, weil die Abwehr der Konkurrenz aus anderen Mitgliedsstaaten sowohl durch die Belastung ausländischer Produkte und Dienstleistungen als auch durch die Unterstützung der heimischen Anbieter erfolgen kann[81].

a) Generelles Verbot staatlicher Beihilfen

Der EGV wählt als methodischen Ansatz das grundsätzliche Verbot staatlicher Beihilfen, die zur Beeinträchtigung des zwischenstaatlichen Handels geeignet sind. Die Absätze II und III des Artikels 87 EGV sehen Ausnahmen von diesem generellen Verbot vor[82].

b) Ausnahmen gemäß Art. 87 II EGV

Die Ausnahmeregelung des Art. 87 II EGV sieht Legalausnahmen vom Beihilfenverbot des Art. 87 I EGV vor, deren Voraussetzungen in drei Unterabschnit-

---

78 HEINEMANN, S. 64 f.
79 EuGH „Kommission vs. Frankreich", Rs. 171/83 R, Slg. 1983, S. 2621 (2627/Rn. 9).
80 KOENIG/HARATSCH, Rn. 843.
81 CREMER, in: CALLIESS/RUFFERT (Hrsg.), EUV/EGV, Art. 87 EGV, Rn. 2.
82 OPPERMANN, Rn. 1108.

ten festgelegt werden. Bei der Anwendung der Ausnahmeregelung ist der Kommission kein Ermessen eingeräumt[83]. Allerdings besitzt die Kommission einen Beurteilungsspielraum hinsichtlich der Tatbestandsvoraussetzungen[84].

Für die Problematik einer Terrorversicherung ist Art. 87 II b) EGV von besonderer Bedeutung, der für außergewöhnliche Ereignisse sogenannte Katastrophenbeihilfen zulässt. Denn unter diese Variante werden neben Kriegen und schweren Unruhen auch Terroranschläge subsumiert[85].

c) *Ausnahmen gemäß Art. 87 III EGV*

Anders als Abs. II eröffnet Art. 87 III EGV der Kommission große kontrollfeste Entscheidungsspielräume[86]. Von diesem Ermessensspielraum hat die Kommission für den Ausgleich von Terrorschäden jedoch noch nicht Gebrauch gemacht. Von einer näheren Auseinandersetzung mit der Ausnahmevorschrift wird deshalb abgesehen.

IV. Versicherungsspezifisches gemeinschaftliches Sekundärrecht – EG-Schadensversicherungsrichtlinien

In den 70er Jahren des vergangenen Jahrhunderts begann die Europäische Gemeinschaft effektiv damit, einen europäischen Binnenmarkt für Versicherungen zu schaffen[87]. Versicherungsaufsichtsrechtliche Unterschiede und wirtschaftliche Interessengegensätze zwischen den Mitgliedsstaaten sowie der spezifische Charakter der Versicherung als Rechtsprodukt, das intensiver rechtlicher Regulierung bedarf, erschwerten die Verwirklichung eines europäischen Binnenmark-

---

[83] EuGH „Philipp Morris vs. Kommission", Rs. 730/79, Slg. 1980, S. 2671 (2690/Rn. 17); JUNG, in: CALLIESS/RUFFERT (Hrsg.), EUV/EGV, Art. 86 EGV, Rn. 19.

[84] KOENIG/HARATSCH, Rn. 862.

[85] KOENIG/KÜHLING/RITTER, S. 95; MEDERER, in: VON DER GROEBEN/SCHWARZE (Hrsg.), EUV/EGV, Bd. 2, Art. 87 EGV, Rn. 132; RAWLINSON, in: LENZ (Hrsg.), EGV, Art. 87 EGV, Rn. 24.

[86] EuGH „Textilwerke Deggendorf vs. Kommission", Rs. C-355/95 P, Slg. 1997, I-S. 2549 (2576/Rn. 26); CREMER, in: CALLIESS/RUFFERT (Hrsg.), EUV/EGV, Art. 86 EGV, Rn. 25.

[87] Nachdem die eigentlich vorgesehene Übergangszeit zur Schaffung eines Gemeinsamen Marktes bis zum 31.12.1969 weitgehend ungenutzt verstrichen war, siehe dazu ROTH in RabelsZ 54 (1990), S. 63 (67).

tes für Versicherungen in besonderem Maße[88]. Die Harmonisierung der Versicherungsmärkte erfolgte in Gestalt dreier sogenannter Richtliniengenerationen.

1. Erste Richtlinie des Rates zur Koordinierung der Rechts- und Verwaltungsvorschriften betreffend die Aufnahme und Ausübung der Tätigkeit der Direktversicherung (mit Ausnahme der Lebensversicherung) vom 24. Juli 1973 (73/239/EWG)[89]

Die Erste Richtlinie Schadensversicherung vollzog einen ersten wesentlichen Schritt auf dem Weg zu einem Gemeinsamen Markt für Versicherungen, indem sie sich die Durchsetzung der Niederlassungsfreiheit auf dem Versicherungsmarkt zum Ziel setzte[90]. Die Instrumente, mit denen die Erste Richtlinie Schadensversicherung für die Verwirklichung der Niederlassungsfreiheit sorgte, waren die Einführung eines gemeinschaftsweit einheitlichen Zulassungssystems für die Errichtung von Zweigstellen und die Harmonisierung der Zugangsvorschriften für die Tätigkeit von Versicherungsunternehmen auf den Versicherungsmärkten der Mitgliedsstaaten[91]. Anliegen der Ersten Richtlinie Schadensversicherung war es dementsprechend, die Mitgliedsstaaten zur Einrichtung einer Versicherungsaufsicht für bestimmte Versicherungszweige zu verpflichten. Darüber hinaus sollten die materiellen aufsichtsrechtlichen Vorgaben so weit wie möglich harmonisiert werden[92].

---

88 ROTH in NJW 1993, S. 3028 (3029).

89 In: ABl. EG 1973, Nr. L 228/3 ff.; im Folgenden „Erste Richtlinie Schadensversicherung".

90 HÜBNER/MATUSCHE-BECKMANN in EuZW 1995, S. 263 (264); ROTH in NJW 1993, S. 3028 (3029).

91 HÜBNER/MATUSCHE-BECKMANN in EuZW 1995, S. 263 (264).

92 Erste Richtlinie Schadensversicherung, Erwägungsgründe, S. 3.

2. *Zweite Richtlinie des Rates zur Koordinierung der Rechts- und Verwaltungsvorschriften für die Direktversicherung (mit Ausnahme der Lebensversicherung) und zur Erleichterung der tatsächlichen Ausübung des freien Dienstleistungsverkehrs sowie zur Änderung der Richtlinie 73/239/EWG vom 22. Juni 1988 (88/357/EWG)*[93]

Um die Verwirklichung eines Gemeinsamen Marktes für Versicherungen weiter voranzutreiben, widmete sich die Zweite Richtlinie Schadensversicherung in erster Linie der Durchsetzung der Dienstleistungsfreiheit[94]. Als Mittel dafür wurde das sogenannte Herkunftslandprinzip eingeführt: Die Mitgliedsstaaten dürfen von einem Anbieter keine eigenständige Zulassung mehr verlangen, wenn das Versicherungsunternehmen in einem anderen Mitgliedsstaat bereits zugelassen ist. Außerdem wurden die präventive Kontrolle der Versicherungsbedingungen und die Tarifkontrolle untersagt.

Allerdings begründete die Zweite Richtlinie Schadensversicherung eine Liberalisierung in „zwei Geschwindigkeiten“[95]. Die erwähnten Erleichterungen galten nämlich gemäß Art. 5 der Zweiten Richtlinie Schadensversicherung nur für sogenannte Großrisiken, also für gewerbliche Risiken ab einem bestimmten Schwellenwert.

3. *Richtlinie 92/49/EWG des Rates zur Koordinierung der Rechts- und Verwaltungsvorschriften für die Direktversicherung (mit Ausnahme der Lebensversicherung) sowie zur Änderung der Richtlinien 73/239/EWG und 88/357/EWG (Dritte Richtlinie Schadensversicherung) vom 18. Juni 1992*[96]

Ziel der Dritten Richtlinie Schadensversicherung ist es nach den Erwägungsgründen des Kommissionsentwurfs zur Dritten Richtlinie Schadensversicherung des Rates von 1990[97], den Binnenmarkt für die direkte Nichtlebensversicherung

---

93 In: ABl. EG 1988, Nr. L 172/1 ff.; im Folgenden „Zweite Richtlinie Schadensversicherung“.

94 ROTH in NJW 1993, S. 3028 (3029).

95 ROTH in NJW 1993, S. 3028 (3029).

96 In: ABl. EG Nr. L 228/1 ff.; im Folgenden „Dritte Richtlinie Schadensversicherung“.

97 In: ABl. Nr. C 244, S. 28 ff., vom 28.9.1990; im Folgenden „Entwurf zur Dritten Richtlinie Schadensversicherung“.

zu vollenden und damit den Versicherungsnehmern Zugang zu möglichst vielen Angeboten zu eröffnen[98]. Korrespondierend zu diesem Anliegen soll den Versicherern das gemeinschaftsweite Anbieten ihrer Produkte erleichtert werden[99]. Zusammenfassend lässt sich sagen, dass diese Richtlinie der Dritten Generation die Bemühungen um einen Gemeinsamen Binnenmarkt für Versicherungen dadurch zum Abschluss bringt, dass sie die Einteilung der Zweiten Richtlinie Schadensversicherung in Groß- und sonstige Risiken aufgibt und die für die Großrisiken bereits eingeführten Regelungen auf das sogenannte Massengeschäft ausdehnt[100].

---

98 Entwurf zur Dritten Richtlinie Schadensversicherung, Erwägungsgründe Nr. 1 und 19.

99 Entwurf zur Dritten Richtlinie Schadensversicherung, Erwägungsgrund 1.

100 ROTH in NJW 1993, S. 3028 (3029 f.).

ZWEITER TEIL:

Das Angebot staatseigener Versicherungen

I. Staatliche Monopolversicherung

1. Einführung

a) Ziele einer staatlichen Monopolversicherung

Eine staatliche Monopolversicherung zur Absicherung von Wirtschaftsunternehmen gegen Terrorschäden hat zwei aufeinander aufbauende vorrangige Ziele. Zunächst einmal soll den Unternehmen überhaupt die Möglichkeit eines solchen Versicherungsschutzes gegeben werden[101]. Die Kündigungen der Versicherungen für Fluglinien nach den Anschlägen am 11. September 2001[102] haben gezeigt, dass durchaus eine Situation eintreten kann, in der zumindest für solche Unternehmen oder Branchen, die als besonders gefährdet gelten, auf dem privaten Versicherungsmarkt keine Versicherungen mehr angeboten werden.

Aber auch in einem Umfeld, in dem private Versicherungen noch angeboten werden, kann eine staatliche Monopolversicherung einen wichtigen Zweck erfüllen[103]. Ebenfalls am Beispiel der Drittschadensversicherung für Fluglinien zeigt sich, dass nach einer gewissen Orientierungsphase Versicherungen nach Terroranschlägen zwar wieder angeboten werden, jedoch zu erheblich erhöhten Preisen[104]. In dieser Situation hat eine staatliche Risikoübernahme die Funktion, die Preise für Terror-Versicherungen auf ein Maß zurückzuführen, das auch den besonders exponierten Branchen den Abschluss solcher Versicherungen ermöglicht[105].

---

101 Siehe zu den Vor- und Nachteilen staatlicher Eingriffe in den Versicherungsmarkt oben, Erster Teil, II., 2., b).

102 Siehe dazu beispielsweise „Deutsche Flugzeuge nicht mehr versichert?“, in: Spiegel online vom 20.9.2001, abrufbar unter: http://www.spiegel.de/wirtschaft/0,1518,158475,00.html.

103 Siehe allgemein zu den Vor- und Nachteilen einer staatlichen Risikoübernahme oben, Erster Teil, II., 2., b).

104 Siehe dazu beispielsweise „Der Versicherungsschutz wird für viele Unternehmen teurer“, in: FAZ vom 22.9.2001, S. 17; „Allianz versichert Flugzeuge gegen Terror“, in: FAZ vom 16.3.2002, S. 14.

105 NELL, S. 3; zu den volkswirtschaftlichen Vor- und Nachteilen einer staatlichen Risikoübernahme siehe oben, Erster Teil, II., 2., b); zur Kritik daran siehe beispielsweise „Der Bürge“, in FAZ vom 27.4.2002, S. 17.

b) Merkmale einer staatlichen Monopolversicherung

Die erforderlichen Merkmale einer staatlichen Monopolversicherung ergeben sich als Konsequenz aus einer weiteren Zielvorgabe: Die Versicherung soll nämlich nicht nur allen Unternehmen eine erschwingliche Deckung gegen Terrorschäden offerieren. Sie soll auch selbst rentabel, zumindest aber kostendeckend arbeiten.

aa) Versicherungszwang

Angesichts der potentiell enormen Schadenshöhe müsste zunächst einmal ein in absoluten Zahlen ausreichendes Prämienaufkommen gewährleistet werden, das auch den Ausgleich größerer Schäden ermöglicht. Es bietet sich an, dieses Prämienaufkommen durch einen Versicherungszwang sicherzustellen. Dabei sind verschiedene Möglichkeiten denkbar, den Kreis der Zwangsversicherten zu bestimmen[106].

Ein Versicherungszwang ist zugleich eines von drei wichtigen Instrumenten, um dem Prozess der sogenannten negativen Selektion entgegenzuwirken. Das Phänomen der negativen Selektion bedroht grundsätzlich jede Versicherung. Negative Selektion findet statt, wenn eine Versicherung, gemessen an der individuellen Schadenserwartung, für die nicht oder wenig Bedrohten gar nicht interessant oder jedenfalls zu teuer ist. Das Versicherungsangebot zieht dann schlechte Risiken, das heißt solche mit einer hohen Schadenswahrscheinlichkeit, überproportional an. Die Häufung schlechter Risiken führt zu einem Anstieg des Schadensaufkommens, was wiederum zu einer weiteren Prämienerhöhung und damit zu einem fortgesetzten Ausscheiden guter Risiken führt. Letztlich findet die Versicherung wegen der Prämienhöhe entweder gar keine Abnehmer mehr oder sie arbeitet wegen der Häufung schlechter Risiken strukturell defizitär.

Mittels des Versicherungszwangs werden nun auch die guten Risiken zum Abschluss einer Versicherung gezwungen, um so das Schadensaufkommen durch ausreichende Einnahmen auszugleichen. Positiv formuliert subventionieren also, ähnlich wie in Gestalt des sozialen Ausgleichs im Rahmen der Sozialversiche-

---

106 Als Beispiele seien hier nur genannt eine Verpflichtung von Wirtschaftsbetrieben ab einer bestimmten Bilanzsumme oder aber eine Anknüpfung des Versicherungszwangs an eine bestimmte Branchenzugehörigkeit.

rungen, die Beiträge der Versicherungsnehmer mit niedriger Schadenserwartung den Versicherungsschutz der schlechten Risiken[107].

Im Falle einer Terrorversicherung für die Wirtschaft ist die Gefahr der negativen Selektion besonders groß, da der Großteil der Betriebe nach menschlichem Ermessen überhaupt nicht oder jedenfalls kaum von Terroranschlägen bedroht sein dürfte[108]. So wenig wie ein Maschinenbaubetrieb in der schwäbischen Provinz im Vergleich zum Pauschalreiseanbieter von Terroranschlägen bedroht wird, so sehr unterscheidet sich auch die Bedrohungssituation bestimmter, symbolträchtiger Bauwerke von der anderer Gebäude[109].

bb) Alleiniges Angebotsrecht

Mit dem Versicherungszwang allein kann die negative Selektion nicht verhindert werden. Denkbar wäre nämlich, dass sich zwar alle Wirtschaftsbetriebe versichern. Gute und schlechte Risiken würden aber verschiedene Anbieter wählen. Private Versicherungen würden sich mit günstigen Konditionen auf die guten Risiken konzentrieren, während die staatliche Versicherung auch die schlechten Risiken versichern müsste. Denn gerade die Versicherung der schlechten Risiken ist ja eines der eingangs erläuterten Ziele einer staatlichen Deckung.

Um den finanziellen Ausgleich von guten und schlechten Risiken zu gewährleisten, müsste der Versicherungszwang deshalb dergestalt durch ein Monopol[110] ergänzt werden, dass allein die staatliche Versicherung das Recht besäße, in dem betreffenden Staat Terrorversicherungen für Wirtschaftsunternehmen anzubieten.

cc) Bannrecht

Auch durch das mit einem Versicherungszwang verbundene Angebotsmonopol ist die negative Selektion jedoch nicht gänzlich zu verhindern. Wirtschaftsunter-

---

107 Siehe zu dieser Funktion des sozialen Ausgleichs in der Sozialversicherung QUANDT, S. 212.

108 Bei der Krankenversicherung gilt dies nicht in gleichem Maße, da auch bei gesunder Lebensführung kein Mensch Erkrankungen jeder Art für sich ausschließen kann.

109 STRAUBHAAR in Zeitschrift für Politikwissenschaft (Journtal of political science), Jg. 13 (2993), S. 123 (134/Fn. 12).

110 Zum Monopolbegriff im Sinne des europäischen Wettbewerbsrechts näher unten, Zweiter Teil, I., 2., b).

nehmen könnten dem Versicherungszwang nämlich dadurch entsprechen, dass sie die vorgeschriebene Versicherung bei einem ausländischen Anbieter abschließen. Die guten Risiken würden sich zu günstigen Konditionen bei ausländischen Anbietern versichern, während die staatliche Monopolversicherung die Versicherung der schlechten Risiken übernehmen müsste, die von den ausländischen Versicherern abgewiesen werden. Da es sich bei Versicherungen um klassische Korrespondenzdienstleistungen handelt[111], ist die Gefahr einer solchen „Landflucht" von Versicherungskunden besonders groß.

Dieser Variante negativer Selektion kann nur durch ein sogenanntes Bannrecht begegnet werden. Das Bannrecht ergänzt das Angebotsmonopol der staatlichen Versicherung in der Weise, dass Versicherungsschutz für alle in Deutschland belegenen Risiken nur bei der staatlichen Monopolversicherung erworben werden darf.

c) *Ordnungspolitische Bewertung einer staatlichen Monopolversicherung*

Die Einrichtung einer staatlichen Monopolversicherung ist die gravierendste Form staatlichen Eingreifens in den Versicherungsmarkt, weil vollständig auf die effizienzsteigernde Wirkung des Wettbewerbs verzichtet wird[112].

Aus ordnungspolitischer Sicht sollte deshalb versucht werden, ein diagnostiziertes Marktversagen mit weniger drastischen Formen staatlicher Regulierung zu beheben.

d) *Stellenwert des Modells in Literatur und Realität*

Unter den verschiedenen Varianten staatlicher Risikoübernahme wird eine eigene staatliche Versicherung durchaus als denkbare Lösung gesehen[113]:

Allerdings steht, soweit eine alleinige staatliche Kompensation von Terrorschäden befürwortet wird, die Vorstellung einer umfassenden, kostenlosen und direkten Entschädigungspflicht des Staates im Vordergrund[114].

---

111 Siehe zum Begriff der Korrespondenzdienstleistung oben, Erster Teil, III., 2., c).

112 QUANDT, S. 168.

113 Siehe dazu etwa den Hinweis auf staatliche Katastrophenversicherungen in anderen Ländern bei WOLGAST, S. 243 (253 ff.).

114 NELL, S. 6 f.; WOLGAST, S. 243 (254).

Verglichen mit verschiedenen Formen einer „public-private partnership“ wird eine solche kostenlose Einstandspflicht des Staates wiederum vor allem deshalb relativ verhalten diskutiert, weil man die Entwicklung einer Art „Vollkasko-Mentalität“ durch Verzerrung der ökonomischen Anreize befürchtet[115]. Die Gefahr solcher Fehlanreize droht jedoch auch bei einer prämienfinanzierten staatlichen Terrorversicherung, da sie ihre Ziele als Variante staatlicher Risikoübernahme nur dann erreichen kann, wenn sie eben keine in vollem Umfang risikogerechten Prämien erhebt[116].

Es gibt noch einen weiteren, eher praktischen Grund dafür, dass das Hauptaugenmerk bisher auf Modelle der Verbindung öffentlicher und privater Kapazitäten gerichtet wird: International wurde die Möglichkeit einer eigenen staatlichen Terrorversicherung beziehungsweise einer unmittelbaren staatlichen Entschädigungsregelung[117] bisher nur in wenigen Fällen umgesetzt. Direkte staatliche Entschädigungen sind, beispielsweise in Frankreich[118] oder Ungarn[119], zumeist nur für Fälle körperlicher Schädigungen vorgesehen. Außerdem drängt sich der Eindruck auf, dass eine unmittelbare staatliche Risikoübernahme in Ländern gebräuchlicher ist, die wie Israel[120] oder Spanien[121], regelmäßig unter oft verheerenden Terroranschlägen, oder wie Sri Lanka[122] und Südafrika[123], unter bürgerkriegsähnlichen Unruhen zu leiden haben. Der Aufbau monopolistischer, staatseigener Versicherungsangebote kommt also in erster Linie dann in Betracht, wenn Terroranschläge kein singuläres oder doch seltenes Phänomen sind, sondern eine mehr oder weniger alltägliche, schwerwiegende Gefahr darstellen.

---

115 WOLGAST, S. 243 (254); siehe zu der grundsätzlichen volkswirtschaftlichen Problematik einer staatlichen Risikoübernahme oben, Erster Teil, II.

116 Siehe dazu oben, Erster Teil, II., 2., a).

117 Solche Entschädigungslösungen stehen prämienfinanzierten Versicherungsstrukturen dann um so näher, wenn sie aus zweckgebundenen Steuern finanziert werden, siehe dazu WOLGAST, S. 243 (254).

118 OECD, DAFFE/AS/WD (2002)5, Comparative tables on the impacts of 11th September on insurance and reinsurance markets in OECD countries, S. 4.

119 OECD, DAFFE/AS/WD (2002)5, Comparative tables on the impacts of 11th September on insurance and reinsurance markets in OECD countries, S. 4.

120 OECD, DAFFE/AS/WD (2002)5, Comparative tables on the impacts of 11th September on insurance and reinsurance markets in OECD countries, S. 10.

121 Siehe zur spanischen Terrorversicherung unten, Zweiter Teil, II.

122 OECD, DAFFE/AS/WD (2002)5, Comparative tables on the impacts of 11th September on insurance and reinsurance markets in OECD countries, S. 10.

123 OECD, DAFFE/AS/WD (2002)5, Comparative tables on the impacts of 11th September on insurance and reinsurance markets in OECD countries, S. 10.

Trotzdem sollte der Aufbau von Versicherungen der skizzierten Art nicht als unrealistisch abgetan werden. Es hieße zwar den Teufel an die Wand zu malen, ein Ansteigen der Anschlagszahlen auch in anderen, insbesondere westeuropäischen Staaten oder den USA zu erwarten; ausgeschlossen ist eine derartige Entwicklung jedoch nicht. Der Aufbau einer staatseigenen Versicherung könnte als politische Option mittel- bis langfristig also durchaus verstärkt in der Diskussion auftauchen.

Dies gilt umso mehr, als bei einer Verstärkung der Terrorgefahr bald die Belastbarkeitsgrenze rein privater, aber auch kombinierter privat-öffentlicher Versicherungslösungen erreicht werden könnte.

2. *Vereinbarkeit einer staatlichen Monopolversicherung mit europäischem Primärrecht*

a) *Unternehmenseigenschaft*

aa) *Bedeutung des Unternehmensbegriffs - Voraussetzung für die Anwendbarkeit des europäischen Wettbewerbsrechts*

Der Begriff des Unternehmens besitzt zentrale Bedeutung für das europäische Wirtschafts- und somit auch das Wettbewerbsrecht[124]. Die Schlüsselfunktion des Unternehmensbegriffs besteht darin, Sachverhalte, die nichts mit dem wirtschaftsbezogenen Regelungsgehalt der Wettbewerbsnormen zu tun haben[125], von vornherein dem Anwendungsbereich des Wettbewerbsrechts zu entziehen. Der Unternehmensbegriff des Art. 86 EGV ist identisch mit dem der anderen Wettbewerbsregeln, insbesondere der Art. 81, 82 EGV[126].

bb) *Allgemeiner Unternehmensbegriff*

Das europäische Primärrecht hält keine einheitliche, ausdrückliche Definition des Begriffs Unternehmen („undertaking") bereit. Dies ist unter anderem darauf zurückzuführen, dass angesichts der unterschiedlichen nationalen Rechtsordnungen ein brauchbarer gemeinsamer Nenner schwer zu finden ist[127].

---

124 EICHENHOFER, Rn. 326.

125 GLEISS/HIRSCH/BURKERT, Art. 85 (1) EGV, Rn. 1, 4.

126 EMMERICH, in: DAUSES (Hrsg.), Hdb.-EU-Wirtschaftsrecht, Bd. 2, H. II., Rn. 98; HEINEMANN, S. 73.

127 DOHMS, Rn. 21.

Inhaltlich hilft die Definition in Art. 196 Euratom-Vertrag weiter. Danach hängt die Unternehmenseigenschaft nicht davon ab, ob eine Einrichtung privat- oder öffentlich-rechtlich organisiert ist. Mit dieser Feststellung trägt die Norm jedoch allenfalls zur Klärung eines Teilbereichs bei. Eine umfassende Definition des Unternehmensbegriffs bedeutet sie nicht.

Sekundärrechtlich findet der Begriff der öffentlichen Unternehmen in Art. 2 I der Richtlinie der Kommission über die Transparenz der finanziellen Beziehungen zwischen den Mitgliedsstaaten und den öffentlichen Unternehmen[128] Erwähnung. Diese Definition besitzt aus systematischen Gründen allerdings nur Indizwirkung, weil ihre Geltung auf den Regelungsbereich der Transparenzrichtlinie beschränkt ist[129]. Außerdem definiert Art. 2 I der Transparenzrichtlinie nur den Begriff der Öffentlichkeit eines Unternehmens. Über die Merkmale, die eine Einrichtung überhaupt erst zu einem Unternehmen machen, wird nichts ausgesagt[130].

Ebenso wie das europäische Primär- und Sekundärrecht verzichtet auch der EuGH bisher auf eine einheitliche, abstrakte Definition und orientiert seine Auffassung an der jeweiligen Fallkonstellation[131].

Die Definitionsversuche des EuGH sind von dem Bestreben gekennzeichnet, einen genuin gemeinschaftsrechtlichen Unternehmensbegriff zu prägen. Dadurch soll der Bildung nationaler Souveränitätsreservate entgegengewirkt werden. Eine Orientierung an nationalen Begriffen würde den Mitgliedsstaaten nämlich die Möglichkeit geben, den Anwendungsbereich der Wettbewerbsvorschriften selbst zu bestimmen[132].

Da die Schwellenfunktion des Unternehmensbegriffs außerdem nur dem Zweck dient, Sachverhalte herauszufiltern, die ganz offensichtlich nicht in den Anwendungsbereich des Wettbewerbsrechts fallen[133], ist an vielen Stellen das Bestreben des EuGH zu erkennen, seinen Entscheidungen einen möglichst weiten Unternehmensbegriff zugrunde zu legen.

---

[128] In: ABl. EG 1980 Nr. L 195/35; im Folgenden „Transparenzrichtlinie“.

[129] EuGH „Frankreich u.a. vs. Kommission (Öffentliche Unternehmen-Transparenzrichtlinie), verb. Rs. 188 bis 190/80“, in: Slg. 1982, S. 2545 (2578/Rn. 24).

[130] Basedow/Jung, S. 179 (235).

[131] Hochbaum/Klotz, in: von der Groeben/Schwarze (Hrsg.), EUV/EGV, Bd. 2, Art. 86 EGV, Rn. 6.

[132] Fesenmair, S. 37; siehe dazu auch unten, Zweiter Teil, I., 2., a), bb), (3), (b), (dd).

[133] Gleiss/Hirsch/Burkert, Art. 85 (1) EGV, Rn. 4.

(1) Funktionaler Unternehmensbegriff

Obwohl auch der EuGH keine abstrakte, umfassende Definition des Begriffs Unternehmen entwickelt, hat sich in der EuGH-Rechtsprechung eine bestimmte Vorstellung dessen herauskristallisiert, was ein Unternehmen im wettbewerbsrechtlichen Sinne ausmacht. Dieser sogenannte „funktionale Unternehmensbegriff“[134] hat seinen Niederschlag exemplarisch in der Entscheidung des EuGH „Höfner/Elser vs. Macrotron“ gefunden, in der es um die deutsche Arbeitsvermittlung ging[135].

Der Begriff des Unternehmens bezeichnet danach jede Einheit, die eine wirtschaftliche Tätigkeit ausübt, unabhängig von Rechtsform und Finanzierung der Einheit[136]. Die Unternehmenseigenschaft soll immer dann zu bejahen sein, wenn ein wettbewerbsrelevantes Verhalten vorliegt[137].

An anderer Stelle findet sich die Definition des Unternehmens als Zusammenfassung personeller, materieller und immaterieller Faktoren, mit welcher auf Dauer ein bestimmter wirtschaftlicher Zweck verfolgt wird[138].

(2) Rechtssubjektivität und organisatorische Selbstständigkeit

Obgleich in der Literatur nicht gänzlich unumstritten[139], lehnt es der EuGH ab, die Unternehmenseigenschaft von einer eigenen Rechtssubjektivität der Einrichtung abhängig zu machen. Auf einer Ebene unterhalb des Erfordernisses einer eigenen rechtlichen Persönlichkeit fordern einige Autoren, dass ein Unternehmen im Sinne des europäischen Wettbewerbsrechts wenigstens eine gewisse organisatorische Selbstständigkeit gegenüber dem Staat aufweisen muss.

Die Begründung für ein solches Selbstständigkeitserfordernis ist systematischer Natur, es wird nämlich auf den dualen Charakter des Art. 86 EGV verwiesen. Da in der Vorschrift von Maßnahmen des Staats in Bezug auf öffentliche Unternehmen die Rede ist, müssten Einrichtungen ein Mindestmaß an Unterscheidbarkeit vom Staat aufweisen, um als Unternehmen gewertet werden zu kön-

---

134 HEINEMANN, S. 73.

135 EuGH „Höfner/Elser vs. Macrotron“, Rs. C-41/90, Slg. 1991, I-S. 1979 ff.

136 EuGH „Höfner/Elser vs. Macrotron“, Rs. C-41/90, Slg. 1991, I-S. 1979 (2016/Rn. 21).

137 GLEISS/HIRSCH/BURKERT, Art. 85 (1) EGV, Rn. 9.

138 EuGH „Mannesmann AG vs. Hohe Behörde“, Slg. 1962, S. 717 (750); MESTMÄCKER, in: IMMENGA/MESTMÄCKER, EG-Wettbewerbsrecht, Bd. II, XII. Abschnitt, A. (Art. 37 EGV), Rn. 1.

139 EMMERICH, in: DAUSES (Hrsg.), Hdb.-EU-Wirtschaftsrecht, Bd. 2, H. I. § 1, Rn. 58.

nen[140]. Würden im Extremfall also auch Teile des Verwaltungsapparates als Unternehmen eingestuft, missachte dies die duale Struktur der Vorschrift. Handele der Staat selbst als Unternehmer, könne somit nur nach den allgemeinen Wettbewerbsregeln der Art. 81, 82 EGV vorgegangen werden[141].

Diese Frage gehört eigentlich in einen anderen Kontext, denn die Anwendung der Art. 81, 82 EGV setzt das Vorliegen eines Unternehmens bereits voraus. Geht man also von der Anwendbarkeit der Art. 81, 82 EGV aus, kann nicht mehr die Unternehmenseigenschaft, sondern allenfalls noch die öffentliche Natur des Unternehmens in Frage stehen.

Sachlich erscheint das Erfordernis einer organisatorischen Selbstständigkeit gerade vor dem Hintergrund des Anliegens eines funktionalen Unternehmensbegriffs mit den Zielen des Art. 86 EGV[142] nicht vereinbar. Denn die Gefahr einer wettbewerbswidrigen Einflussnahme der öffentlichen Hand nimmt mit der organisatorischen Nähe einer Einrichtung zum Staat eher zu[143]. Im Sinne eines möglichst effektiven Wettbewerbsschutzes erscheint es aber nicht zweckmäßig, die Anwendung der Wettbewerbsregeln gerade dort auszuschließen, wo die Gefahr ihrer Verletzung besonders groß ist.

(3) Unterscheidung von wirtschaftlicher und nicht-wirtschaftlicher Tätigkeit

An den unterschiedlichen Definitionsversuchen des EuGH lässt sich ablesen, dass das entscheidende Merkmal eines Unternehmens im gemeinschaftsrechtlichen Sinne letztlich die Ausübung einer wirtschaftlichen Tätigkeit ist[144]. Darunter wird zunächst einmal jedes Anbieten von Gütern oder Dienstleistungen auf einem bestimmten Markt verstanden[145].

---

140 JUNG, in: CALLIESS/RUFFERT (Hrsg.), EUV/EGV, Art. 86 EGV, Rn. 11; EMMERICH, in: DAUSES (Hrsg.), Hdb.-EU-Wirtschaftsrecht, Bd. 2, H. II., Rn. 103; HEINEMANN, S. 74.

141 BENESCH, S. 8 f.; HEINEMANN, S. 74.

142 Siehe dazu näher unten, Zweiter Teil, I., 2., c), aa), (2), (c).

143 HEINEMANN, S. 74 f.

144 EuGH „Höfner/Elser vs. Macrotron", Rs. C-41/90, Slg. 1991, I-S. 1979 (2016/Rn. 21); EMMERICH, in: DAUSES (Hrsg.), Hdb.-EU-Wirtschaftsrecht, Bd. 2, H. II., Rn. 98.

145 EuGH „Kommission gegen Italien" Rs. C-35/96, Slg. 1998, I-S. 3851 (3896/Rn. 36); EuGH „Ambulanz Glöckner vs. Südwestpfalz", Rs. C-147 und 148/97, in: EuZW 2002, S. 25 (26); EMMERICH, in: DAUSES (Hrsg.), Hdb.-EU-Wirtschaftsrecht, Bd. 2, H. II., Rn. 98; MESTMÄCKER, in: IMMENGA/MESTMÄCKER, EG-Wettbewerbsrecht, Bd. 2, XII. Abschnitt, A. (Art. 37 EGV), Rn. 2.

Als Gegenstück zur wirtschaftlichen Tätigkeit und als Anhaltspunkt einer negativen Definition dessen, was wirtschaftliche Tätigkeit nicht ist, dient der Begriff des „hoheitlichen Handelns“[146]. Die Unterscheidung zwischen hoheitlichem Handeln und wirtschaftlicher Tätigkeit ist also der entscheidende Schritt bei der Einordnung von Einrichtungen als Unternehmen[147].

Allerdings bedeutet auch diese Erkenntnis nicht die Lösung auf dem Weg zu einer Definition des Unternehmensbegriffs. Vielmehr wird das Problem auf die Frage verlagert, was hoheitliches Handeln von wirtschaftlicher Tätigkeit unterscheidet[148].

Methodisch gründen die Versuche des EuGH, eine prägnante Formel für den wettbewerbsrechtlichen Unternehmensbegriff zu finden, immer wieder auf der Problematisierung einzelner Elemente und der Überprüfung ihrer Bedeutung für den Unternehmensbegriff im Einzelfall.

(a) Organisatorische Merkmale einer Einheit als Indiz für die Wirtschaftlichkeit ihrer Tätigkeit

Der EuGH stellt in der Entscheidung “Höfner/Elser vs. Macrotron“ grundsätzlich fest, dass die Einordnung einer Einrichtung als Unternehmen nicht von der Rechtsform der Einrichtung abhängig ist[149]. Trotzdem findet sich in der Rechtsprechung des EuGH und der begleitenden Literatur in verschiedener Ausprägung immer wieder die Frage, ob nicht die Einordnung einer Tätigkeit als wirtschaftlich oder hoheitlich und somit auch der Unternehmensbegriff des europäischen Wettbewerbsrechts von bestimmten organisatorischen Voraussetzungen abhängig ist.

(aa) Einrichtungen, die durch Gesetz geschaffen sind und lediglich staatliche Gesetze anwenden

Es wird zum Teil vertreten, Generalanwalt Trabucchi habe im Rahmen der Entscheidung des EuGH „IGAV vs. ENCC“[150] hoheitliches Handeln dadurch defi-

---

146 Siehe beispielsweise EuGH „Bodson vs. Pompes funébres“, Rs. 30/87, Slg. 1988, S. 2479 (2512/Rn. 18), dort „öffentliche Gewalt“.

147 SLOT, S. 1313 (1415).

148 FESENMAIR, S. 40, Fn. 96; HEINEMANN, S. 75 f.

149 EuGH „Höfner/Elser vs. Macrotron“, Rs. C-41/90, Slg. 1991, I-S. 1979 (2016/Rn. 21).

150 EuGH „IGAV vs. ENCC“, Rs. 94/74, Slg. 1975, S. 699 ff.

niert, dass er die Art. 81, 82 EGV für auf solche öffentlich-rechtlichen Körperschaften unanwendbar erklärt, die durch Gesetz geschaffen sind, lediglich Gesetze anwenden und deren Tätigkeit gesetzlich geregelt ist[151].

Bei den Äußerungen des Generalanwalts handelt es sich jedoch nicht um Eingrenzungen des Unternehmensbegriffs. Der Generalanwalt, wie auch das schließlich vom EuGH gefällte Urteil, stellen nämlich lediglich fest, dass die Art. 81, 82 EGV nicht auf die in Rede stehende Körperschaft anwendbar sind. Gleichzeitig aber betonen beide, dass eine Anwendbarkeit des staatsbezogenen Art. 86 I EGV durchaus denkbar sei[152]. Art. 86 I EGV setzt aber ebenso wie die Art. 81, 82 EGV das Vorliegen eines Unternehmens schon voraus. Sowohl der Generalanwalt als auch das Gericht halten also die Subsumtion der Einrichtung unter den Unternehmensbegriff trotz der angesprochenen Strukturmerkmale durchaus für möglich.

Die Entscheidung „IGAV vs. ENCC" des EuGH beschäftigt sich also allein mit der Frage, wer eine wettbewerbsrelevante Maßnahme zu verantworten hat, und nicht mit den Anforderungen an den Unternehmensbegriff. Da die angesprochenen Merkmale also keinen Einfluss auf die Unternehmenseigenschaft einer Einrichtung haben, bedeutet dies im Umkehrschluss auch, dass sie nicht die Hoheitlichkeit eines Handelns begründen können.

(bb) Einrichtungen, die in öffentlich-rechtlicher Form konstituiert sind

Die dem Generalanwalt zugeschriebene Argumentation hat sich in modifizierter Form allerdings die deutsche Bundesregierung in der Sache „Höfner/Elser vs. Macrotron" zu eigen gemacht.

Vorgetragen wurde, dass eine öffentlich-rechtliche Einheit, die unentgeltlich Leistungen erbringt, nicht als Unternehmen eingestuft werden könne[153]. Dieses Vorbringen führte zur Erörterung der Frage, ob die öffentlich-rechtliche Organisation einer Einheit die Anwendung des Unternehmensbegriffs ausschließt[154].

---

[151] HEINEMANN, S. 76; MESTMÄCKER, in: IMMENGA/MESTMÄCKER, EG-Wettbewerbsrecht, Bd. II, XII. Abschnitt, A. (Art. 37 EGV), Rn. 8.

[152] EuGH „IGAV vs. ENCC", Rs. 94/74, Slg. 1975, S. 699 (713 [Urteil]), (723 [GA Trabucchi]).

[153] EuGH „Höfner/Elser vs. Macrotron", Rs. C-41/90, Slg. 1991, I-S. 1979 (2016/Rn. 19).

[154] EuGH „Höfner/Elser vs. Macrotron", Rs. C-41/90, Slg. 1991, I-S. 1979 (2016/Rn. 20 ff.).

In seiner Antwort stellt der Gerichtshof fest, dass die öffentlich-rechtliche Organisationsform einer Einrichtung nicht gegen die Wirtschaftlichkeit beziehungsweise für die Hoheitlichkeit einer Tätigkeit spricht[155].

(cc) Unerheblichkeit staatlicher Einflussmöglichkeiten

Das dargelegte Verständnis der Entscheidung „IGAV vs. ENCC" des EuGH[156] wird durch die Rechtsprechung des EuGH in der Weise ergänzt, dass administrative oder gesetzliche Vorgaben des Staates für eine Tätigkeit die Einordnung einer Einrichtung als Unternehmen nicht ausschließen. Selbst wenn eine Einrichtung wegen staatlicher Vorgaben ihr Handeln, insbesondere im Bereich der Geschäftsbedingungen und der Preisgestaltung, nicht selbstständig steuern kann, schließt dies ihre Einstufung als Unternehmen nicht aus. Auswirkungen hat das Vorliegen solcher staatlichen Vorgaben wiederum nur für die Zurechnung der Wettbewerbsverletzungen[157].

(dd) Stellungnahme zu organisatorischen Merkmalen insgesamt

Allen Versuchen, den gemeinschaftsrechtlichen Unternehmensbegriff an organisatorischen Merkmalen festzumachen, ist ein Problem gemeinsam: Die Mitgliedsstaaten hätten es durch entsprechende Organisationsentscheidungen in der Hand, Einrichtungen unabhängig von ihren Aufgaben der Anwendung des Wettbewerbsrechts zu entziehen. Den Mitgliedsstaaten würde die Möglichkeit gegeben, auf die Anwendbarkeit des Wettbewerbsrechts Einfluss zu nehmen[158] beziehungsweise nationale Souveränitätsreservate zu bilden.

Angesichts der deshalb bestehenden Notwendigkeit einer autonom gemeinschaftsrechtlichen Bestimmung des Unternehmensbegriffs können deshalb weder die öffentlich-rechtliche Organisationsform noch sonstige organisatorische Charakteristika einer Einrichtung konstitutive Merkmale für die Hoheitlichkeit der von ihr erbrachten Leistung sein[159].

---

155 EuGH „Höfner/Elser vs. Macrotron", Rs. C-41/90, Slg. 1991, I-S. 1979 (2016/Rn. 22.).

156 Siehe dazu oben, Zweiter Teil, I., 2., a), bb), (3), (b), (aa).

157 EuGH „BNIC vs. Clair", Rs. 123/83, Slg. 1985, S. 391 (423/Rn. 17); GLEISS/HIRSCH/BURKERT, Art. 85 (1) EGV, Rn. 45; SLOT, S. 1413 (1416 f.).

158 EuGH „Kommission vs. Italien (Transparenzrichtlinie)", Rs. 118/85, Slg. 1987, I-S. 2599 (2622/Rn. 9 f.); EMMERICH, in: DAUSES (Hrsg.), Hdb.-EU-Wirtschaftsrecht, Bd. 2, H. II., Rn. 43; GIESEN, S. 123; ISENSEE in VSSR 1996, S. 169 (174).

159 MÖSCHEL, in: FIW (Hrsg.): Weiterentwicklung der Europäischen Gemeinschaft und der Marktwirtschaft, Schriftenreihe, Heft 148, S. 89 (90).

(b) Öffentliches Interesse an der ausgeübten Tätigkeit – EuGH „Sacchi"

Aus der „Sacchi"-Entscheidung des EuGH wurde abgeleitet, dass das öffentliche Interesse an einer Tätigkeit den hoheitlichen Charakter der Tätigkeit indiziert[160]. Diese Einschätzung entspricht tatsächlich dem Vorbringen der Kläger. Danach handele es sich bei den in Rede stehenden Rundfunkanstalten nicht um Unternehmen, weil die Erfüllung der ihnen übertragenen Aufgaben von öffentlichem Interesse sei[161]. Es wird jedoch klar, dass die Kläger sich ihrer Sache selbst nicht sicher sind, weil sie im gleichen Atemzug hilfsweise anführen, dass es sich bei den Rundfunkanstalten jedenfalls um Unternehmen handele, die eine Aufgabe von allgemeinem wirtschaftlichem Interesse im Sinne des Art. 86 II EGV wahrnehmen[162].

Der EuGH stellt denn auch nicht auf die Erfüllung einer im öffentlichen Interesse liegenden Aufgabe ab, sondern macht den Unternehmensbegriff schlicht daran fest, dass Tätigkeiten wirtschaftlicher Art erbracht werden[163].

Die Gleichstellung von öffentlichem Interesse und daraus folgend hoheitlicher Tätigkeit erscheint aus grundsätzlichen Erwägungen zweifelhaft. Art. 86 EGV stellt nämlich fest, dass öffentliche Unternehmen existieren. Der Begriff der Öffentlichkeit wiederum setzt einen gewissen staatlichen Einfluss auf das Unternehmen voraus. Alles staatliche Handeln muss aber in irgendeiner Weise öffentlichen Interessen dienen. Davon ausgehend könnte es keine öffentlichen Unternehmen geben, weil die zwangsläufige Verfolgung eines öffentlichen Interesses der Tätigkeit einer Einrichtung von vornherein einen hoheitlichen Charakter verleihen würde.

(c) Fehlende Gewinnerzielungsabsicht – EuGH „Höfner/Elser vs. Macrotron"

Eine Gewinnerzielungsabsicht ist kein konstitutives Merkmal eines Unternehmens. Dies verdeutlicht ebenfalls die Entscheidung „Höfner/Elser vs. Macrotron"[164]. Dort wurde das Vorbringen der deutschen Bundesregierung nicht gehört, dass der Unternehmensbegriff eine entgeltliche Tätigkeit voraussetze. Die

---

160 HOCHBAUM/KLOTZ, in: VON DER GROEBEN/SCHWARZE (Hrsg.), EUV/EGV, Bd. 2, Art. 86 EGV, Rn. 16, Fn. 35.
161 EuGH „Sacchi", Rs. 155/73, Slg. 1974, S. 409 (430/Rn. 13).
162 EuGH „Sacchi", Rs. 155/73, Slg. 1974, S. 409 (430/Rn. 13).
163 EuGH „Sacchi", Rs. 155/73, Slg. 1974, S. 409 (430/Rn. 14).
164 BENICKE in EuZW 1996, S. 165 (168).

vom EuGH gefundene Definition verzichtet gänzlich auf ein Gewinnstreben als Merkmal eines Unternehmens[165].

Auch der Verzicht auf ein Gewinnstreben als Unternehmensmerkmal ist dem Anliegen geschuldet, die Anwendbarkeit des Wettbewerbsrechts nicht in das Belieben der Mitgliedsstaaten zu stellen. Diese könnten ansonsten weite Bereiche ihrer wirtschaftlichen Tätigkeit dem Wettbewerbsrecht dadurch entziehen, dass sie öffentliche Unternehmen kostendeckend arbeiten lassen, ohne dabei Gewinne zu erwirtschaften.

(d) Materiell hoheitliche Aufgaben – EuGH „SAT vs. Eurocontrol"

Im Unterschied zu den bisher dargelegten, eher an konkreten, oft formellen Anhaltspunkten orientierten Definitionsversuchen, besteht der vom EuGH favorisierte Ansatz zur Abgrenzung von wirtschaftlichen und hoheitlichen Tätigkeiten in der materiellen Charakterisierung einer Tätigkeit als wirtschaftlich oder hoheitlich. Auch innerhalb dieser Herangehensweise sind allerdings verschiedene Akzentuierungen zu erkennen.

Die Bestimmung der wirtschaftlichen oder hoheitlichen Natur einer Tätigkeit ist das zentrale Problem der „SAT vs. Eurocontrol"-Entscheidung des EuGH[166], die sich mit dem Charakter der Flugsicherung beschäftigt.

Zunächst bestätigt Generalanwalt Tesauro, dass bestimmte Organisationsformen keine sicheren Rückschlüsse auf den Charakter der ausgeübten Tätigkeit zulassen[167]. Sodann knüpft der EuGH die Einstufung einer Tätigkeit als hoheitlich daran, dass es sich um „typischerweise hoheitliche Rechte" handeln muss[168], also ein „ius imperii" ausgeübt wird[169]. Auch dieser Hinweis verlagert das Definitionsproblem jedoch nur auf eine andere Ebene. Deutlich wird dies, wenn Ge-

---

165 EuGH „Höfner/Elser vs. Macrotron", Rs. C-41/90, Slg. 1991, I-S. 1979 (2016/Rn. 19).

166 GA Tesauro, in EuGH „SAT vs. Eurocontrol", Rs. C-363/92, Slg. 1994, I-S. 43 (50/ Rn. 10).

167 GA Tesauro, in EuGH „SAT vs. Eurocontrol", Rs. C-363/92, Slg. 1994, I-S. 43 (51 f./ Rn. 2): während es in der Regel darum geht, dass trotz öffentlich-rechtlicher Organisationsform einer Einrichtung eine wirtschaftliche Tätigkeit vorliegen kann, betont GA Tesauro hier, dass eine Tätigkeit hoheitlich sein kann, obwohl die Einrichtung in einer für den privaten Sektor typischen Form konstituiert wird, siehe zur Irrelevanz organisatorischer Merkmale auch oben, Zweiter Teil, I., 2., a), bb), (3), (a) und (b).

168 EuGH „SAT vs. Eurocontrol", Rs. C-363/92, Slg. 1994, I-S. 43 (63 f./Rn. 30).

169 EuGH „SAT vs. Eurocontrol", Rs. C-363/92, Slg. 1994, I-S. 43 (60/Rn. 15).

neralanwalt Tesauro in seinen Schlussanträgen nun wiederum verschiedene Kriterien für die Zugehörigkeit einer Tätigkeit zum „ius imperii" aufzählt.

(aa) Materien völkerrechtlicher Abkommen

Als Anhaltspunkt für die Hoheitlichkeit einer Tätigkeit wird in „SAT vs. Eurocontrol" die Regelung einer Materie durch völkerrechtliche Abkommen herausgearbeitet. Wenn Staaten in solchen Abkommen für einen bestimmten, als hoheitlich benannten Bereich Regelungen treffen, spreche dies für die Nichtwirtschaftlichkeit der betreffenden Tätigkeit[170]. Allerdings hängt meines Erachtens die Aussagekraft dieses Indizes von der Anzahl der Unterzeichnerstaaten eines solchen Abkommens ab. Ansonsten bestünde wiederum die Gefahr, dass ein gemeinschaftsrechtlich zu bestimmender Begriff zu sehr von nationalen Besonderheiten abhinge. So könnten zwei Staaten mit vorwiegend staatlich organisierter Wirtschaft Abkommen über Tätigkeiten schließen, die zwar nach ihrem partikularen Verständnis, nicht aber nach der Auffassung der Staatenmehrheit genuin hoheitlicher Natur sind. Je größer die Anzahl von Unterzeichnerstaaten aber ist, desto eher wird man sich Bereichen nähern, die den Kernbereich staatlich-hoheitlicher Machtausübung ausmachen. Angesichts dieser Unsicherheiten sollte der völkerrechtlichen Regelung von Gegenständen bestenfalls Indizwirkung beigemessen werden. Hinzu kommt, dass für viele Bereiche staatlicher Tätigkeit keine völkerrechtlichen Abkommen gelten, was den wirtschaftlichen Charakter aller dieser Tätigkeiten vermuten ließe.

Für den hier zu untersuchenden Bereich von Versicherungen für Wirtschaftsbetriebe existieren keine internationalen Abkommen, in denen diese Tätigkeit als hoheitlich den Staaten zugeordnet wird. Insofern fehlt es an Anhaltspunkten für die Hoheitlichkeit einer entsprechenden Versicherungstätigkeit.

(bb) Beachtlichkeit staatlicher Zwangsbefugnisse und Sonderrechte

Unter Bezugnahme auf die Schlussanträge des Generalanwalts Mayras in der Entscheidung des EuGH „Reyners vs. Belgien"[171] möchte Generalanwalt Tesauro solche Tätigkeiten dem „ius imperii" zuordnen, zu deren Ausübung es jedenfalls in Extremfällen der Anwendung genuin staatlicher, also imperativer Mittel bedarf. Um wiederum der Schaffung beliebig großer Souveränitätsreservate ent-

---

170 EuGH „SAT vs. Eurocontrol", Rs. C-363/92, Slg. 1994, I-S. 43 (61/Rn. 20).

171 GA Mayras, in EuGH „Reyners vs. Belgien", Rs. 2/74, Slg. 1974, S. 631 (665/Rn. 1).

gegenzuwirken, geht es nicht um die tatsächliche Befugniserteilung durch die Mitgliedsstaaten, sondern darum, ob eine Zwangsausübung für die betreffende Aufgabe potentiell notwendig ist. Bezogen auf die Entscheidung „SAT vs. Eurocontrol" steht beispielsweise außer Frage, dass eine wirksame Luftraumüberwachung von der Möglichkeit der Kontrolleure abhängig ist, den Piloten verbindliche Weisungen zu erteilen[172].

Möglicherweise ist die skizzierte staatliche Terrorversicherung dem „ius imperii" zuzurechnen, weil das Angebotsmonopol der Versicherung mit einem Versicherungszwang kombiniert wird[173]. Um diesen gegenüber dem einzelnen Versicherungspflichtigen durchzusetzen, benötigt die Terrorversicherung Zwangsbefugnisse hoheitlicher Art, etwa das Recht zur Bußgeldfestsetzung. Auf diese Argumentation stützt sich auch Hailbronner in seinem Gutachten zur Gemeinschaftsrechtsvereinbarkeit der 1994 abgeschafften deutschen öffentlich-rechtlichen Monopolversicherungsanstalten[174]. Wesentlich für seine Einschätzung ist die Befugnis der Monopolversicherungsanstalten zum Einsatz hoheitlicher Zwangs- und Ordnungsstrafgewalt, um unter anderem Ansprüche aus dem Versicherungsverhältnis durchzusetzen[175].

Der Schluss von bestimmten Befugnissen auf die Nicht-Wirtschaftlichkeit einer bestimmten Tätigkeit ist jedoch nicht zwingend. Besonders deutlich ergibt sich dies aus den Ausführungen des Generalanwalts Tesauro in der Entscheidung „Poucet/Pistre vs. Camulrac/Cancava"[176].

Die Kläger wehrten sich gegen die Zahlungsbefehle einer Monopolversicherung. Der Abschluss der den Zahlungsbefehlen zugrundeliegenden Versicherungen war obligatorisch. Den Versicherungszwang griffen die Kläger ausdrücklich nicht an[177]. Mit der Einziehung der Versicherungsprämien wurden private Einrichtungen betraut, die zum Zwecke der Durchsetzung des Versicherungszwangs

---

[172] GA Tesauro, in EuGH „SAT vs. Eurocontrol", Rs. C-363/92, Slg. 1994, I-S. 43 (52/ Rn. 13).

[173] Siehe dazu oben, Zweiter Teil, I., 1., a) und b).

[174] HAILBRONNER, S. 31.

[175] BOGS, S. 57 (68 f.); HAILBRONNER, S. 29.

[176] EuGH „Poucet/Pistre vs. Camulrac/Cancava", verb. Rs. C-159/91 und C-160/91, Slg. 1993, I-S. 637 ff.; siehe ausführlich zu weiteren Aspekten dieser Entscheidung unten, Zweiter Teil, I., 2., a), cc).

[177] Schlussanträge des GA Tesauro, EuGH „Poucet/Pistre vs. Camulrac/Cancava", verb. Rs. C-159/91 und C-160/91, Slg. 1993, I-S. 637 (658/Rn. 2) sowie Urteil, S. 637 (666/Rn. 3).

mit *„bestimmten Attributen öffentlicher Gewalt"* ausgestattet wurden[178]. Bei den von den beauftragten Kassen vergüteten Diensten dieser Einrichtungen handelt es sich nach Auffassung des Generalanwalts Tesauro um eine wirtschaftliche Tätigkeit, bei den Einrichtungen demzufolge um Unternehmen[179].

Die Möglichkeit, bestimmte Verpflichtungen mittels hoheitlicher Zwangsbefugnisse durchzusetzen, bedingt also nicht unweigerlich die Hoheitlichkeit der entsprechenden Verwaltungstätigkeit. Vielmehr kann die Ausübung wirtschaftlicher Tätigkeiten zumindest in Teilbereichen mit der Ausübung hoheitlicher Gewalt verbunden werden.

Dieses Ergebnis entspricht auch dem bereits erwähnten Anliegen des EuGH, den Mitgliedsstaaten möglichst keinen Einfluss auf den Anwendungsbereich des europäischen Wettbewerbsrechts zu gewähren[180]. Vorbehaltlich der Vereinbarkeit mit den jeweiligen nationalen Rechtsordnungen könnten die Mitgliedsstaaten nämlich Zwangsverpflichtungen grundsätzlich in allen Bereichen etwa auch des privaten Konsums einführen (denkbar wäre etwa eine Verpflichtung der Bürger zum Kauf ausreichender Mengen an Heizöl), um die entsprechenden Wirtschaftszweige wegen der dann erforderlichen hoheitlichen Durchsetzung des Zwangs von den Vorgaben des Wettbewerbsrechts befreien zu können.

Möglicherweise sind diese Unsicherheiten einer auf die Befugnis zu hoheitlichem Zwang konzentrierten Abgrenzung von wirtschaftlichen und hoheitlichen Tätigkeiten auch der Anlass dafür, dass Generalanwalt Tesauro das Merkmal hoheitlicher Befugnisse durch eine relativ konkrete Aufzählung hoheitlicher Tätigkeiten ergänzt, zu denen *„die Übernahme grundlegender Aufgaben der Staatsgewalt in Bereichen wie der allgemeinen Verwaltung und der Finanzverwaltung, der Justiz, der Sicherheit oder der Landesverteidigung"* gehören[181].

---

178 Berichterstatter de Almeida, in: EuGH „Poucet/Pistre vs. Camulrac/Cancava", verb. Rs. C-159/91 und C-160/91, Slg. 1993, I-S. 637 (646, 648).

179 GA Tesauro, in: EuGH „Poucet/Pistre vs. Camulrac/Cancava", verb. Rs. C-159/91 und C-160/91, Slg. 1993, I-S. 637 (660/Rn. 6); unverständlich erscheint der Verweis des Generalanwalts Tesauro auf EuGH „Poucet/Pistre vs. Camulrac/Cancava" in der Entscheidung des EuGH „SAT vs. Eurocontrol", Rs. C-363/92, Slg. 1994, I-S. 43 (53/Rn. 14/ Fn. 17), bei der es ebenfalls um die Unternehmenseigenschaft einer unter anderem mit dem Einzug von Gebühren beauftragten Einrichtung geht, da Tesauro die Unternehmenseigenschaft in „SAT vs. Eurocontrol" ablehnt, in „Poucet/Pistre vs. Camulrac/Cancava" jedoch, wie dargelegt, bejaht.

180 Siehe dazu oben, Zweiter Teil, I., 2., a), bb).

181 GA Tesauro, in: EuGH „SAT vs. Eurocontrol", Rs. C-363/92, Slg. 1994, I-S. 43 (50/ Rn. 9).

Hinzu kommt der Bereich des öffentlichen Bildungswesens, weil die Durchsetzung der Schulpflicht ebenfalls staatlicher Zwangsbefugnisse bedürfe[182].

Die Versicherung von Wirtschaftsbetrieben gegen Terrorschäden ist in keinem der genannten Bereiche angesiedelt. Demzufolge wäre die Unternehmenseigenschaft der Versicherung zu bejahen.

(cc) Traditionell oder notwendigerweise hoheitliche Tätigkeiten und Vergleich mit anderen Mitgliedsstaaten

In der Entscheidung „Höfner/Elser vs. Macrotron" findet sich die Formulierung, dass eine Tätigkeit nicht-wirtschaftlicher Natur ist, wenn sie schon immer von öffentlichen Einrichtungen wahrgenommen wurde und dies auch notwendigerweise so sei[183]. Die Abgrenzung nach der „Notwendigkeit" der Aufgabenerfüllung in öffentlich-rechtlicher und somit hoheitlicher Form[184] erscheint als bloße Neuformulierung der aufgeworfenen Frage nach der Bestimmbarkeit „typischer" hoheitlicher Aufgaben der Staatsgewalt[185]. Sie erbringt deshalb keine neuen Erkenntnisse.

In derselben Passage des „Höfner/Elser vs. Macrotron"-Urteils stützt der EuGH seine Abgrenzung außerdem auf eine gewissermaßen „empirische" Methode. Er fragt, ob die Tätigkeit „schon immer" von öffentlich-rechtlichen Einrichtungen und deshalb „traditionell" in hoheitlicher Form[186] erbracht wird. Eine staatliche Terror-Monopolversicherung ist in Deutschland bisher unbekannt. Entsprechende Überlegungen wurden, wenn überhaupt[187], erst durch die Anschläge vom 11. September 2001 angeregt. Die Wirtschaftlichkeit der Versicherungstätigkeit und damit der Unternehmenscharakter einer Terrorversicherung wäre also auch aus diesem Blickwinkel zu bejahen.

---

182 KOVAR in RTD eur. 32 (2) (1996), S. 215 (223).

183 EuGH „Höfner/Elser vs. Macrotron", Rs. C-41/90, Slg. 1991, I-S. 1979 (2016/Rn. 22).

184 Anzumerken ist, dass diese Gleichstellung von Erfüllung einer Aufgabe in öffentlich-rechtlicher Form und dem hoheitlichen Charakter der Aufgabe nicht sachgerecht ist, da, wie oben dargelegt, eine solche organisationsbezogene Betrachtungsweise den Mitgliedsstaaten zu weitreichenden Einfluss auf den Anwendungsbereich des Wettbewerbsrechts eröffnen würde, siehe dazu oben, Zweiter Teil, II., 1., b), bb), bbb), (4).

185 Siehe dazu oben, Zweiter Teil, I., 2., a), bb), (3), (e).

186 Siehe zur Problematik der Gleichstellung von öffentlich-rechtlich und hoheitlich oben, Zweiter Teil, I., 2., a), bb), (b), (bb).

187 Siehe zum bisherigen Stellenwert einer solchen Lösung oben, Zweiter Teil, I., 1., d).

Die empirische Methode kann durch weitere Fragestellungen ergänzt und verfeinert werden. Zunächst bietet es sich an zu untersuchen, ob die fragliche Einrichtung bei der Erbringung der Leistung mit anderen, privaten Wettbewerbern konkurriert[188]. Dabei handelt es sich also um den Versuch festzustellen, welche Tätigkeiten Privaten auf keinen Fall zugänglich sein können[189]. Die Rechtsprechung des EuGH geht dabei einen entscheidenden Schritt weiter als das deutsche Recht. Während das deutsche Recht auf das Vorliegen einer tatsächlichen Konkurrenzsituation abstellt, genügt dem EuGH auch eine potentielle Wettbewerbssituation. Damit werden gerade Monopole überprüfbar, unter deren Ägide sich ein tatsächlicher Wettbewerb eben wegen ihrer Monopolstellung nicht entwickeln kann[190]. Ein Hinweis auf den wirtschaftlichen Charakter einer Tätigkeit ist demnach natürlich erst recht darin zu sehen, dass der Staat selbst anderen Anbietern das Erbringen der fraglichen Leistung gestattet[191].

In Deutschland kann spezieller Versicherungsschutz gegen Terrorschäden inzwischen bei verschiedenen Anbietern erworben werden. Am 1. November 2002 hat die EXTREMUS AG offiziell ihren Geschäftsbetrieb aufgenommen[192]. Sie arbeitet zwar mit staatlicher Unterstützung, wurde aber von den größten deutschen privaten Versicherungsunternehmen gegründet, weshalb ihre Unternehmenseigenschaft außer Frage steht. Mit der „Special Risk Insurance and Reinsurance S.A. Luxemburg“ (SRIR) agiert daneben ein ausschließlich privater Anbieter unter der Mitwirkung unter anderem der Allianz und der Hannover Rück[193]. Die Existenz dieser privatwirtschaftlichen Versicherungsangebote spricht ebenfalls für den wirtschaftlichen Charakter einer Terrorschadensversicherung für die Wirtschaft.

Schließlich zieht Generalanwalt Jacobs in der Entscheidung „Höfner/Elser vs. Macrotron“ den Vergleich mit der Lage in anderen Mitgliedsstaaten heran, indem er feststellt, dass die in Rede stehende Dienstleistung in anderen Mitglieds-

188 SLOT, S. 1413 (1415).

189 DOHMS, Rn. 13.

190 LÜBBIG in EuZW 2002, S. 149 (149); SCHWINTOWSKI in ZeuP 1994 , S. 294 (299).

191 SLOT, S. 1413 (1419).

192 Nähere Informationen unter: http://www.extremus-online.de/.

193 Die Tatsache, dass die SRIR inzwischen den Geschäftsbetrieb einstellen musste, spricht nicht gegen den wirtschaftlichen Charakter einer Terrorversicherung. Grund für die Geschäftsaufgabe waren nämlich nicht das Wesen der Versicherungstätigkeit sondern rein wirtschaftliche Probleme, die teilweise gerade Folge staatlich gestützter Konkurrenz waren, siehe dazu näher unten, Dritter Teil, II., 1., d).

staaten von privaten Unternehmen erbracht wird[194]. Es spricht also gegen die Hoheitlichkeit einer Tätigkeit, wenn in anderen Mitgliedsstaaten die gleiche Leistung von privaten Unternehmen erbracht wird. Der Blick in die EU-Mitgliedsstaaten Großbritannien und Frankreich zeigt, dass Terrorrisiken dort zwar unter Mitwirkung des Staates, nicht jedoch ausschließlich durch staatseigene Versicherungen abgedeckt werden. In Großbritannien fungiert unter dem Namen „Pool Re" ein Konsortium nationaler und internationaler privater Versicherungsunternehmen als Rückversicherer für die von den teilnehmenden Erstversicherern gezeichneten Terrorrisiken. Der Staat sichert wiederum als Rückversicherer („reinsurer of last resort") den „Pool Re" ab, sobald dessen Rücklagen aufgebraucht sind[195].

In ähnlicher Weise sichert in Frankreich ein Pool von Erst- und Rückversicherern die von den dem Pool angehörenden Erstversicherern abgedeckten Risiken bis zu einer Schadenshöhe von 1,5 Milliarden Euro. Übersteigt die Schadenssumme diesen Betrag, tritt mit der „Caisse Centrale de Réassurance (CCR)" eine staatseigene Einrichtung wiederum als „reinsurer of last resort" auf[196].

Die Versicherung von Wirtschaftsunternehmen gegen Terrorschäden wird somit in wichtigen Mitgliedsstaaten der EU zumindest in gewissen Grenzen als wirtschaftliche Tätigkeit betrieben. Dies spricht ebenfalls dafür, die skizzierte staatliche Versicherung als Unternehmen einzustufen.

(dd) Übertragung der Grundsätze aus Art. 39 IV, 45 EGV

In Art. 39 IV, 45 kennzeichnet der EGV die Bereiche, in denen die Gewährleistungen der Arbeitnehmerfreizügigkeit beziehungsweise der Niederlassungsfreiheit nicht gelten. Auch Versicherungstätigkeiten wurden von der Wissenschaft in der Vergangenheit schon diesen Ausnahmebereichen zugeordnet, wie die Beurteilung der Tätigkeiten der deutschen Monopol-Brandversicherungsanstalten durch Hailbronner zeigt[197]. Da die verwendeten Begriffe „öffentliche Verwaltung" (Art. 39 IV EGV) und „öffentliche Gewalt" (Art. 45 EGV) dem der ho-

194 EuGH „Höfner/Elser vs. Macrotron", Rs. C-41/90, Slg. 1991, I-S. 1979 (2000/Rn. 20); Slot, S. 1413 (1420).

195 Siehe dazu OECD, DAFFE/AS/WD (2002)5, Comparative tables on the impacts of 11th September on insurance and reinsurance markets in OECD countries, S. 8 f.

196 Siehe dazu OECD, DAFFE/AS/WD (2002)5, Comparative tables on the impacts of 11th September on insurance and reinsurance markets in OECD countries, S. 7.

197 Hailbronner, S. 166, Nr. 3.

heitlichen Tätigkeit ähneln, wird vorgeschlagen, die Maßstäbe der Art. 39 IV, 45 EGV zumindest als Anhaltspunkte auch bei der Prüfung der Hoheitlichkeit einer Handlung im Sinne des Wettbewerbsrechts heranzuziehen[198]. Die Grenze wirtschaftlicher Tätigkeit soll jedenfalls dort anzusiedeln sein, wo der Charakter einer Tätigkeit gemäß Art. 39 IV, 45 EGV auch eine Ausnahme von den Grundfreiheiten zulässt[199].

Eine solche Übertragung erscheint aus systematischen Erwägungen bedenklich, weil die Regelungsziele jeweils andere sind.

Art. 39 IV EGV soll den Mitgliedsstaaten als Ausnahmevorschrift zur Arbeitnehmerfreizügigkeit die Möglichkeit eröffnen, Ausländern Tätigkeiten zu verwehren, die der durch die Staatsangehörigkeit vermittelten Verbundenheit des Stelleninhabers mit dem vertretenen Staat und der auf der Staatsangehörigkeit beruhenden Gegenseitigkeit von Rechten und Pflichten zwischen Staat und Amtsinhaber bedürfen[200]. Letztlich steht dahinter die Furcht, ein Ausländer könnte sich der Verantwortung für seine Amtsführung durch Flucht in sein Heimatland entziehen[201]. Die Unterschiede dieser Zielsetzung zu dem Anliegen der wettbewerbsrechtlichen Bestimmung wirtschaftlicher Tätigkeiten illustriert die Entscheidung des EuGH „Kommission vs. Italienische Republik“[202]. Dort ging es um die Frage, ob bestimmte Sicherheitsaufgaben nur von italienischen Wachdiensten beziehungsweise nur von italienischem Wachpersonal wahrgenommen werden dürfen[203].

Die fraglichen Tätigkeiten durften unstreitig von privaten Firmen übernommen werden. Das zeigt, dass die Anwendbarkeit der Art. 39 IV, 45 EGV gerade nicht

---

198 MESTMÄCKER, in: IMMENGA/MESTMÄCKER, EG-Wettbewerbsrecht, Bd. II, XII. Abschnitt, A. (Art. 37 EGV), Rn. 8.

199 EHLERMANN in ECLR 1993, S. 61 (66); HEINEMANN, S. 76 f.; MESTMÄCKER, in: IMMENGA/MESTMÄCKER, EG- Wettbewerbsrecht, Bd. II, XII. Abschnitt, A. (Art. 37 EGV) Rn. 8.

200 EuGH „Lawrie-Blum vs. Baden-Württemberg“, Rs. 66/85, Slg. 1986, S. 2121 (2147/Rn. 27); EuGH „Kommission vs. Griechische Republik“, Rs. C-290/94, Slg. 1996, I- S. 3285 (3319/Rn. 2).

201 HAILBRONNER in VBlBW 2000, S. 129 (129); KARPENSTEIN, S. 377 (378).

202 EuGH „Kommission vs. Italienische Republik“, Rs. C-283/88, vom 31.5.2001, abrufbar unter: http://curia.eu.int/jurisp/cgibin/get...3&doc=T&ouvert=T&seance=ARRET& where=0.

203 Zur Problematik der Gefahrenabwehr durch Private im deutschen Recht siehe beispielsweise PITSCHAS in DÖV 1997, S. 393 ff.

automatisch auf die Nichtwirtschaftlichkeit einer Tätigkeit schließen lässt[204]. Es wäre in Fortentwicklung des geschilderten Sachverhalts also durchaus denkbar gewesen, dass Privatfirmen die als hoheitlich eingestuften Befugnisse wahrgenommen hätten, sofern es sich nur um italienische Firmen beziehungsweise italienisches Personal gehandelt hätte.

Hinzu kommt, dass auch die Beschäftigung mit den Art. 39 IV, 45 EGV keine greifbareren Ergebnisse erbracht hat als die bereits erwähnten Versuche, hoheitliche Tätigkeiten beispielsweise als *„grundlegende Aufgaben der Staatsgewalt“* abzugrenzen[205]. Weder die Formulierung, dass zur öffentlichen Verwaltung im Sinne des Art. 39 IV EGV *„Aufgaben (gehören), die auf die Wahrung der allgemeinen Belange des Staates oder anderer öffentlicher Körperschaften gerichtet sind und die deshalb ein Verhältnis besonderer Verbundenheit des jeweiligen Stelleninhabers zum Staat sowie die Gegenseitigkeit von Rechten und Pflichten, die die Staatsangehörigkeit mit sich bringt, voraussetzen“*[206], noch die Einsicht, dass öffentliche Gewalt gemäß Art. 45 EGV *„nur solche Tätigkeiten (umfasst), die eine unmittelbare und spezifische Teilnahme an der Ausübung der öffentlichen Gewalt darstellen“*[207], vermögen zur Konturierung des Begriffs der Hoheitlichkeit einer Tätigkeit Entscheidendes beizutragen.

---

204 Dies gilt, obwohl im konkreten Fall der EuGH auch die Art. 39 IV, 45 EGV nicht zur Anwendung kommen ließ, weil eben keine spezifisch hoheitlichen Befugnisse in Rede standen. Nicht zur Debatte stand dagegen nämlich, ob, sollten die genannten Vorschriften zur Anwendung kommen, dies zu einem Ausschluss sämtlicher, also auch italienischer Privatfirmen führe. Hätte die umstrittene nationale Vorschrift im konkreten Fall nicht auch die italienische „Staatsangehörigkeit“ der Wachfirmen vorausgesetzt, wäre demnach beispielsweise denkbar gewesen, dass eine ausländische Firma die Aufgaben übernimmt, sofern sie nur einheimisches, also italienisches Personal einsetzt. Eine andere Konstellation beschreibt dagegen BURGI in JuS 1996, S. 958 (961): Die vorstehenden Ausführungen bedürfen nämlich nicht BURGIS Prämisse, dass bestimmte Tätigkeiten möglicherweise mit oder ohne spezifisch hoheitliche Befugnisse ausgeübt werden können (sollte dies möglich sein, erscheint Burgis Schluss richtig, daß bei parallel nicht-hoheitlicher Ausführung die Vorbehaltsklauseln der Art. 39 IV, 45 EGV von vornherein nicht anwendbar sind).

205 Siehe dazu oben, Zweiter Teil, I., 2., a), bb), (3), (e).

206 EuGH „Lawrie-Blum vs. Baden-Württemberg“, Rs. 66/85, Slg. 1986, S. 2121 (2147/Rn. 27); EuGH „Kommission vs. Griechische Republik“, Rs. C-290/94, Slg. 1996, I-S. 3285 (3319/Rn. 2).

207 EuGH „Spanien vs. Kommission“, Rs. C-114/97, in: EuZW 1999, S. 125 (125/Rn. 35); EuGH „Kommission vs. Italienische Republik“, Rs. C-283/99 vom 31.5.2001, Urteil, Rn. 20.

cc) Unternehmensbegriff im Bereich der sozialen Sicherungssysteme

Besondere Bedeutung hat der wettbewerbsrechtliche Unternehmensbegriff in den letzten zehn Jahren für die Rechtsprechung des EuGH zur Einordnung und Rechtmäßigkeit sozialer Sicherungssysteme der Mitgliedsstaaten gewonnen. Beginnend mit der Sache „Poucet/Pistre vs. Camulrac/Cancava“[208] und vorerst endend mit der Entscheidung „Cisal vs. INAIL“[209] musste sich der EuGH in einer Reihe von Verfahren vor allem mit der Zulässigkeit von Monopolrechten zugunsten von Sozialversicherungen auseinandersetzen. In den beiden genannten Entscheidungen hat der EuGH den Unternehmenscharakter von Sozialversicherungen verneint[210], in einigen anderen dagegen bejaht[211].

Der Gerichtshof entwickelt in seiner Beurteilung von sozialen Sicherungssystemen zum einen neue Kriterien zur Abgrenzung wirtschaftlicher von hoheitlichen Tätigkeiten, zum anderen stützt er sich dabei auf Merkmale, die Ergebnis der Erwägungen zum Unternehmensbegriff in allgemeiner Hinsicht sind und an deren Unterscheidungskraft zum Teil erhebliche Zweifel bestehen[212].

(1) Ähnlichkeiten zwischen staatlicher Monopol-Terrorversicherung und sozialen Sicherungssystemen – Das Solidarprinzip

Die Rechtsprechung des EuGH zur Unternehmenseigenschaft sozialer Sicherungssysteme ist für die Untersuchung der Unternehmenseigenschaft einer staatlichen Terrorversicherung der skizzierten Art interessant, weil beiden Untersuchungsgegenständen bestimmte Konstruktionsmerkmale gemeinsam sind.

Es handelt sich dabei um Merkmale, denen in den Urteilen des Gerichtshofs zu sozialen Sicherungssystemen entscheidende Bedeutung zukommt und die unter dem Begriff „Solidarprinzip“ zusammenfasst werden[213]. Generell ist es das Ziel solidarisch aufgebauter Sozialsysteme, mittels dieses Prinzips eine soziale Um-

---

208 Siehe zu Struktur und Problemen der sozialen Sicherungssysteme in Frankreich etwa: BRAUNBERGER vom 17.2.2003, S. 7.

209 EuGH „Cisal vs. INAIL“, Rs. C-218/00, in: EuZW 2002, S. 146 ff.

210 EuGH „Poucet/Pistre vs. Camulrac/Cancava“, verb. Rs. C-159/91 und C-160/91, Slg. 1993, I-S. 637 (670); EuGH „Cisal vs. INAIL“, Rs. C-218/00, in: EuZW 2002, S. 146 (146).

211 Beispielsweise EuGH „Albany”, Rs. C-67/96, Slg. 1999, I-S. 5751 ff.

212 Siehe dazu oben, Zweiter Teil, I., 2., bb).

213 BERG in EuZW 2000. S. 170 (172).

verteilung zu bewirken[214], während der solidarische Aufbau der skizzierten Terrorversicherung auch besonders gefährdeten Unternehmen die Möglichkeit zum Abschluss einer erschwinglichen Terrorversicherung eröffnen soll.

(a) Keine oder nur eingeschränkte Korrelation von Risiko und Beitragshöhe

In solidarisch organisierten Versicherungssystemen sind die Versicherungsbeiträge nicht proportional zu den tatsächlich vorhandenen Risiken[215]. In solidarischen Krankenversicherungen hängt die Höhe der Versicherungsprämien deshalb nicht entscheidend vom Gesundheitszustand des Versicherungsnehmers ab. Die Einstufung einer Einrichtung als solidarisch erfordert jedoch nicht die gänzliche Abkopplung der Beitragshöhe vom Risiko. Ausreichend ist es vielmehr, wenn die Korrelation zwischen Beitragshöhe und Risiken wegen bestehender Beitragshöchstgrenzen nicht streng proportional ist[216] und die Beitragshöhe darüberhinaus auch von den Einkünften des Versicherten abhängt[217].

Da es ja gerade ein Ziel staatlicher Terrorversicherung wäre, die finanzielle Belastung solcher Branchen zu mindern, die besonders terrorgefährdet sind, wäre eine Entkopplung von Risiko und Beitragshöhe jedenfalls in gewissem Maße auch Grundlage der skizzierten Terrorversicherung für Wirtschaftsbetriebe.

(b) Keine Korrelation von Versicherungsleistung und Beitragshöhe

Als weiteres Merkmal solidarischer Versicherungen gilt die mangelnde Korrelation zwischen individueller Prämienhöhe und den Versicherungsleistungen. Alle Versicherten haben also unabhängig von der Höhe ihrer Beiträge Anspruch auf die gleichen Leistungen[218]. Das nicht-solidarische Gegenstück dazu ist eine Leistungsberechnung, die nach dem Kapitalisierungsprinzip erfolgt[219]. Danach

---

214 BIEBACK in EWS 1999, S. 361 (362).

215 EuGH „Poucet/Pistre vs. Camulrac/Cancava“, verb. Rs. C-159/91 und C-160/91, Slg. 1993, I-S. 637 (668/Rn. 10).

216 EuGH „Cisal vs. INAIL“, Rs. C-218/00, in: EuZW 2002, S. 146 (147/Rn. 24).

217 EuGH „Cisal vs. INAIL“, Rs. C-218/00, in: EuZW 2002, S. 146 (148/Rn. 39).

218 EuGH „Poucet/Pistre vs. Camulrac/Cancava“, verb. Rs. C-159/91 und C-160/91, Slg. 1993, I-S. 637 (668/Rn. 10); angesichts der Finanznot gesetzlicher Krankenkassen gerät dieser Grundsatz zusehends in die Diskussion, die oftmals unter dem Stichwort von der drohenden „Zwei-Klassen-Medizin“ geführt wird; siehe dazu beispielsweise NIEJAHR, in: Die Zeit vom März 2003.

219 EuGH „Cisal vs. INAIL“, Rs. C-218/00, in: EuZW 2002, S. 146 (147/Rn. 24).

erhalten nicht alle Versicherten die gleichen Leistungen. Der Leistungsumfang hängt vielmehr allein vom finanziellen Ertrag der individuellen Einzahlungen ab[220].

Eine staatliche Terrorversicherung könnte durchaus auf eine Korrelation zwischen Prämienhöhe und Versicherungsleistungen verzichten. Wiederum gilt dies umso mehr, als auch eine bloß eingeschränkte Korrelation von Beitragshöhe und Versicherungsleistung für die Bejahung des solidarischen Charakters ausreicht[221].

(c) Ausnahmsweise Befreiung von der Beitragszahlung

Für den solidarischen Aufbau einer Versicherung spricht, dass Versicherungsnehmer, die zur Beitragszahlung nicht oder nicht mehr in der Lage sind, ihre Leistungsansprüche unter bestimmten Voraussetzungen behalten[222].

Eine ausnahmsweise Befreiung von der Prämienzahlungspflicht könnte auch für terrorversicherte Wirtschaftsbetriebe vorgesehen werden, die in wirtschaftliche Turbulenzen geraten.

(d) Finanzieller Ausgleich zwischen verschiedenen Einrichtungen

Ausdruck des solidarischen Aufbaus einer Versicherung ist schließlich der Ausgleich von Verlusten durch finanzielle Transferleistungen zwischen Einrichtungen der gleichen Art[223].

Ein solcher Mechanismus könnte auch einem System staatlicher Monopolterrorversicherung zugrunde liegen, wenn beispielsweise verschiedene, zum Ausgleich verpflichtete regionale Kassen eingeführt würden.

---

220 EuGH „Coreva“, Rs. C–244/94, Slg. 1995, I-S. 4013 (4020/Rn. 17); EuGH „Albany“, Rs. C-67/96, Slg. 1999, I-S. 5751 (5887 f./Rn. 81, 82).

221 EuGH „Cisal vs. INAIL“, Rs. C-218/00, in: EuZW 2002, S. 146 (148/Rn. 40).

222 EuGH „Poucet/Pistre vs. Camulrac/Cancava“, verb. Rs. C-159/91 und C-160/91, Slg. 1993, I-S. 637 (668/Rn. 10 f.).

223 EuGH „Poucet/Pistre vs. Camulrac/Cancava“, verb. Rs. C-159/91 und C-160/91, Slg. 1993, I-S. 637 (668/Rn. 12); siehe zu diesem sogenannten Risikostrukturausgleich beispielsweise „Gesundheitswesen – in der Systemfalle“, in: FAZ.NET vom 16.4.2002, abrufbar unter: http://www.faz.net/s/RUB9E7BDDB7469E11D4AE7B0008C7F3...

(2) Übertragbarkeit der Rechtsprechung zu sozialen Sicherungssystemen auf eine Terrorversicherung von Wirtschaftsbetrieben – Die Begriffe „Daseinsvorsorge" und „soziale Sicherheit"[224]

Da eine staatliche Terrorversicherung nach den gleichen Strukturprinzipien aufgebaut werden könnte wie als Nicht-Unternehmen eingestufte Systeme der sozialen Sicherung, stellt sich die Frage nach der Übertragbarkeit der einschlägigen EuGH-Rechtsprechung auf die Terrorversicherung.

Interessant ist in diesem Zusammenhang, dass die Einstufung von Tätigkeiten als nicht-wirtschaftlich vorrangig für den Bereich der Daseinsvorsorge diskutiert wird[225]. Die Kommission beispielsweise beschäftigt sich mit der Problematik von wirtschaftlicher und nicht-wirtschaftlicher Tätigkeit unter anderem in ihrer Mitteilung zur Thematik der Daseinsvorsorgeleistungen in Europa[226]. Das Begriffspaar wirtschaftlich und nicht-wirtschaftlich wird dort durch die Gegenüberstellung marktbezogener und nicht-marktbezogener Tätigkeiten ersetzt[227]. Damit stellt sich zunächst die Frage, ob die Versicherung von Wirtschaftsunternehmen unter den Begriff der Daseinsvorsorge subsumiert werden kann, es mit anderen Worten eine „Daseinsvorsorge für Wirtschaftsunternehmen" gibt.

(a) „Daseinsvorsorge für Wirtschaftsbetriebe" - Weites Verständnis des Begriffs „Daseinsvorsorge"

Der Begriff „Dasein" deutet zweierlei an, den Bezug auf den Menschen als natürliche Person und die Konzentration auf seine biologische Existenz. Hinter dem von Forsthoff eingeführten terminus stand folgerichtig zunächst die Vorstellung von der Hilfsbedürftigkeit des materiell schlechtgestellten Bürgers, also des Einzelnen[228]. Schon die von Forsthoff erarbeitete Definition eröffnet allerdings einen wesentlich weiteren Bereich von Leistungen, die der Daseinsvorsor-

---

224 Zu den Begriffen Daseinsvorsorge und Universaldienstleistung siehe beispielsweise MESTMÄCKER, in: RULAND/V. MAYDELL/PAPIER (Hrsg.), Festschrift für Zacher, S. 635 ff.

225 Siehe zur Problematik der Daseinsvorsorge unter der Ägide des Gemeinschaftsrechts beispielsweise auch MAGIERA.

226 Mitteilung der Europäischen Kommission: „Daseinsvorsorge in Europa" (2001/C 17/04), in: ABl. C 17, S. 4 ff. vom 19.1.2001.

227 Mitteilung der Europäischen Kommission: „Daseinsvorsorge in Europa" (2001/C 17/04), in: ABl. C 17, S. 4 (23) vom 19.1.2001.

228 SCHWARZE in EuZW 2001, S. 334 (335).

ge zugerechnet werden können. Erfasst ist danach „*alles, was von Seiten der Verwaltung geschieht, um die Allgemeinheit oder nach objektiven Merkmalen bestimmte Personenkreise in den Genuss nützlicher Leistungen zu versetzen*“[229]. Es sind also nicht nur Leistungen gemeint, die für den Menschen in biologischem Sinne lebensnotwendig sind[230]. Als Leistungen der Daseinsvorsorge werden deshalb unter anderem auch der Personennahverkehr, Möglichkeiten der Post- und Telekommunikation sowie soziale und kulturelle Angebote eingestuft[231].

Unter den weiten Begriff von Daseinsvorsorge fallen auch bestimmte Finanzdienstleistungen[232]. Neben Bankdienstleistungen werden in diesem Zusammenhang auch bestimmte Versicherungen der Daseinsvorsorge zugeordnet[233].

Gerade die Aufgaben und Tätigkeit der Sparkassen machen deutlich, dass der Begriff der Daseinsvorsorge sich nicht nur von der Sicherung der biologischen Existenz gelöst hat, sondern auch von der Bezugnahme auf den einzelnen Menschen als Leistungsempfänger. So werden die Wirtschaftsförderung im Allgemeinen und die Mittelstandsförderung im Besonderen als Aufgaben der Daseinsvorsorge den Sparkassen aufgetragen, wobei es in erster Linie um die Kreditversorgung geht[234]. Auch die Kommission geht von einem Begriff der Daseinsvorsorge aus, der die Förderung vor allem kleinerer und mittlerer Unter-

---

229 SCHWARZE, in: SCHWARZE (Hrsg.), Daseinsvorsorge im Lichte des Wettbewerbsrechts, S. 9 (10).

230 OSSENBÜHL in DÖV 1971, S. 513 (518); SCHWARZE, in: SCHWARZE (Hrsg.), Daseinsvorsorge im Lichte des Wettbewerbsrechts, S. 9 (10); SKOWRONEK, S. 110.

231 BADURA, in: SCHWARZE (Hrsg.), Daseinsvorsorge im Lichte des Wettbewerbsrechts, S. 25 (34 ff.); EICHENHOFER, Rn. 329; PÜTTNER, S. 45 (54).

232 BLAUROCK, S. 113 (113); NETTESHEIM, S. 39 (39); SCHMIDT in Zeitschrift für das gesamte Kreditwesen, 1989, S. 48 (48); a. A. LOUIS, S. 10 f. Klassische Finanzdienstleistungen der Daseinsvorsorge sind die elementaren Angebote vor allem der Sparkassen. Naheliegend ist die Einordnung solcher Dienstleistungen als Daseinsvorsorge beispielsweise, wenn ein sogenanntes „Grundrecht auf ein Girokonto“ gewährt wird, damit auch ärmere Personen in einer Welt des zunehmend bargeldlosen Zahlungsverkehrs zurechtkommen, siehe dazu BLAUROCK, S. 113 (135); KOENIG in EuZW 1995, S. 595 (595); SCHOPPMANN, S. 137 (139).

233 DOHMS, in: SCHWARZE (Hrsg.), Daseinsvorsorge im Lichte des Wettbewerbsrechts, S. 41 (41); HAILBRONNER, S. 46, für die von den früheren deutschen Brandversicherungsmonopolen angebotenen Versicherungen.

234 KOENIG in WM 1995, S. 317 (321), dort als „mittelbare Daseinsvorsorge“; SCHOPPMANN, S. 137 (139).

nehmen umfasst[235]. Die Wahrnehmung dieser Wirtschaftsförderaufgaben obliegt in Deutschland und vielen anderen europäischen Staaten öffentlichen Banken[236].

Die Förderung jedenfalls mittelständischer Unternehmen durch Finanzdienstleistungen kann also prinzipiell dem Bereich der Daseinsvorsorge zugerechnet werden. Da Leistungen der Daseinsvorsorge in wirtschaftlicher und nicht-wirtschaftlicher Form erbracht werden können, erscheint es, gemessen an dem bisher überprüften Begriff der Daseinsvorsorge, denkbar, das Anbieten von Versicherungen gegen Terrorschäden als Teil der Daseinsvorsorge dem Anwendungsbereich des Wettbewerbsrechts zu entziehen.

(b) Der Begriff „soziale Sicherheit"

Auch wenn die Subsumtion einer staatlichen Industrieversicherung gegen Terrorschäden unter den Begriff der Daseinsvorsorge möglich ist, stellt sich noch die Frage, ob die Terrorversicherung auch unter den Begriff der „sozialen Sicherheit" subsumiert werden kann.

In mehreren Entscheidungen betont der EuGH, dass soziale Sicherheit die Absicherung gegen Krankheit, Alter, Tod, Invalidität und für den Fall der Mutterschaft meint[237]. Kennzeichnend für Systeme der sozialen Sicherheit ist also die Beschäftigung mit den existenziellen Risiken des einzelnen Menschen. Eine Übertragung der einschlägigen Rechtsprechung auf die skizzierte Terrorversicherung scheidet danach aus.

Auch nach Art. 4 der Verordnung zur Anwendung der Systeme der sozialen Sicherheit auf Arbeitnehmer, Selbstständige und deren Familienangehörige, die innerhalb der Gemeinschaft zu- und abwandern[238], meint der Begriff der sozialen Sicherheit im gemeinschaftsrechtlichen Sinne nur Leistungen an das bedürftige Individuum. Erfasst werden Leistungen bei Krankheit, Mutterschaft, Invalidität, Alter, Arbeitsunfällen, Berufskrankheiten, Tod, Arbeitslosigkeit. Ein we-

---

235 Mitteilung der Europäischen Kommission: „Daseinsvorsorge in Europa" (2001/C 17/04), in: ABl. C 17, S. 4 (23) vom 19.1.2001.

236 SCHOPPMANN, S. 137 (139).

237 Beispielsweise EuGH „Poucet/Pistre vs. Camulrac/Cancava", verb. Rs. C-159/91 und C-160/91, Slg. 1993, I-S. 637 (668/Rn. 9 f.); EuGH „García u.a.", Rs. C-238/94, Slg. 1996, I-S. 1673 (1656/Rn. 4).

238 SCHULTE, in: VON DER GROEBEN/THIESING/EHLERMANN (Hrsg.), EUV/EGV, Bd. 3, Art. 118 EGV, Rn. 57.

niger enges Verständnis von sozialer Sicherheit umfasst auch bestimmte Leistungen der Sozialhilfe[239].

Der Begriff der sozialen Sicherheit bezeichnet somit einen Teilbereich dessen, was dem Begriff der Daseinsvorsorge unterfällt. Trotz der systematischen Ähnlichkeiten zwischen Systemen der sozialen Sicherung und der skizzierten Terrorversicherung scheidet eine Übertragung der EuGH-Rechtsprechung zu sozialen Sicherungssystemen auf die Terrorversicherung aus, weil eine solche Terrorversicherung zwar möglicherweise unter den Begriff der Daseinsvorsorge, nicht jedoch unter den der sozialen Sicherheit subsumiert werden kann.

dd) Forderung nach einem einheitlichen Unternehmensbegriff

Die Forderung nach einem einheitlichen, abstrakten und umfassenden Unternehmensbegriff ist die Konsequenz einer kritischen Beurteilung der bisherigen Vorgehensweise des EuGH. Diese ist in erster Linie dadurch gekennzeichnet, dass eine Reihe von Kriterien herausgearbeitet werden, mittels derer wirtschaftliche von nicht-wirtschaftlichen Tätigkeiten abgegrenzt werden. Manche dieser Kriterien werden in einigen Entscheidungen zur Beurteilung herangezogen, in anderen jedoch verworfen und in wieder anderen in modifizierter Form angewandt[240].

Diese Vorgehensweise des EuGH wird zum Teil als flexibel und wirklichkeitsnah gutgeheißen, weil sich der EuGH durch seine einzelfallorientierte Prüfung

---

239 SCHULTE, in: VON DER GROEBEN/THIESING/EHLERMANN (Hrsg.), EUV/EGV, Bd. 3, Art. 118 EGV, Rn. 58.

240 Dies gilt insbesondere in der Weise, dass die Rechtsprechung des Gerichts bezüglich der Unternehmenseigenschaft von sozialen Sicherungssystemen von der allgemeinen Konzeption des Unternehmensbegriffs in vielen Punkten abweicht. Exemplarisch ist dies am Stellenwert des Merkmals einer fehlenden Gewinnerzielungsabsicht abzulesen. Lehnte der EuGH in „Deutsche Arbeitsvermittlung" die Beachtlichkeit dieses Punkts noch ab, galt dies in „Poucet/Pistre vs. Camulrac/Cancava" schon nicht mehr. In den darauf folgenden Entscheidungen zu sozialen Sicherungssystemen schwankte die Einschätzung einer fehlenden Gewinnerzielungsabsicht zwischen der Beimessung eines Indizcharakters und der gänzlichen Bedeutungslosigkeit des Merkmals. Unterschiede ergeben sich jedoch nicht nur zwischen dem Unternehmensbegriff im Allgemeinen und seiner Verwendung im Bereich der sozialen Sicherungssysteme, sondern auch innerhalb der Rechtsprechung zu sozialen Sicherungssystemen. So deutet sich eine Tendenz des EuGH an, zwischen Einrichtungen der Grundversorgung und freiwilligen Zusatzsicherungen zu differenzieren, siehe dazu BOSCO, S. 9 ff.

die Möglichkeit offen hält, politische Konflikte zu lösen, ohne offensichtlich inkonsequent zu handeln[241].

Gerade diese Vorzüge der EuGH-Rechtsprechung können jedoch, ins Negative gewendet, auch Bezugspunkte von Kritik sein.

Vorteil einer einheitlichen Auslegung juristischer Normen und Begriffe ist es, staatliches Handeln berechenbar zu machen[242]. Was als Flexibilität gerühmt wird, kann deshalb auch als mangelnde Trennschärfe bemängelt werden[243], die letztlich zu fehlender Rechtssicherheit führt. Eine einzelfallorientierte Rechtsprechung läuft außerdem Gefahr, sich in Widersprüche zu verwickeln[244].

Die Ausklammerung bestimmter Materien vom Anwendungsbereich des Wettbewerbsrechts ist schließlich geeignet, der Schaffung nationaler Souveränitätsreserven Vorschub zu leisten[245].

(1) Unmöglichkeit eines einheitlichen Unternehmensbegriffs

Die Schwierigkeiten des Unterfangens, den Begriff des Unternehmens einheitlich und abschließend zu definieren, zeigen sich bei dem Bemühen des EuGH, materiell hoheitliche Aufgaben zu identifizieren[246].

---

241 Wiederum ist dies im Bereich der Sozialpolitik von besonderer Bedeutung, weil hier große Unterschiede zwischen den Mitgliedsstaaten bestehen und die politischen Widerstände besonders stark sind. Es scheint dem EuGH zu gelingen, in diesem politisch empfindlichen Bereich eine Balance zwischen sozialem Schutz und wirtschaftlichem Wettbewerb herzustellen und beide Materien miteinander kompatibel zu gestalten, siehe dazu BOSCO, S. 14 f.

242 Dieses Ziel muss natürlich auch für das europäische Recht gelten, selbst wenn angesichts des vorläufig mit dem Begriff der Supranationalität gekennzeichneten eigenständigen Charakters europäischen Handelns nicht von staatlichem Handeln im klassischen Sinn die Rede sein kann, siehe dazu KOENIG/HARATSCH, Rn. 18; NICOLAYSEN, S. 11.

243 FESENMAIR, S. 40; SCHWINTOWSKI in ZeuP 1994, S. 294 (300).

244 Die beispielsweise auf den ersten Blick einleuchtende Differenzierung zwischen sozialer Grundsicherung und freiwilliger Zusatzsicherung erscheint fragwürdig, wenn sie als Schablone auf unterschiedlich konzipierte Systeme angelegt wird. So weckt die Gleichbehandlung freiwilliger Zusatzsysteme Zweifel, wenn diese in einem Mitgliedsstaat eine Grundsicherung ergänzen, die nur die allernotwendigsten Leistungen bereitstellt, während in einem anderen Mitgliedsstaaten ein Großteil dieser Leistungen bereits von der Grundsicherung umfasst wird, so auch das Vorbringen der Fondsbetreiber und der beteiligten Regierungen in EuGH „Albany", Rs. C-67/96, Slg. 1999, I-S. 5751 (5885/Rn. 73).

245 FESENMAIR, S. 37.

246 Siehe dazu oben, Zweiter Teil, II., a), bb), (3), (e).

Letztlich geht es dabei um die Frage nach sogenannten staatlichen Kernaufgaben, die der staatlichen, beziehungsweise im europäischen Rahmen der supranationalen Gewalt, vorzubehalten und von der Anwendung des Wettbewerbsrechts freizustellen sind. Die Frage nach staatlichen Kernaufgaben ist sowohl auf nationaler als auch auf gemeinschaftsrechtlicher Ebene von Bedeutung.

(a) Nationale, mitgliedsstaatliche Dimensionen des Problems

Die Entwicklung der westeuropäischen Nationalstaaten zu Leistungsstaaten und die angespannte Finanzlage der öffentlichen Hand werfen die Frage nach den Grenzen des staatlichen Aufgabenbestands[247] und der Existenz und Definition staatlicher, privatisierungsfester Kernaufgaben auf[248].

In diesem Zusammenhang geht es auch um die Unterscheidung von Gewährleistungs- und Erfüllungsverantwortung des Staates.

Gewährleistungsverantwortung meint, dass zwar die Erledigung gewisser Aufgaben staatlich garantiert, sichergestellt und bezüglich des „ob" und „wie" überwacht werden muss, dass die eigentliche Aufgabenerfüllung aber nicht (mehr) eigenem, staatlichem Personal, also Beamten oder staatlichen Angestellten, vorbehalten ist[249].

Trifft den Staat dagegen eine Erfüllungsverantwortung, so muss er die jeweilige Tätigkeit mit seinem eigenen Kernpersonal wahrnehmen.

---

247 GRAMM, S. 13.

248 Indiz für die Breite der Diskussion ist die Vielzahl der Bezeichnungen für solche Aufgaben: KULAS, S.45, zählt auf: klassische, originäre, genuine, natürliche, wesensmäßige, wesentliche, unentbehrliche, unverzichtbare, legitime oder notwendige Staatsaufgaben. Ausgangspunkt der Bestimmung solcher Kernaufgaben ist oftmals die Nennung solcher Materien, die, wie allen voran die Landesverteidigung und die Wahrung der öffentlichen Sicherheit und Ordnung oder der Sicherung der finanziellen Basis durch Steuern, traditionell oder auch nur gefühlsmäßig als Kernaufgaben und genuin staatlich empfunden werden, siehe dazu auch SCHUPPERT in Verwaltungsarchiv 71 (1980), S. 309 (314), bezugnehmend auf die empirische Untersuchung von Richard Rose.

249 Die Rede ist hier von „staatlichem Kernpersonal", siehe dazu beispielsweise WEIß, S. 420 f.

Unabhängig davon, ob man als staatliche Kernaufgaben nur solche anerkennt, für die den Staat eine Erfüllungsverantwortung trifft[250], ist für die wettbewerbsrechtliche Unterscheidung von wirtschaftlicher und hoheitlicher Tätigkeit die Differenzierung von Gewährleistungs- und Erfüllungsverantwortung von besonderer Bedeutung.

Überall dort nämlich, wo Private in die Aufgabenerfüllung eingebunden werden können, kann von einer Wirtschaftlichkeit der jeweiligen Tätigkeit im Sinne des Wettbewerbsrechts ausgegangen werden, da verschiedene Private um den Zuschlag für die Aufgabenerfüllung konkurrieren können[251].

(b) Relevanz des Problems auf gemeinschaftsrechtlicher Ebene

Die Frage nach staatlichen Kernaufgaben spielt im Gemeinschaftsrecht nicht nur für die Bestimmung des wettbewerbsrechtlichen Unternehmensbegriffs eine Rolle, sondern auch bei der Konturierung der Bereiche, in denen bestimmte Grundfreiheiten keine Anwendung finden. Daran ändern auch die unterschiedlichen Zielsetzungen die Freistellungsmöglichkeiten nichts[252].

Es erscheint zweifelhaft, ob eine einheitliche Definition des wettbewerbsrechtlichen Unternehmensbegriffs überhaupt gelingen kann. Dies gilt umso mehr, als der EuGH zwar die Notwendigkeit einer autonomen gemeinschaftsrechtlichen

---

250 BAUER in VVDStRL. 54 (1995), S. 243 (255); GUSY in DÖV 1996, S. 573 (582); WEIß versucht, „über die Erforderlichkeit spezifisch staatlicher Mittel die Grenzen der staatlichen Tätigkeit zu bestimmen", S. 340 f. Vertreten wird, dass die Möglichkeit des Staates, seine Aufgaben durch bloße Wahrnehmung der ihm obliegenden Gewährleistungsfunktion zu erfüllen, den Umfang staatlicher Kernaufgaben und letztlich gar die Existenz solcher „sine qua non activities", durch deren Aufgabe der Staat seine Staatlichkeit verlöre, in Frage stellt und eine abstrakte, einheitliche und zeitlose Definition von staatlichen Kernaufgaben angesichts der Veränderlichkeit der Vorstellungen von den Staatsaufgaben unmöglich ist, siehe dazu WEIß, S. 344 f.

251 Die Bedeutung der sogenannten Gewährleistungsverantwortung zeigt sich auch darin, dass eine von der Gewährleistungsverantwortung des Staates flankierte Privatisierung für immer weniger Bereiche ausgeschlossen wird. Dies gilt auch für ehemals klassische staatliche Aufgaben. Bezogen auf die innere Sicherheit illustriert dies etwa die zunehmende Verbreitung privater Sicherheitsdienste bei der Fluggastkontrolle, siehe dazu GRAMM, S. 422 ff., oder die Diskussion um den privaten Betrieb von Haftanstalten, dazu die Monographie von KULAS. Ähnliches gilt in bezug auf Verteidigung und Militär, wenn beispielsweise der militärische Wachdienst Privaten überlassen wird, GRAMM, S. 451 ff. Wesentlich weitergehende Überlegungen beschäftigen sich mit der Frage, ob nicht sogar militärische Einsätze von Privaten (Söldnern) übernommen werden könnten, siehe dazu beispielsweise SCHEEN in FAZ vom 27.3.2002, S. 12.

252 Siehe dazu oben, Zweiter Teil, I., 2., bb), (3), (e), (dd).

Begriffsbestimmung erkennt, den Wertungen und somit auch den Problemen der verschiedenen mitgliedsstaatlichen Rechtsordnungen gleichzeitig aber zumindest dadurch Einfluss einräumt, dass der Vergleich dieser Rechtsordnungen einen der Ausgangspunkte für die gemeinschaftsrechtliche Definition von Wirtschaftlichkeit und Hoheitlichkeit bildet[253].

(2) Bedeutung für die Monopol-Terrorversicherung

Unabhängig von den dargelegten Schwierigkeiten oder gar der Unmöglichkeit einer einheitlichen und umfassenden Bestimmung des Unternehmensbegriffs lassen die Definitionsversuche eines erwarten: Als hoheitlich dürften vor allem solche Tätigkeiten von der Anwendung des Wettbewerbsrechts freigestellt werden, die der spezifisch staatlichen Möglichkeit zur imperativen Durchsetzung von Zwang bedürfen. Irrelevant dürfte hingegen sein, ob eine Tätigkeit in einer marktwirtschaftlichen Ordnung in wirtschaftlich erfolgreicher Form ausgeübt werden kann.

Gerade das Bestreben, der skizzierten staatlichen Terrorversicherung ein rentables Arbeiten zu ermöglichen, ist aber Hauptmotiv für die Einführung der maßgeblichen Strukturmerkmale einer solchen Versicherung in Gestalt von Angebotsmonopol und Bannrecht[254].

Selbst wenn eine umfassende und einheitliche Bestimmung des Unternehmensbegriffs eines Tages wider Erwarten gelingen sollte, dürfte eine staatliche Monopol-Terrorversicherung der skizzierten Art deshalb als Unternehmen im wettbewerbsrechtlichen Sinne einzuordnen sein.

b) Monopolcharakter der skizzierten Versicherung im Sinne des europäischen Wettbewerbsrechts

Nachdem die Unternehmenseigenschaft der skizzierten staatlichen Terrorversicherung und somit auch die Anwendbarkeit des europäischen Wettbewerbsrechts festgestellt wurde, stellt sich nun die Frage, ob das primäre Wettbewerbsrecht der Gemeinschaft einen festen Monopolbegriff kennt und ob gegebenenfalls das bisher untechnisch als Monopolversicherung bezeichnete Unternehmen der skizzierten Art überhaupt ein Monopol im Sinne des Wettbewerbsrechts ist.

---

253 Siehe dazu oben, Zweiter Teil, I., 2., bb), (3), (e), (cc).

254 Siehe dazu oben, Zweiter Teil, I., 1., b).

Das Gemeinschaftsrecht müßte den Begriff des Monopols überhaupt mit eigenem rechtlichem Inhalt füllen.

Der Begriff der „ausschließlichen Rechte" gemäß Art. 86 I EGV ist gleichbedeutend mit „Monopolrechten"[255]. Der Begriff eines Monopols im Sinne des europäischen Wettbewerbsrechts umfasst deshalb Unternehmen, die mit ausschließlichen Rechten im Sinne des Art. 86 I EGV ausgestattet sind.

aa) Begriff der ausschließlichen und besonderen Rechte im Sinne des Art. 86 I EGV

Ein ausschließliches Recht liegt vor, wenn einem Unternehmen das alleinige Recht verliehen wird, in einem bestimmten Markt tätig zu werden, die Tätigkeit ihm also unter Ausschluss aller anderen tatsächlichen oder potentiellen Marktteilnehmer vorbehalten wird[256]. In ihrer Richtlinie über den Wettbewerb auf dem Markt für Telekommunikationsdienstleistungen[257] definiert die Kommission ausschließliche oder besondere Rechte als *„Rechte, die von einem Mitgliedsstaat oder einer Behörde einer oder mehreren öffentlichen oder privaten Einrichtungen auf dem Gesetzes- oder Verwaltungswege gewährt werden und diesen die Erbringung einer Dienstleistung oder die Ausübung einer bestimmten Tätigkeit vorbehalten"*[258].

Besondere Rechte liegen nach Ansicht der Kommission dagegen vor, wenn „Mitgliedsstaaten Rechte durch Rechts- oder Verwaltungsvorschriften nur einer von vornherein begrenzten Anzahl von Unternehmen gewähren, deren Auswahl sich nicht nach objektiven, angemessenen und nichtdiskriminierenden Kriterien richtet, sowie, wenn nach solchen Kriterien ausgewählten Unternehmen besondere Vorteile eingeräumt werden, durch die die Wettbewerbsfähigkeit anderer Unternehmen auf dem fraglichen Markt in einem System unverfälschten Wettbewerbs wesentlich beeinträchtigt wird"[259].

---

255 HOCHBAUM/KLOTZ, in: VON DER GROEBEN/SCHWARZE (Hrsg.), EUV/EGV, Bd. 2, Art. 86 EGV, Rn. 23.

256 HEINEMANN, S. 80; HOCHBAUM/KLOTZ, in: VON DER GROEBEN/SCHWARZE (Hrsg.), EUV/EGV, Bd. 2, Art. 86 EGV, Rn. 23.

257 Richtlinie 90/388/EWG über den Wettbewerb auf dem Markt für Telekommunikationsdienste, in: ABl. EG Nr. L 192/S. 10.

258 Richtlinie 90/388/EWG über den Markt für Telekommunikationsdienste, in: ABl. EG, Nr. L 192/S. 14 f.

259 EMMERICH, in: DAUSES (Hrsg.), Hdb.-EU-Wirtschaftsrecht, Bd. 2, H. II., Rn. 109.

Besondere Rechte unterscheiden sich demnach von ausschließlichen Rechten dadurch, dass nicht ein, sondern mehrere Unternehmen privilegiert werden.

Inhalt besonderer Rechte ist es aber ebenfalls, den privilegierten Unternehmen eine bestimmte Produktion, die Erbringung einer bestimmten Dienstleistung oder die Ausübung einer sonstigen bestimmten Tätigkeit in einem bestimmten räumlichen, zeitlichen oder sonstigen sachlichen Rahmen vorzubehalten[260]. Angesichts der skizzierten Monopolstellung eines einzigen Unternehmens erübrigt sich hier ein näheres Eingehen auf den Begriff der besonderen Rechte[261].

Welche von verschiedenen vorstellbaren Maßnahmen, die einem Ausschluss von Wettbewerbern zugunsten eines Unternehmens dienen könnten, ausschließliche Rechte im Sinne von Art. 86 I EGV darstellen, lässt sich am ehesten anhand bekannter Konstellationen entscheiden. Dies gilt um so mehr, als auch der EuGH den Begriff des Monopols nicht weiter ausführt, sondern ohne weitere Erläuterungen mit ihm operiert[262].

bb) Alleiniges Angebotsrecht als ausschließliches Recht gemäß Art. 86 I EGV

Unter den Begriff der ausschließlichen Rechte fallen jedenfalls Regelungen, die einem Unternehmen das alleinige Recht gewähren, bestimmte Waren oder Dienstleistungen auf dem Gebiet eines Mitgliedsstaates anzubieten. Bei einer solchen Regelung handelt es sich gleichsam um das „klassische" ausschließliche Recht. Auch im Bereich der Handelsmonopole wird an den Begriff des ausschließlichen Rechts angeknüpft[263]. Dort wird die typische Monopolbildung durch Gewährung eines ausschließlichen Rechts besonders augenfällig, wenn einem Unternehmen auf dem Gebiet eines Mitgliedsstaates das alleinige Recht zum Vertrieb einer bestimmten Ware gewährt wird[264].

---

260 DOHMS, Rn. 42.

261 Lange Zeit wurde außerdem sachlich zwischen ausschließlichen und besonderen Rechten überhaupt nicht unterschieden, weil man davon ausging, daß die Rechtsfolgen ohnehin identisch seien, siehe dazu etwa JUNG, in: CALLIESS/RUFFERT (Hrsg.), EUV/EGV, Art. 86 EGV, Rn. 16; für eine inhaltliche Differenzierung dagegen MESTMÄCKER, in: IMMENGA/MESTMÄCKER, EG-Wettbewerbsrecht, Bd. II, XII. Abschnitt, C. (Art. 90 I), Rn. 21.

262 EuGH „Porto di Genova", Rs. C-179/90, Slg. 1991, Slg. 1991, I-S. 5889 (5890/Rn. 2).

263 EPINEY, in: CALLIESS/RUFFERT (Hrsg.), EUV/EGV, Art. 31 EGV, Rn. 7.

264 Beispiel für ein solches alleiniges Vertriebsrecht ist das schwedische Alkohol-Einzelhandelsmonopol, siehe dazu die Entscheidung des EuGH „Franzén", Rs. C-159/94, Slg. 1997, I-S. 5909 ff.

Auch Dienstleistungsmonopole mit ausschließlichen Rechten zeichnen sich in der Regel durch ein Angebotsmonopol aus[265]. Eine bestimmte Dienstleistung darf auf dem Gebiet eines Mitgliedsstaates dann nur von dem privilegierten Unternehmen angeboten werden[266].

Das alleinige Recht der staatlichen Terrorversicherung zum Angebot von Terrordeckungen auf dem Gebiet des jeweiligen Mitgliedsstaates stellt also gleichsam den Prototyp eines ausschließlichen Rechts im Sinne des Art. 86 I EGV dar.

cc) Bannrecht als ausschließliches Recht gemäß Art. 86 I EGV

Die Einordnung des Bannrechts gestaltet sich schwieriger, weil eine gleichgelagerte Regelung nur in wenigen Bereichen erforderlich ist und direkte Vergleichsmöglichkeiten deshalb rar sind. Bannrechte entfalten ihre Wirkung nämlich vor allem im speziellen Bereich sogenannter Korrespondenzdienstleistungen[267]. Deutlich wird die spezielle Funktion des Bannrechts an einem Vergleich des Postdienstleistungsmonopols[268] mit der Terrorversicherung.

Die Erbringung herkömmlicher Postdienstleistungen erfordert ein Tätigwerden des Dienstleisters am Wohnsitz des jeweiligen Kunden. Wollte beispielsweise ein deutsches Postunternehmen die Post eines in Belgien ansässigen Kunden transportieren, dann müsste das Unternehmen die Post zunächst in Belgien einsammeln, also einen Teil seines Angebots in Form tatsächlicher Handlungen in Belgien erbringen. In dieser Konstellation reicht es aus, die Ausführung bestimmter Tätigkeiten auf dem Gebiet des jeweiligen Mitgliedsstaats anderen als dem privilegierten Unternehmen zu untersagen, um den Markt der Postdienstleistungen dem Träger des ausschließlichen Rechts effektiv vorzubehalten.

---

265 Zur Behandlung von Versicherungsmonopolen durch das Gemeinschaftsrecht siehe beispielsweise ROTH, in: BAUR/HOPT/MAILÄNDER (Hrsg.), Festschrift für Steindorff, S. 1313 ff.

266 Siehe dazu beispielsweise die Entscheidung zur Arbeitsvermittlung in Deutschland, EuGH „Höfner/Elser vs. Macrotron", Rs. C-41/90, Slg. 1991, I-S. 1979 ff., oder die der Entscheidung des EuGH „Corbeau", Rs. C-320/91, Slg. 1993, I-S. 2533 (2565/Rn. 3) zugrunde liegenden Regelungen, denen zufolge allein die staatliche belgische Post das Recht hatte, in Belgien Postsendungen zu sammeln, zu befördern und zu verteilen.

267 Siehe zu Begriff und Besonderheiten der Korrespondenzdienstleistung oben, Erster Teil, III., 2., c).

268 Siehe dazu beispielsweise BASEDOW/JUNG, S. 179 ff.

Im Falle eines Versicherungsangebots existieren vergleichbare Be- oder Verhinderungsmöglichkeiten nicht[269]. Ein physisch an ein Staatsgebiet gebundenes Tätigwerden ist nicht erforderlich und die Leistung lässt sich an keinem Ort lokalisieren[270]. Ein wirksames Abschotten des Versicherungsmarktes setzt deshalb ein Bannrecht voraus, das auf der Kundenebene ansetzt und ein Ausweichen der Versicherten nicht nur auf ausländische Anbieter im Inland, sondern sogar auf ausländische Anbieter in deren Heimatland verhindert.

(1) Das Bannrecht der ehemaligen deutschen Monopol-Gebäudeversicherungsanstalten

Obwohl ein Bannrecht also nur in wenigen Fällen erforderlich ist, wurde mit den deutschen öffentlich-rechtlichen Pflicht- und Monopolversicherungsanstalten bereits einmal eine mit einem Bannrecht ausgestattete Versicherung zum Regelungsobjekt gemeinschaftlichen Sekundärrechts. Möglicherweise lassen sich aus den einschlägigen rechtlichen Vorgaben Rückschlüsse auf die Einordnung des Bannrechts als ausschließliches Recht ziehen.

(a) Behandlung der deutschen Pflicht- und Monopolversicherungsanstalten durch die gemeinschaftsrechtlichen Versicherungsrichtlinien[271]

Art. 4 der Ersten Richtlinie Schadensversicherung nimmt die deutschen Monopolversicherungsanstalten gemeinsam mit anderen staatlichen und halbstaatlichen Institutionen ausdrücklich von der Anwendung der Richtlinie aus. Eine Begründung für diese Ausnahmeregelung findet sich in den Erwägungsgründen zur Ersten Richtlinie Schadensversicherung nicht. Sie wird schlicht für „angezeigt"[272] oder „zweckmäßig"[273] befunden. Der Wirtschafts- und Sozialausschuss

---

269 Das Abstellen auf solche Störungsmöglichkeiten bedeutet auch, dass Bannrechte nicht für alle Korrespondenzdienstleistungen von Bedeutung sind. So kann beispielsweise der Grenzübertritt grenzüberschreitend gesendeter Fernsehprogramme durch physische beziehungsweise physikalische Handlungen, etwa durch den Einsatz eines Störsenders, verhindert werden. Siehe zu solchen grenzüberschreitenden Fernsehsendungen etwa KLUTH, in: CALLIESS/RUFFERT (Hrsg.), EUV/EGV, Art. 50 EGV, Rn. 30.

270 TROBERG, in: VON DER GROEBEN/THIESING/EHLERMANN (Hrsg.), EUV/EGV, Bd. 1 (5. Aufl.), Art. 60 EGV, Rn. 23.

271 Siehe insgesamt zu den Versicherungsrichtlinien oben, Erster Teil, IV.

272 Erste Richtlinie Schadensversicherung, Erwägungsgründe, S. 3.

273 So im Vorschlag für eine Erste Richtlinie des Rates zur Koordinierung der die Aufnahme und Ausübung der Direktversicherung (außer Lebensversicherung) betreffenden Rechts- und Verwaltungsvorschriften Vorschlag für die erste Richtlinie Schadensversicherung, in: ABl. Nr. 75, vom 3.10.1966. S. 3057/66 ff.; im Folgenden „Vorschlag für die Erste Richtlinie Schadensversicherung".

kritisiert die Ausnahmeregelung, weil die Ausnahmen nicht auf allgemeinen Kriterien, sondern auf Besonderheiten in Rechtsnatur und Aufgabenkreis der vom Anwendungsbereich ausgenommenen Unternehmen basierten[274].

Die Zweite Richtlinie Schadensversicherung ordnet in Art. 12 die fortbestehende Gültigkeit der Ausnahmeregelung zugunsten der deutschen Pflicht- und Monopolversicherungsanstalten an.

Erst die Dritte Richtlinie Schadensversicherung verlangt in Art. 3 ausdrücklich die Abschaffung der von der Anwendung der Ersten und Zweiten Richtlinie Schadensversicherung ausgenommenen Monopole, insbesondere die Abschaffung der Monopolrechte für die deutschen Pflicht- und Monopolversicherungsanstalten. Zu beachten ist, dass damit nicht die Abschaffung der Anstalten selbst[275] gemeint war[276].

(b) Rückschlüsse auf die Einordnung des Bannrechts

Aus der Beschäftigung des gemeinschaftlichen Sekundärrechts mit den deutschen Gebäudeversicherungsanstalten lässt sich kein direkter Schluss auf die Einordnung des Bannrechts ziehen, weil das Bannrecht an keiner Stelle ausdrücklich als ausschließliches Recht im Sinne des Art. 86 I EGV bezeichnet wird.

Allerdings werden die Gebäudeversicherungsanstalten in Art. 4 der Ersten Richtlinie Schadensversicherung beziehungsweise die diesen Versicherungen gewährten Rechte in Art. 3 der Dritten Richtlinie Schadensversicherung ausdrücklich als Monopole bezeichnet, ohne dass dabei zwischen dem Recht zum alleinigen Angebot auf dem Gebiet des Mitgliedsstaates und den Bannrechten differenziert wird. Da Monopolrechte ausschließliche Rechte im Sinne des Art. 86 I EGV sind[277], lässt sich aus der auch die Bannrechte umfassenden Benennung der Rechte der Gebäudeversicherungsanstalten als Monopolrechte der Schluss ziehen, dass auch die Bannrechte dem Begriff der ausschließlichen Rechte im Sinne des Art. 86 I EGV unterfallen.

---

274 Stellungnahme des Wirtschafts-und Sozialausschusses zum Vorschlag für die Erste Richtlinie in: ABl. EG Nr. 158, S. 1 (3), vom 18.7.1967; im Folgenden „Wirtschaftsausschuss zum Vorschlag für die Erste Richtlinie Schadensversicherung".

275 In Art. 3 der Dritten Richtlinie Schadensversicherung wird lediglich gefordert, dass „die den ... Anstalten gewährten Monopole verschwinden".

276 ROTH in NJW 1993, S. 3028 (3031).

277 Siehe dazu oben, Zweiter Teil, I., 2., b), aa).

(2) Einordnung des Bannrechts allgemein

Auch ohne die Bezugnahme auf die Charakterisierung der Bannrechte der deutschen Pflicht- und Monopolversicherungsanstalten durch das europäische Sekundärrecht sprechen gute Gründe dafür, das zugunsten der skizzierten Terrorversicherung einzuführende Bannrecht als ausschließliches Recht im Sinne des Art. 86 I EGV einzustufen.

Wenn ein ausschließliches Recht nämlich dadurch gekennzeichnet ist, dass einem Unternehmen das alleinige Recht eingeräumt wird, im privilegierten Bereich tätig zu werden[278], dann bewirkt das Bannrecht genau dieses.

Der Unterschied des Bannrechts zum klassischen Angebotsmonopol bezieht sich nur auf den Bereich beziehungsweise die Tätigkeit, die dem privilegierten Unternehmen vorbehalten wird. Im Falle des Angebotsmonopols wird dem Unternehmen vorbehalten, auf dem Gebiet eines Mitgliedsstaates oder einer anderen geographischen Einheit eine bestimmte Leistung anzubieten. Die Marktabschottung bezieht sich also auf einen geographischen Raum.

Im Falle des Bannrechts knüpft die Privilegierung dagegen enger an die eigentliche Leistung an: Für die umschriebene Terrorversicherung meint dies, dass die Versicherung von Industrieanlagen auf deutschem Boden gegen Terrorschäden dem privilegierten Versicherungsunternehmen vorbehalten wird.

Da die Definition des ausschließlichen Rechts nicht näher festlegt, welcher Art der vorbehaltene Bereich oder die vorbehaltene Tätigkeit zu sein hat, lässt sich auch das skizzierte Bannrecht unter den Begriff des ausschließlichen Rechts im Sinne des Art. 86 I EGV fassen.

Sowohl das Angebotsmonopol als auch das Bannrecht zugunsten der beschriebenen Monopol-Terrorversicherung sind ausschließliche Rechte im Sinne des Art. 86 I EGV.

c) Vereinbarkeit von Dienstleistungsmonopolen mit dem EGV

Da es sich bei der Terrorversicherung insofern um ein Monopol im Sinne des Gemeinschaftsrechts handelt, als es um das alleinige Recht zum Angebot und das Bannrecht geht, stellt sich die Frage nach der Vereinbarkeit solcher Mono-

278 EMMERICH, in: DAUSES (Hrsg.), Hdb.-EU-Wirtschaftsrecht, Bd. 2, H. II., Rn. 108; HEINEMANN, S. 80.

polrechte mit dem europäischen Gemeinschaftsrecht. Sollten Monopolrechte grundsätzlich nicht mit dem Gemeinschaftsrecht vereinbar sein, würde dies auch für die Vereinbarkeit von Dienstleistungsmonopolen wie der dargestellten Versicherung mit dem gemeinschaftlichen Wettbewerbsrecht gelten.

aa) Die wesentlichen vertretenen Standpunkte

Aus dem EGV werden sehr unterschiedliche Standpunkte gegenüber Monopolen herausgelesen.

Für möglich gehalten werden:

- der „absolute sovereignty approach" (staatliche Monopole sind immer erlaubt),
- der„limited sovereignty approach" (staatliche Monopole sind grundsätzlich erlaubt, ausnahmsweise verboten),
- der„limited competiton approach" (staatliche Monopole sind grundsätzlich verboten, ausnahmsweise erlaubt), und
- der „absolute competiton approach" (staatliche Monopole sind immer verboten)[279].

Die Tatsache, dass diese Aufzählung über Jahre hinweg bis heute Grundlage und Ausgangspunkt wissenschaftlicher Abhandlungen geblieben ist[280], beweist, dass auch die Frage nach der Vereinbarkeit von Dienstleistungsmonopolen mit dem Gemeinschaftsrecht noch immer nicht geklärt ist und die Lösungsansätze im Kern dieselben geblieben sind.

(1) Möglicherweise einschlägige Rechtsnormen

Die Unsicherheiten hinsichtlich der Behandlung von Dienstleistungsmonopolen durch den EGV werden durch verschiedene Ansichten über die materiellrechtlich einschlägigen Normen zugleich illustriert und verstärkt. Auch die Rechtsprechung des EuGH zeugt von dieser Unentschiedenheit darüber, ob die Problematik von Dienstleistungsmonopolen vorrangig anhand der Grundfreihei-

---

279 EDWARD/HOSKINS in Common Market Law Review (CML Rev.) 1995, S. 157 (159 ff.).

280 Siehe beispielsweise BARTOSCH, in: KOENIG/BARTOSCH/BRAUN (Hrsg.), EC Competition and Telecommunications Law, S. 73; MESTMÄCKER, in: IMMENGA/MESTMÄCKER, EG-Wettbewerbsrecht, Bd. II, XII. Abschnitt C. (Art. 90 I EGV), Rn. 51.

ten oder der Wettbewerbsregeln zu behandeln ist[281]. Die Wechselhaftigkeit der europäischen Rechtsprechung zu diesem Punkt trägt ihr den Vorwurf ein, keine verlässlichen Kriterien anzuwenden[282].

(2) Systematische Unterscheidung von staats- und unternehmensgerichteten Vorschriften des EGV

Für das Verständnis der verschiedenen vertretenen Ansätze ist es unerlässlich, sich zunächst einige grundlegende Strukturen des EGV bewusst zu machen. Der EGV ist geprägt von der Unterscheidung zwischen Mitgliedsstaaten und Unternehmen[283]. Die Vorschriften des EGV werden deshalb in staats- und unternehmensbezogene Normen unterteilt [284]. Der Auftrag des EGV zur Gewährleistung der Grundfreiheiten richtet sich in diesem System an die Mitgliedsstaaten. Warenverkehrsfreiheit, Arbeitnehmerfreizügigkeit, Niederlassungsfreiheit, Dienstleistungsfreiheit und die Freiheit des Kapital- und Zahlungsverkehrs können also nur durch staatliche Maßnahmen verletzt werden. Dasselbe gilt für die Beihilfevorschriften der Art. 87-89 EGV, die wettbewerbsverfälschende Hilfestellungen der Mitgliedsstaaten für Unternehmen grundsätzlich verbieten.

Anders als die Grundfreiheiten und die Beihilfevorschriften verpflichten die Wettbewerbsregeln der Art. 81, 82 EGV dagegen nicht die Mitgliedsstaaten, sondern die Unternehmen zur Unterlassung bestimmter Verhaltensweisen.

(a) Die Sphären wirtschaftlicher und staatlich-hoheitlicher Tätigkeit

Existierten in der Gemeinschaft Wirtschaftsunternehmen nur in privater Hand, wären die Sphären wirtschaftlicher und staatlich-hoheitlicher Tätigkeiten strikt voneinander getrennt. In einer solchen Situation wären die Regeln über die Grundfreiheiten, die Beihilfegewährung und den Wettbewerb mit ihren jeweiligen beschränkten Adressatenkreisen ausreichende Instrumente, um einen Binnenmarkt zu gewährleisten, der gemäß Art. 4 I EGV dem Grundsatz einer offenen Marktwirtschaft mit freiem Wettbewerb verpflichtet ist[285].

---

281 HEINEMANN, S. 174.

282 EMMERICH, in: DAUSES (Hrsg.), Hdb.-EU-Wirtschaftsrecht, Bd. 2, H. II., Rn. 49 f.

283 MESTMÄCKER in: IMMENGA/MESTMÄCKER, EG-Wettbewerbsrecht, XII. Abschnitt, B. (Art. 90 im System des EGV), Rn. 1.

284 Siehe dazu oben, Erster Teil, III., 3., b).

285 MESTMÄCKER in: IMMENGA/MESTMÄCKER, EG-Wettbewerbsrecht, XII. Abschnitt, B. (Art. 90 im System des EGV), Rn. 34.

Die zitierten Regeln würden sich nämlich jeweils an die Akteure richten, die zu einer Verletzung der Vorschriften entweder allein fähig wären oder die an einer solchen Verletzung allein ein Interesse hätten.

Faktisch könnten insbesondere die Freiheiten des Waren-, Dienstleistungs-, Zahlungs- und Kapitalverkehrs zwar auch durch das Verhalten Privater eingeschränkt werden (wegen der polizei- und statusrechtlich geprägten Frage des Aufenthaltsrechts unterliegt dagegen die Freizügigkeit natürlicher Personen von vornherein in erster Linie staatlichen Regelungen). Dies könnte jedoch nur durch wirtschaftliche Machtausübung geschehen, die immer unter dem Vorbehalt durchsetzungsfähiger Konkurrenz steht, während den Mitgliedsstaaten die Möglichkeit gesetzlicher, also unbedingter und allgemeingültiger Beschränkungen offen steht. Diesen staatlichen Beschränkungen kann mittels der Gewährleistung der Grundfreiheiten entgegengewirkt werden.

Da andererseits nur Private als Teilnehmer am Markt aufträten, könnten nur Private mittels Absprachen untereinander oder Missbrauchs ihrer marktbeherrschenden Stellung den freien Wettbewerb in einer Weise behindern, wie sie die Art. 81, 82 EGV sanktionieren. Unter der Prämisse ausschließlich privaten Wirtschaftshandelns wäre es also sachgerecht und ausreichend, die entsprechenden Verbote nur an die Unternehmen zu richten.

Beihilfen schließlich sind Leistungen, denen kein nach rein betriebswirtschaftlichen Maßstäben ausreichendes Äquivalent entgegensteht. Eine Zuwendung stellt nach dem sogenannten private investor´s test[286] demzufolge eine Beihilfe dar, wenn ein privater Investor sie nicht getätigt hätte, weil sie privatwirtschaftlichen Renditeerwartungen nicht entspricht. Private Unternehmen haben, anders als die Mitgliedsstaaten, die auch politische und gesamtwirtschaftliche Faktoren in ihre Kalkulation einbeziehen, an der Erbringung solcher Leistungen kein Interesse. In einer rein privatnützig gestalteten Wirtschaft müssten sich die Beihilfevorschriften des EGV also auch nur an die Mitgliedsstaaten richten.

(b) Vermischung beider Sphären durch staatliche Wirtschaftstätigkeit

Tatsächlich sind die Sphären wirtschaftlicher und staatlicher Tätlichkeit jedoch keineswegs strikt voneinander getrennt. Die Regelungen des EGV verlören entscheidend an Wirksamkeit, wenn ihr Adressatenkreis in der beschriebenen Weise beschränkt würde.

---

286 Siehe dazu näher unten, Zweiter Teil, II., 3., a), cc).

Der EGV lässt, wie insbesondere Art. 295 EGV deutlich macht[287], eine wirtschaftliche Betätigung des Staates zu. Bliebe es bei der strikten Unterscheidung von staats- und unternehmensbezogenen Vorschriften, dann wären staatliche wie private Unternehmen nur an die unternehmensbezogenen Vorschriften des EGV gebunden. Die Mitgliedsstaaten könnten sich also den Anforderungen staatsbezogener Vorschriften entziehen, indem sie sich gleichsam als Unternehmen tarnen[288]. Ein staatliches Unternehmen könnte beispielsweise ein anderes Unternehmen in betriebswirtschaftlich unsinniger Weise finanziell unterstützen. Da dieses Verhalten aber ausschließlich dem Unternehmen zugerechnet werden könnte, liefen die staatsbezogenen Beihilfevorschriften ins Leere[289].

Die Mitgliedsstaaten könnten staatlichen Unternehmen außerdem bestimmte Befugnisse übertragen, mit denen diese dann grundfreiheitsbeschränkende Maßnahmen durchsetzen könnten[290]. Schließlich könnten durch staatliche Regelungen auch Rahmenbedingungen geschaffen werden, die der Bildung und dem darauffolgenden Missbrauch marktbeherrschender Stellungen öffentlicher Unternehmen Vorschub leisten.

(c) Funktion und systematische Besonderheiten des Art. 86 I EGV

Ziel des Art. 86 I EGV ist es, den Gefahren zu begegnen, die aus der Nähe bestimmter, wirtschaftlich tätiger Unternehmen zum Staat, also der Verschmelzung von Wirtschaft und Staat, erwachsen, sei es, dass die Unternehmen dem Staat selbst gehören, sei es, dass öffentliche oder private Unternehmen durch den Staat mit ausschließlichen oder besonderen Rechten ausgestattet werden[291].

Art. 86 I EGV verfolgt deshalb in erster Linie zwei Anliegen: Die Mitgliedsstaaten sollen Unternehmen, auf die sie besonderen Einfluss besitzen, nicht zu vertragswidrigem Verhalten bewegen oder gar zwingen. Es sollen also staatliche

---

287 Siehe zur Funktion des Art. 295 EGV unten, Zweiter Teil, I., 2., c), cc), (3), (b).

288 HOCHBAUM/KLOTZ, in: VON DER GROEBEN/SCHWARZE (Hrsg.), EUV/EGV, Bd. 2, Art. 86 EGV, Rn. 1.

289 HOCHBAUM/KLOTZ, in: VON DER GROEBEN/SCHWARZE (Hrsg.), EUV/EGV, Bd. 2, Art. 86 EGV, Rn. 4.

290 HOCHBAUM/KLOTZ, in: VON DER GROEBEN/SCHWARZE (Hrsg.), EUV/EGV, Bd. 2, Art. 86 EGV, Rn. 5.

291 EuGH „Frankreich ua. vs. Kommission (Öffentliche Unternehmen-Transparenzrichtlinie), verb. Rs. 188 bis 190/80", in: Slg. 1982, S. 2545 (2579/Rn. 26); EMMERICH, in: DAUSES (Hrsg.), Hdb.-EU-Wirtschaftsrecht, Bd. 2, H. II., Rn. 93; HEINEMANN, S. 60; EHRICKE, S. 151.

Maßnahmen verhindert werden, die einen Verstoß der Unternehmen gegen die unternehmensbezogenen Regeln begünstigen oder gar unausweichlich machen. In einer solchen Situation wäre ein Vorgehen gegen die Unternehmen zwecklos. Art. 86 I EGV lässt deshalb den Durchgriff auf die Mitgliedsstaaten wegen Verstoßes gegen die unternehmensbezogenen Vorschriften zu[292].

Außerdem soll verhindert werden, dass die Mitgliedsstaaten sich der ihnen besonders nahestehenden Unternehmen zur Umgehung der staatsgerichteten vertraglichen Verpflichtungen bedienen, indem sie die Unternehmen zu Verhaltensweisen anregen oder drängen, die den Mitgliedsstaaten selbst untersagt sind[293].

Art. 86 I EGV soll also den Durchgriff auf die Mitgliedsstaaten ermöglichen, die die staatliche Wirtschaftstätigkeit beziehungsweise ihr besonderes Verhältnis zu öffentlichen Unternehmen zur Umgehung des EGV nutzen; es soll „*der Herr und nicht der Knecht gefasst werden*"[294].

Art. 86 I EGV ist nicht die einzige Norm des EGV, die die Mitgliedsstaaten auch an die unternehmensbezogenen Vorschriften bindet.

Da vielmehr allein in Art. 86 II EGV eine ausnahmsweise Befreiung öffentlicher Unternehmen von den Wettbewerbsvorschriften zugelassen wird, folgt das Gebot der Gleichbehandlung öffentlicher und privater Unternehmen bereits aus allgemeinen Grundsätzen[295]. Auch der EuGH hat festgestellt, dass das Gleichbehandlungsgebot des Art. 86 I EGV „*nur ein besonderer Anwendungsfall bestimmter allgemeiner, die Mitgliedsstaaten verpflichtender Grundsätze ist*"[296].

Mit Art. 10 ist dem EGV außerdem eine Norm eingefügt worden, die die Bindung der Mitgliedsstaaten an ausnahmslos alle Vorschriften des EGV grundsätzlich festschreibt und ihnen im Sinne der Doktrin des „effet utile" aufträgt, alle

---

292 HAGENDORF, S. 31; HOCHBAUM/KLOTZ, in: VON DER GROEBEN/SCHWARZE (Hrsg.), EUV/EGV, Bd. 2, Art. 86 EGV, Rn. 5; KÄMMERER in EuR 2001, S. 27 (35), spricht in diesem Zusammenhang auch von der „Relais-Funktion" des Art. 86 EGV.

293 EMMERICH, in: DAUSES (Hrsg.), Hdb.-EU-Wirtschaftsrecht, Bd. 2, H. II., Rn. 93; HOCHBAUM/KLOTZ, in: VON DER GROEBEN/SCHWARZE (Hrsg.), EUV/EGV, Bd. 2, Art. 86 EGV, Rn. 4; JUNG, in: CALLIESS/RUFFERT (Hrsg.), EUV/EGV, Art. 86 EGV, Rn. 3; STEINBERGER, S. 7.

294 IPSEN/NICOLAYSEN in NJW 1964, S. 2336 (2337 f.).

295 EMMERICH, in: DAUSES (Hrsg.), Hdb.-EU-Wirtschaftsrecht, Bd. 2, H. II., Rn. 96.

296 EuGH „INNO vs. ATAB", Rs. 13/77, Slg. 1977, S. 2115 (2145 – Rn. 28/29, 30/35); JUNG, in: CALLIESS/RUFFERT (Hrsg.), EUV/EGV, Art. 86 EGV, Rn. 3.

vertragswidrigen Verhaltensweisen zu unterlassen[297]. Der EuGH hat ausdrücklich bestätigt, dass Art. 10 II EGV den Mitgliedsstaaten die gleichen Pflichten auferlegt wie Art. 86 I EGV. Weitergehend verpflichtet er die Mitgliedsstaaten, auch in Bezug auf solche Unternehmen nicht in vertragswidriger Form tätig zu werden, die weder im Sinne des Art. 86 I EGV öffentlich noch mit besonderen oder ausschließlichen Rechten ausgestattet sind[298].

Nach heute überwiegender Ansicht wiederholt Art. 86 I EGV somit einen Teilbereich der Regelungen, die schon Art. 10 II EGV vorsieht und geht letzterem als lex specialis vor [299]. Die eigenständige Funktion des Art. 86 I EGV wird vor diesem Hintergrund in der Klarstellung der Pflichten der Mitgliedsstaaten gegenüber den öffentlichen und privilegierten Unternehmen[300] und in der Bereitstellung der besonderen Kommissionsbefugnisse aus Art. 86 III EGV zur Durchsetzung dieser Verpflichtungen gesehen[301]. Das Zusammenwirken der Abs. I und III macht Art. 86 EGV zu einem besonders effektiven Werkzeug zur Durchsetzung der Wettbewerbsregeln[302]. Die Bedeutung des Art. 86 EGV ist größer als diese vergleichsweise marginal wirkenden spezifischen Funktionen es erwarten lassen. Die Vorschrift *„schlägt eine tiefe Bresche in den öffentlichen Sektor“*[303].

Die Funktion des Art. 86 I EGV als zentrales Instrument zur Herstellung und Gewährleistung der Konformität staatlichen Wirtschaftshandelns mit dem zentralen gemeinschaftlichen Anliegen des Aufbaus eines auf freiem Wettbewerb aufbauenden Gemeinsamen Marktes zieht systematische Besonderheiten nach sich. Der Standort der Vorschrift deutet in zweierlei Hinsicht auf Beschränkungen hin. Art. 86 EGV firmiert als unternehmensbezogene Regelung und ist außerdem Teil des Wettbewerbskapitels des EGV. Tatsächlich aber sagen diese

---

297 EMMERICH, in: DAUSES (Hrsg.), Hdb.-EU-Wirtschaftsrecht, Bd. 2, H. II., Rn. 94. Diesem weiten Begriff der „effet-utile“-Doktrin steht ein Verständnis gegenüber, das den „effet-utile“ nur als Auslegungsmaxime versteht, nach der der EuGH bei der Interpretation des Gemeinschaftsrechts immer die Möglichkeit zu wählen hat, die der Vertragsverwirklichung am förderlichsten ist, siehe etwa FISCHER, S. 157 f./Rn. 9; KOENIG/HARATSCH, Rn. 75.

298 EuGH „INNO vs. ATAB“, Rs. 13/77, Slg. 1977, S. 2115 (2145 f./Rn. 30/35); HAGENDORF, S. 44; HEINEMANN, S. 147 f.

299 HAGENDORF, S. 44; SÖLLNER, S. 121; STEINBERGER, S. 7.

300 EHLERMANN in ECLR 1993, S. 61 (65); HEINEMANN, S. 147.

301 EMMERICH, in: DAUSES (Hrsg.), Hdb.-EU-Wirtschaftsrecht, Bd. 2, H. II., Rn. 94.

302 BACH, S. 32; JUNG, in: CALLIESS/RUFFERT (Hrsg.), EUV/EGV, Art. 86 EGV, Rn. 4.

303 KÄMMERER in EuR 2001, S. 27 (31).

systematischen Beobachtungen gerade nichts über das Regelungsprogramm des Art. 86 EGV aus. Da Art. 86 I EGV in erster Linie vertragswidriges Verhalten der Mitgliedsstaaten verhindern soll, handelt es sich folgerichtig um eine staatsbezogene Vorschrift[304]. Die Vorschrift ist außerdem durch eine Verweisungstechnik geprägt, mittels derer die Mitgliedsstaaten in ihrem Verhältnis zu den genannten Unternehmen nicht nur an die Wettbewerbsregeln der Art. 81, 82 EGV, sondern an den gesamten Vertrag gebunden werden[305].

Für die Beurteilung staatlich gewährter Monopolrechte ergeben sich somit zwei Ansatzpunkte: Zum einen kann die Gewährung dieser Rechte, die ja eine staatliche Handlung darstellt, an den unmittelbar geltenden, staatsbezogenen Vorschriften über die Grundfreiheiten, allen voran der Dienstleistungsfreiheit gemäß Art. 49 ff. EGV gemessen werden[306]. Zum anderen muss die staatliche Gewährung der Monopolrechte über die Verweisungsnorm des Art. 86 I EGV auch mit den eigentlich an die Unternehmen gerichteten Wettbewerbsregeln der Art. 81, 82 EGV vereinbar sein[307].

bb) Vereinbarkeit von Dienstleistungsmonopolen mit den Grundfreiheiten, insbesondere der Dienstleistungsfreiheit

Die Dienstleistungsfreiheit wird heute nach dem Vorbild der Warenverkehrsfreiheit im Sinne der „Dassonville-Formel" vorwiegend nicht mehr nur als Diskriminierungs-, sondern als allgemeines Beschränkungsverbot verstanden[308]. Infolge dieser weiten Auslegung der Dienstleistungsfreiheit sind auch Beschränkungen verboten, die zwar für In- und Ausländer gleichermaßen gelten, die aber die Erbringung der Dienstleistung durch einen in einem anderen Mitgliedsstaat ansässigen Anbieter behindern oder gar unterbinden[309].

Ein Dienstleistungsmonopol in Gestalt eines Versicherungsmonopols zugunsten einer staatlichen Einrichtung stellt jedenfalls eine Einschränkung dieser weit ausgelegten Dienstleistungsfreiheit dar. Auf die Ausstattung der Versicherung

---

304 MESTMÄCKER, in: COING/KRONSTEIN/MESTMÄCKER (Hrsg.), Wirtschaftsordnung und Rechtsordnung, Festschrift für Böhm, S. 345 (385); HEINEMANN, S. 59.

305 HOCHBAUM/KLOTZ, in: VON DER GROEBEN/SCHWARZE (Hrsg.), EUV/EGV, Bd. 2, Art. 86 EGV, Rn. 7, 46.

306 Dafür: MESTMÄCKER, in: IMMENGA/MESTMÄCKER, EG-Wettbewerbsrecht, XII. Abschnitt, B. (Art. 90 im System des EGV), Rn. 26.

307 HEINEMANN, S. 87 f.

308 KOENIG/HARATSCH, Rn. 675; WEIß in EuZW 1999, S. 493 (496).

309 EuGH „Säger vs. Dennemeyer", Rs. C-76/90, Slg. 1991, I-S. 4221 (4243/Rn. 12).

mit einem Bannrecht kommt es dabei nicht an. Selbst wenn nämlich Versicherungsschutz bei im Ausland ansässigen Firmen bezogen werden dürfte, würde das Verbot des Anbietens im Monopolgebiet selbst die Erbringung der Dienstleistung erschweren.

(1) Einschränkbarkeit der Dienstleistungsfreiheit

Für die Frage nach der generellen Vereinbarkeit von Dienstleistungsmonopolen mit dem Gemeinschaftsrecht ist jedoch entscheidend, dass sowohl diskriminierende als auch nicht-diskriminierende Beschränkungen der Dienstleistungsfreiheit ausnahmsweise zulässig sind.

Diskriminierende Beschränkungen sind gemäß Art. 55 EGV in Verbindung mit Art. 46 EGV aus Gründen der öffentlichen Ordnung, Sicherheit oder Gesundheit zulässig. Nicht-diskriminierende Beschränkungen sind in Anlehnung an die „Cassis"-Rechtsprechung des EuGH[310] zur Warenverkehrsfreiheit aus zwingenden Gründen des Allgemeininteresses zulässig[311].

Obwohl rein wirtschaftliche Gründe keine Rechtfertigung aufgrund zwingenden Allgemeininteresses begründen können[312], wurde vom EuGH gerade das Bemühen um das finanzielle Gleichgewicht eines Systems sozialer Sicherheit als zwingender Grund des Allgemeininteresses ausdrücklich anerkannt[313].

Hinzu kommt, dass in der Rechtsprechung des EuGH eine Tendenz zur Einebnung der Unterscheidung von diskriminierenden und nicht-diskriminierenden Beschränkungen der Grundfreiheiten zu erkennen ist[314]. Die finanzielle Stabilität sozialer Sicherungssysteme kommt somit generell als Rechtfertigungsgrund für Einschränkungen der Dienstleistungsfreiheit in Betracht.

(2) Einschränkung durch Monopole

Der EuGH zeigt schließlich, dass als rechtfertigungsfähige Beschränkungen der Dienstleistungsfreiheit auch Monopolrechte in Frage kommen, indem er prüft, ob ein Dienstleistungsmonopol gemäß Art. 55 EGV in Verbindung mit Art. 46

---

310 EuGH „Cassis de Dijon", Rs. 120/78, Slg. 1979, S. 649 (649).

311 EuGH „Kommission vs. Deutschland", Rs. 205/84, Slg. 1986, S. 3755 (3803/Rn. 27); EuGH „Säger vs. Dennemeyer", Rs. C-76/90, Slg. 1991, I-S. 4221 (4243/Rn. 12).

312 EuGH „Ciola vs. Vorarlberg", Rs. C-224/97, Slg. 1999, I-S. 2517 (2536/Rn. 16).

313 EuGH „Kohll", Rs. C-158/96, Slg. 1998, I-S. 1931 (1948/Rn. 41).

314 KOENIG/HARATSCH, Rn. 680; WEIß in EuZW 1999, S. 493 (496 ff.).

EGV oder aus nichtwirtschaftlichen Gründen des Allgemeininteresses gerechtfertigt werden könnte[315]. Der Gerichtshof vermag zwar in der zitierten Entscheidung keinen hinreichenden Rechtfertigungsgrund zu erkennen. Die Erörterungen verdeutlichen aber, dass Dienstleistungsmonopole prinzipiell durchaus rechtfertigungsfähig sind.

Diese Behandlung der Dienstleistungsmonopole entspricht am ehesten der Auffassung des „limited competiton approach" (staatliche Monopole sind grundsätzlich verboten, ausnahmsweise erlaubt)[316], da die Monopole als Beschränkungen der Dienstleistungsfreiheit unter Rechtfertigungszwang stehen.

Anhaltspunkte für den „absolute competition approach" (staatliche Monopole sind immer verboten)[317] sind dagegen nicht ersichtlich.

Gemessen am Maßstab der Grundfreiheiten, insbesondere der vorrangig einschlägigen Dienstleistungsfreiheit, sind Dienstleistungsmonopole also unter bestimmten Voraussetzungen durchaus mit dem EGV vereinbar. Die Einrichtung oder Beibehaltung von Dienstleistungsmonopolen bedarf jedoch besonderer Gründe.

cc) Vereinbarkeit von Dienstleistungsmonopolen mit dem europäischen Wettbewerbsrecht

Neben der Überprüfung der Dienstleistungsmonopole am Maßstab der Grundfreiheiten eröffnet Art. 86 I EGV die Möglichkeit, staatlich verliehene Monopolrechte auch an den eigentlich unternehmensbezogenen Wettbewerbsregeln der Art. 81, 82 EGV zu messen[318]. Die herausragende Rolle bei der Überprüfung von Monopolrechten spielt Art. 82 I EGV, da der Begriff Monopol eine marktbeherrschende Stellung zu implizieren scheint[319].

Allerdings entspricht es der ständigen Rechtsprechung des EuGH, dass eine marktbeherrschende Stellung eine tatsächliche ökonomische Machtstellung voraussetzt. Es kommt also nicht auf abstrakte gesetzliche Regelungen an. Die Ge-

---

315 EuGH „ERT", Rs. C-260/98, Slg. 1991, I-S. 2925 (2957 ff./Rn. 12, 20, 24 ff.).

316 Siehe dazu oben, Zweiter Teil, I., 2., c), aa).

317 Siehe dazu oben, Zweiter Teil, I., 2., c), aa).

318 Siehe dazu oben, Zweiter Teil, I., 2., c), aa), (2), (c).

319 MESTMÄCKER, in: IMMENGA/MESTMÄCKER, EG-Wettbewerbsrecht, XII. Abschnitt., C. (Art. 90 Abs. 1), Rn. 26.

währung ausschließlicher Rechte begründet deshalb nicht automatisch eine marktbeherrschende Stellung[320].

Eine marktbeherrschende Stellung ist nach ständiger Rechtsprechung des EuGH jedoch zu bejahen, wenn das Monopol in Gestalt eines ausschließlichen Rechts gemäß Art. 86 I EGV dem Unternehmen für einen wesentlichen Teil des Gemeinsamen Marktes im Sinne des Art. 82 EGV übertragen wird, was in der Regel der Fall ist[321].

(1) Rechtsprechung des EuGH – „absolute competition" oder „limited sovereignty approach"

Da Dienstleistungsmonopole aufgrund der ihnen gewährten ausschließlichen Rechte regelmäßig marktbeherrschende Stellungen im Sinne des Art. 82 EGV innehaben, stellt sich die Frage, ob dem Art. 82 EGV eine grundsätzliche Billigung von marktbeherrschenden Stellungen und damit auch von Monopolen entnommen werden kann.

Dafür spricht, dass nach dem Wortlaut des Art. 82 EGV nicht die marktbeherrschende Stellung an sich, sondern nur der Missbrauch derselben untersagt ist. Beginnend bei der Entscheidung „Sacchi"[322], in der das Bestehen und die Ausdehnung eines Monopols als mit dem EGV vereinbar beurteilt wurden, hat der EuGH diese Lesart des Art. 82 EGV in ständiger Rechtsprechung bestätigt[323].

---

320 EuGH „CBEM vs. CLT u. IPB (Telemarketing)", Rs. 311/84, Slg. 1985, S. 3261 (3274/Rn. 14); MESTMÄCKER, in: IMMENGA/MESTMÄCKER, EG-Wettbewerbsrecht, XII. Abschnitt, C. (Art. 90 Abs. 1), Rn. 26.

321 EuGH „Porto di Genova", Rs. C-179/90, Slg. 1991, I-S. 5889, Slg. 1991, I-S. 5889 (5928/Rn. 14); EuGH „Corbeau", Rs. C-320/91, Slg. 1993, I-S. 2533 (2567/Rn. 9); MESTMÄCKER, in: EVERLING/NARJES/SEDEMUND (Hrsg.), Europarecht, Kartellrecht, Wirtschaftsrecht, Festschrift für Arved Deringer, S. 79 (89).

322 EuGH „Sacchi", Rs. 155/73, Slg. 1974, S. 409 (430/Rn. 14).

323 EuGH „Sacchi", Rs. 155/73, Slg. 1974, S. 409 (430/Rn. 14); EuGH „Höfner/Elser vs. Macrotron", Rs. C-41/90, Slg. 1991, I-S. 1979 (2018/Rn. 29); EuGH „Porto di Genova", Rs. C-179/90, Slg. 1991, I-S. 5889, (5928/Rn. 16); EuGH „Corbeau", Rs. C-320/91, Slg. 1993, I-S. 2533(2567/Rn. 11); EuGH „Centre d´insemination de la Crespelle", Rs. C-323/93, Slg. 1994, I-S. 5077 (5104/Rn. 18); EuGH „Ambulanz Glöckner vs. Südwestpfalz", Rs. C-147 und 148/97, in: EuZW 2002, S. 25 (27/Rn. 39); EuGH „TNT vs. Poste Italiane", Rs. C-340/99, in: EuZW 2001, S. 408 (411/Rn. 44); DOHMS, Rn. 134, bezeichnet diese wiederkehrende Feststellung des EuGH als eine der grundlegenden „Formeln" der EuGH-Rechtsprechung zu der Problematik der Rechtmäßigkeit von Monopolen; FESENMAIR, S. 106 f.; FIKENTSCHER, S. 261 (276): EGV verbietet nicht „bigness as such"; HEINEMANN, S. 160 f.; MÖSCHEL, in: FIW (Hrsg.): Weiterentwicklung der Europäischen Gemeinschaft und der Marktwirtschaft, Schriftenreihe Heft 148, S. 89 (97).

Hinzu kommt, dass der Wortlaut des Art. 86 I EGV die bloße Gewährung ausschließlicher Rechte zu billigen scheint, sie also ebensowenig untersagt wie Art. 82 EGV die schlichte Existenz einer marktbeherrschenden Stellung[324].

Nach einem wortlautgestützten Verständnis der Art. 82, 86 I EGV sind Monopole also grundsätzlich erlaubt und nur ausnahmsweise, nämlich bei Nachweis eines tatsächlichen Missbrauchs, verboten[325]. Diese Einschätzung entspricht dem „limited sovereignty approach“[326].

Trotz der ständigen Rechtsprechung des EuGH ist jedoch umstritten, ob die grundsätzliche Billigung von Monopolstrukturen auch heute noch gilt oder nicht vielmehr von einem Monopolverbot abgelöst wurde[327].

Die Annahme eines ausnahmslosen Monopolverbots im Sinne des „absolute competiton approach“ orientiert sich dabei teilweise an US-amerikanischem Recht in Gestalt von Section 2 des Sherman Acts, da der Wortlaut[328] dieser bereits im 19. Jahrhundert entstandenen Vorschrift als allgemeines Monopolisierungsverbot verstanden wird, das auf die generelle und ausnahmslose Verhinderung monopolistischer Strukturen abzielt[329] [330].

---

324 BACH, S. 62; MÖSCHEL, in: EVERLING/NARJES/SEDEMUND (Hrsg.), Festschrift für Deringer, S. 328 (337).

325 SCHWEITZER/HUMMER, Rn. 1289.

326 Siehe dazu oben, Zweiter Teil, I., 2., c), aa).

327 Angesichts der stetigen Wiederholung des zitierten Grundsatzes ist allerdings zu bedenken, dass eine Annäherung des EuGH an den „absolute competition approach“ nur möglich wäre, wenn sich der Gerichtshof in Widerspruch zu seiner eigenen Rechtsprechung begäbe. Sein Festhalten an einem Verständnis des Art. 82 EGV als Missbrauchsverbot wäre mit anderen Worten nichts weiter als ein bloßes Lippenbekenntnis, dem eine tatsächliche, entgegengesetzte Rechtsprechung gegenüberstünde.

328 Wortlaut der Section 2 Sherman Act: „§ 2. Every person who shall monopolize, or attempt to monopolize, or combine or conspire with any other person or persons, to monopolize any part of the trade or commerce among the several States, or with foreign nations, shall be deemed guilty of a felony, and, on conviction thereof, shall be punished by fine not exceeding $ 10,000,000 if an corporation, or, if any other person, $ 350,000, or by imprisonment not exceeding three years, or by both said punishments, in the discretion of the court.“, aus: WALDHERR, Rn. 382.

329 HEINEMANN, S. 163.

330 Diese Auslegung übersieht jedoch, dass auch Section 2 des Sherman Act nicht abstrakt gegen Monopolstrukturen an sich gerichtet ist, sondern ebenfalls den Missbrauch im Visier hat. Die Vorschrift richtet sich allerdings bereits gegen den Aufbau einer Monopolstellung, sofern dieser Aufbau mit Hilfe missbräuchlicher Mittel erfolgt, siehe dazu MESTMÄCKER, S. 36; MARKERT, S. 661 (662); TRÄNKLE, S. 7 f.; WALDHERR, Rn. 74; WISE, S. 22.

(a) *Ausschließliche und besondere Rechte nicht ausnahmslos vertragskonform – EuGH „Frankreich vs. Kommission (Telekommunikationsendgeräte-Richtlinie)[331]“*

Ein wichtiger Schritt in der Rechtsprechung des EuGH ist die in der Entscheidung „Frankreich vs. Kommission (Telekommunikationsendgeräte-Richtlinie)“ formulierte Auffassung, dass zwar die Existenz besonderer und ausschließlicher Rechte durch Art. 86 I EGV anerkannt werde, dies jedoch nicht die grundsätzliche Gemeinschaftsrechtsvereinbarkeit ausnahmslos aller besonderen und ausschließlichen Rechte bedeute[332].

Ordnet man diese Aussage in das Raster der möglichen Einstufungen staatlicher Monopole ein, dann entspricht sie am ehesten dem „limited sovereignty approach“, demzufolge staatliche Monopole grundsätzlich erlaubt und nur ausnahmsweise verboten sind. Mit dem „absolute competition approach“ ist diese Rechtsprechung jedenfalls nicht zu vereinbaren[333].

(b) *„Automatischer Missbrauch“ durch „versagendes Monopol“ – EuGH „Höfner/Elser vs. Macrotron“*

Die Entscheidung des EuGH „Höfner/Elser vs. Macrotron“ wird als Einführung einer neuen Fallgruppe angesehen, die als Konstellationen sogenannten „automatischen Missbrauchs“ bezeichnet wird.

Im konkreten Fall sah das Gericht einen automatischen Missbrauch durch ein „versagendes Monopol“ in Gestalt der Deutschen Bundesanstalt für Arbeit (BfA) als gegeben an[334].

Der EuGH begründet sein Urteil damit, dass der Bundesanstalt für Arbeit das umfassende ausschließliche Recht zur Vermittlung von Arbeitskräften zustand, obwohl sie die entsprechenden Leistungen in bestimmten Teilbereichen mangels ausreichender Ressourcen überhaupt nicht zu erbringen in der Lage war[335].

---

331 EuGH „Frankreich vs. Kommission (Telekommunikationsendgeräte-Richtlinie)“, Rs. C-202/88, Slg. 1991, I-S. 1223 ff.

332 EuGH „Frankreich gegen Kommission (Telekommunikationsendgeräte-Richtlinie)“, Rs. C-202/88, Slg. 1991, I-S. 1223 (1265/Rn. 22); nach DOHMS, Rn. 135, handelt es sich dabei um eine weitere grundlegende „Formel“ der einschlägigen EuGH-Rechtsprechung.

333 DOHMS, Rn. 135.

334 DOHMS, Rn. 137; HEINEMANN, S. 161; VAN DER WOUDE in EL Rev. 1992, Competition Law Checklist 1991, S. 60 (74).

335 Strittig war die Fähigkeit der BfA zur Vermittlung von Führungskräften.

Die entscheidende Neuerung, die der EuGH bezüglich seiner Rechtsprechung zu Monopolen in der Entscheidung „Höfner/Elser vs. Macrotron" zum Ausdruck bringt, ist die Erkenntnis, dass ein Mitgliedsstaat bereits gegen die Art. 86 I, 82 EGV verstoßen kann, indem er durch die Gewährung ausschließlicher Rechte eine marktbeherrschende Stellung schafft. Das ist der Fall, wenn schon in der bloßen Ausübung des übertragenen Rechts durch das privilegierte Unternehmen ein Missbrauch zu sehen ist[336].

Das Gericht erkennt damit an, dass jedenfalls in bestimmten Fällen schon die bis dato sakrosankte, allein in das Belieben der Mitgliedsstaaten gestellte Gewährung ausschließlicher Rechte gegen das europäische Wettbewerbsrecht verstoßen kann[337].

(c) *Missbrauch bereits bei möglicher Schaffung einer missbrauchsgeeigneten Situation – EuGH „ERT"*[338]

Die Entscheidung des EuGH „ERT" wird insofern als Fortentwicklung der „Höfner"-Rechtsprechung zum staatlich induzierten zwangsläufigen Missbrauch einer marktbeherrschenden Stellung eingestuft[339], als in der Gewährung ausschließlicher Rechte schon dann ein Verstoß gegen Art. 86 I, 82 EGV zu sehen sein soll, wenn *„durch diese Rechte eine Lage geschaffen werden könnte, in der das Unternehmen ... gegen Art. 86 EWG-Vertrag verstößt"*[340]. Es ist demnach nicht einmal mehr erforderlich, dass die Gewährung ausschließlicher Rechte zu einer Situation führt, in der ein Missbrauch durch das privilegierte Unternehmen zwangsläufig ist.

In welchem Ausmaß dieses Urteil die Hürden für einen staatlichen Verstoß gegen Art. 82 EGV durch die bloße Gewährung ausschließlicher Rechte senkt, scheint unterschiedlich beurteilt zu werden.

---

336 EuGH „Höfner/Elser vs. Macrotron", Rs. C-41/90, Slg. 1991, I-S. 1979 (2018/Rn. 29).

337 BASEDOW in EuZW 1994, S. 359 (360), empfindet die Rechtsprechung des EuGH als Verbindung von Begründung und Aufrechterhaltung monopolistischer Strukturen und der Frage des Missbrauchs derselben zu einem „fast unauflösbaren Konglomerat"; EHRICKE, S. 158.

338 EuGH „ERT", Rs. C-260/98, Slg. 1991, I-S. 2951 ff.

339 DOHMS, Rn. 170, spricht gar von „Höfner-Doktrin".

340 EuGH „ERT", Rs. C-260/98, Slg. 1991, I-S. 2951 (2962/Rn. 37).

Dem Wortlaut der Entscheidung kann folgendes eindeutig entnommen werden[341]: Es reicht aus, wenn möglicherweise eine Situation geschaffen wird, in der ein Missbrauch durch das marktbeherrschende Unternehmen geschieht. Somit muss also nicht tatsächlich eine missbrauchsfähige Situation entstehen. Ausreichend ist die Möglichkeit der Entstehung einer solchen Situation. Insofern ist die Formulierung, es sei nach der „ERT"-Entscheidung ausreichend, wenn durch die staatliche Regelung die Möglichkeit eines Verstoßes geschaffen würde[342], zumindest unscharf, denn nicht einmal die Schaffung der Missbrauchsmöglichkeit muss gewiss sein.

In einem zweiten Schritt stellt sich die Frage, welcher Art die möglicherweise eintretende Situation sein muss. Denkbar wäre es, die Möglichkeit einer Situation zu fordern, in der, angelehnt an „Höfner/Elser vs. Macrotron", ein Missbrauch zwangsläufig wäre. Denkbar wäre aber auch, auf die Frage nach der Qualität der Situation im Sinne einer „Möglichkeitstheorie" zu antworten: Ausreichend wäre danach die mögliche Schaffung einer Situation, in der es möglicherweise zu einem Missbrauch kommt. Ein Missbrauch erfolgt also nicht zwangsläufig, sondern hängt noch von der autonomen Entscheidung des mit ausschließlichen Rechten ausgestatteten Unternehmens ab.

Für die letztere Interpretation sprechen die unterschiedlichen Sachverhaltskonstellationen in „Höfner/Elser vs. Macrotron" und „ERT". Besonderheit des in „Höfner/Elser vs. Macrotron" angenommenen „automatischen Missbrauchs" ist, dass die BfA einen Missbrauch begehen musste, zugespitzt formuliert unabhängig davon, ob sie dies wollte oder nicht, weil sie nämlich „offenkundig" nicht in der Lage war, die ihr übertragenen Aufgaben zu erfüllen[343].

In der Entscheidung „ERT" ging es darum, dass dem nationalen griechischen Fernsehen, welches selbst über eine Produktionsfirma für Fernsehsendungen verfügt, das ausschließliche Recht zur Ausstrahlung von Sendungen ebenso ge-

---

341 EuGH „ERT", Rs. C-260/98, Slg. 1991, I-S. 2951 (2962/Rn. 37).

342 DOHMS, Rn. 144.

343 EuGH „Höfner/Elser vs. Macrotron", Rs. C-41/90, Slg. 1991, I-S. 1979 (2018/Rn. 31); interessant wäre die Auswirkung einer staatlichen Zusage gewesen, die BfA zukünftig mit ausreichenden Mitteln zu versorgen, um alle aufgetragenen Aufgaben zu erfüllen; ein Missbrauch wäre nach meinem Dafürhalten dann nicht mehr zwangsläufig, sondern von der Fähigkeit der BfA abhängig gewesen, die ihr zugewiesenen Mittel vernünftig zu nutzen.

währt wurde wie das Recht zum Empfang und zur Ausstrahlung von Programmen aus anderen Mitgliedsstaaten[344].

Dieses „Doppelmonopol“ begründet nach Ansicht des EuGH in wettbewerbsrechtlicher Hinsicht die Gefahr des Missbrauchs der eingeräumten marktbeherrschenden Stellung in Gestalt diskriminierender Bevorzugung eigener Programme durch das griechische Fernsehmonopol[345].

Die Kommission wertet diese Kumulation ausschließlicher Rechte zur Wahrnehmung gegenläufiger Interessen ebenfalls als Situation, die „zwangsläufig“ zu Missbrauch führt[346]. Das Urteil des EuGH formuliert dagegen, dass die strittige Konstellation solchen Missbrauch ermöglicht, er im Umkehrschluss aber nicht unausweichlich ist[347].

Im Unterschied zur „Höfner“-Doktrin eines automatischen Missbrauchs beleuchtet die Entscheidung „ERT“ also einen Fall, in dem ein Missbrauch möglich und auch sehr wahrscheinlich ist, weil der Missbrauch in Form einer Diskriminierung im wirtschaftlichen Interesse des Marktbeherrschers liegt. Die Differenzierung von zwangsläufigem und bloß wahrscheinlichem Missbrauch mag deshalb angesichts der Realität wirtschaftlichen Handelns naiv erscheinen[348]. Trotzdem macht es sehr wohl einen Unterschied, ob der Marktbeherrscher einen Missbrauch nicht vermeiden kann oder sich erst freiwillig für den Missbrauch seiner Position entscheiden muss[349].

Festzuhalten bleibt somit, dass der EuGH die Hürden für einen staatlichen Verstoß gegen Art. 86 I, 82 EGV in zweifacher Weise herunterschraubt: Es reicht aus, wenn durch die Gewährung besonderer oder ausschließlicher Rechte möglicherweise eine Situation geschaffen wird, in der es möglicherweise zu einem Missbrauch dieser Rechte durch das privilegierte Unternehmen kommt.

---

344 EuGH „ERT“, Rs. C-260/98, Slg. 1991, I-S. 2951 (2960 f./Rn. 22); DEGENHART in JZ 1992, S. 685 (685).

345 EuGH „ERT“, Rs. C-260/98, Slg. 1991, I-S. 2951 (2962 f./Rn. 37, 38); DEGENHART in JZ 1992, S. 685 (686).

346 Stellungnahme der Kommission, in EuGH „ERT“, Rs. C-260/98, Slg. 1991, I-S. 2951 (2936/Rn. 21).

347 EuGH „ERT“, Rs. C-260/98 Slg. 1991, I-S. 2951 (2959 f./Rn. 22).

348 BASEDOW in EuZW 1994, S. 359 (360) spricht davon, dass „ein solcher Verstoß ermöglicht wird und – so wird man hinzufügen müssen – (ein solcher Verstoß) nach der ökonomischen Rationalität der Handelnden wahrscheinlich ist.“

349 Zur Unterscheidung dieser Fallgruppen auch: BASEDOW in EuZW 1994, S. 359 (360).

(d) Stellungnahme

Die Rechtsprechung des EuGH in der Entscheidung „ERT" wird als Indiz für die Entwicklung gedeutet, Art. 82 EGV zu einem allgemeinen Monopolisierungsverbot auszubauen[350].

Begründet wird diese Einschätzung damit, dass Monopole von Natur aus über einen großen Spielraum für ihr wirtschaftliches Handeln verfügen und deshalb die bloße Möglichkeit eines Missbrauchs immer zu bejahen sei[351]. Die „ERT"-Rechtsprechung des EuGH stelle deshalb jedenfalls bei weiter Auslegung eine Annäherung an den „absolute competition approach" dar, also an ein grundsätzliches und ausnahmsloses Monopolverbot[352].

Gegen diese Einschätzung der „ERT"-Rechtsprechung wird eingewandt, dass der EuGH in seiner Rechtsprechung, auch in „ERT" selbst[353], immer wieder betont, dass die Schaffung und Existenz marktbeherrschender Stellungen an sich gerade keinen Verstoß gegen Art. 82 EGV darstellt und die angesprochene weite Auslegung deshalb nicht vorgenommen werden darf[354].

Der Hinweis auf die wiederholte Bestätigung des EuGH, dass es sich bei Art. 82 EGV lediglich um eine Missbrauchskontrolle handele, kann jedoch nicht ausreichen, um eine Hinwendung des EuGH zum „absolute competition approach" zu verneinen. Denkbar wäre auch, dass der EuGH diese Einordnung des Art. 82 EGV nur noch gleichsam phrasenhaft wiederholt, sich von der Aussage inhaltlich jedoch bereits gelöst hat.

Es findet sich allerdings ein weiteres, sachlich überzeugenderes Argument für die Annahme, dass der EuGH letztlich doch nicht die rein abstrakt stets vorliegende Missbrauchsgefahr monopolistischer Strukturen für die Bejahung eines Missbrauchs ausreichen lässt. Sämtliche entschiedenen Fälle stimmen nämlich darin überein, dass es gerade nicht um die wettbewerbstheoretisch abstrakte Missbrauchsgeneigtheit von Monopolen geht, sondern dass jeweils konkrete

---

350 HEINEMANN, S. 162 f.

351 HEINEMANN, S. 162.

352 DOHMS, Rn. 145; EDWARD/HOSKINS in Common Market Law Review (CML Rev.) 1995, S. 157 (162 ff.).

353 EuGH „ERT", Rs. C-260/98, Slg. 1991, I-S. 2951 (2962/Rn. 32).

354 DOHMS, Rn. 146.

Umstände und Anhaltspunkte vorliegen, die eine erhöhte Missbrauchswahrscheinlichkeit gerade des untersuchten Marktbeherrschers begründen[355].

In der Sache „Höfner/Elser vs. Macrotron" war der Missbrauch angesichts der Unfähigkeit der BfA zur ausreichenden Aufgabenerfüllung vorgezeichnet[356].

In „ERT" erhöhte die Kumulierung bestimmter ausschließlicher Rechte die Gefahr des Missbrauchs[357].

In der Entscheidung „Porto di Genova" schließlich hatte das in Rede stehende Unternehmen den Nutzern des Hafens unerwünschte Leistungen aufgezwungen, allem Anschein nach überhöhte Preise für erbrachte Tätigkeiten berechnet, sich geweigert, zur Kostensenkung moderne Technik einzusetzen und für gleichwertige Leistungen gegenüber den Kunden unterschiedliche Bedingungen angewandt[358].

Die zitierte Rechtsprechung des EuGH läßt sich somit ebenfalls dem „limited sovereignty approach" zurechnen, wonach Monopole grundsätzlich zulässig und nur verboten sind, wenn sie ihre marktbeherrschende Stellung missbrauchen oder eine erhöhte Wahrscheinlichkeit für einen solchen Missbrauch vorliegt.

(2) Rechtsprechung des EuGH – "limited competition approach"

Spätere Entscheidungen des EuGH werden als Hinweis darauf verstanden, dass das Gericht gegen die schlichte Existenz von Monopolen nicht mehr abstrakt und grundsätzlich im Sinne des „absolute competition approach" vorgehen möchte. Allerdings werden diese Entscheidungen auch nicht als Festhalten an der prinzipiellen Zulässigkeit von Monopolen verstanden, sondern als Hinwendung zur Konstruktion eines generellen Rechtfertigungsvorbehalts für Monopole[359].

---

355 DOHMS, Rn. 147; MESTMÄCKER, in: IMMENGA/MESTMÄCKER, EG-Wettbewerbsrecht, Bd. II, XII. Abschnitt, C. (Art. 90 Abs. 1), Rn. 57; der EuGH folgt somit auch nicht der Einschätzung, dass Monopole mit gesetzmäßiger Gewissheit ineffizient und deshalb volkswirtschafts-, beziehungsweise konsumentenschädigend handeln, so aber: FESENMAIR, S. 121; GIESEN, S. 68.

356 Siehe dazu oben, Zweiter Teil, I., 2., c), cc), (1), (b).

357 Siehe dazu oben, Zweiter Teil, I., 2., c), cc), (1), (c).

358 Schlussanträge des GA van Gerven, in: EuGH "Porto di Genova", Rs. C-179/90, Slg. 1991, I-S. 5889 (5914 ff./Rn. 18-20).

359 BASEDOW in EuZW 1994, S. 359 (359); FESENMAIR, S. 142.

In der theoretischen Klassifizierung entspricht diese Konstruktion eines generellen Rechtfertigungsvorbehalts dem „limited competition approach". Das traditionelle Regel-Ausnahme-Verhältnis wird also umgekehrt, so dass Monopole grundsätzlich untersagt sind und ihre Schaffung besonderer Rechtfertigungsgründe bedarf. Begleitet wird diese Umkehrung des Regel-Ausnahme-Verhältnisses von einer Beweislastverschiebung. Mussten nach der traditionellen Auffassung Gründe für die ausnahmsweise Unzulässigkeit eines Monopols vorgebracht werden, so muss nun für jedes Monopol aktiv ein Rechtfertigungsgrund vorgebracht werden[360].

(a) EuGH „RTT vs. GB-INNO-BM" [361]

Als Ausgangspunkt dieser Entwicklung wird die Entscheidung des EuGH „RTT vs. GB-INNO-BM" eingestuft. Die Sachverhaltskonstellation des Falls ähnelte interessanterweise im Wesentlichen derjenigen, die der Entscheidung „ERT" zugrunde lag. Einem Unternehmen, dem das ausschließliche Recht zum Betrieb des belgischen Telephon- und Telegraphennetzes gewährt worden war, sollte zusätzlich das ausschließliche Recht zugewiesen werden, Normen für Fernsprechgeräte festzusetzen und die Einhaltung dieser Normen zu überprüfen.

Diese Kumulierung ausschließlicher Rechte gab Anlass zu Bedenken, weil das besagte Unternehmen im Wettbewerb mit anderen Anbietern auch auf dem Markt für eben diese Fernsprechgeräte tätig war. Die Missbrauchsgefahr durch zielgerichtete Instrumentalisierung dieser Rechte zugunsten der Geräte eigener Produktion war also in ähnlicher Weise evident wie die Missbrauchsgefahr durch die Bevorzugung eigener Sendungen in „ERT".

Trotz dieser Ähnlichkeiten begründet der EuGH seine Entscheidung nicht mit den in "ERT" angestellten Überlegungen, sondern mit dem Hinweis auf die eigene Rechtsprechung in der Sache „CBEM vs. CLT u. IPB (Telemarketing)"[362]. In diesem Fall hatte der Gerichtshof geurteilt, dass der Missbrauch einer marktbeherrschenden Stellung gemäß Art. 82 EGV darin liegen kann, dass ein marktbeherrschendes Unternehmen sich oder einem zur selben Gruppe gehörenden Unternehmen eine Hilfstätigkeit vorbehält, die einem Markt zugeordnet

---

[360] DOHMS, Rn. 158.

[361] EuGH „RTT vs. GB-INNO-BM", Rs. C-18/88, Slg. 1991, I-S. 5941 ff.

[362] EuGH „CBEM vs. CLT u. IPB (Telemarketing)", Rs. 311/84, Slg. 1985, S. 3261 ff.; DOHMS, Rn. 152.

wird, der dem bereits beherrschten Markt benachbart, von diesem aber trotzdem abgetrennt ist, und wenn die Hilfstätigkeit auch von einem dritten Unternehmen ausgeübt werden könnte[363].

Eine solche Monopolausdehnung ist nur mit dem Vorliegen eines objektiven Bedürfnisses zu rechtfertigen.

Die in „RTT vs. GB-INNO-BM“ vorgefundene Konstellation wird als eine solche Ausdehnung des Monopols aufgefasst, die allerdings, anders als in „CBEM vs. CLT u. IPB (Telemarketing)“, wegen mangelnder Eigenverantwortlichkeit nicht gemäß Art. 82 EGV unmittelbar dem Unternehmen, sondern nach Maßgabe der Art. 86 I, 82 EGV dem Staat angelastet wird, auf dessen Maßnahme die Ausdehnung zurückzuführen ist[364]. Die Abkehr von den Leitlinien der „ERT“-Entscheidung zugunsten einer Lösung über den Gedanken der Monopolausdehnung bestätigt das Gericht in der Entscheidung „Spanien u.a. gegen Kommission (Telekommunikationsdienste)“[365].

Folgenreich für die abstrakt-generelle Einstufung von Monopolen ist das Abstellen auf die rechtfertigungsbedürftige Ausdehnung derselben aufgrund eines logischen Schlusses, den GA Tesauro in der Entscheidung des EuGH „Corbeau“ darlegt: Die Ausdehnung eines bestehenden Monopols kann ebenso gut als Begründung eines neuen Monopols auf dem benachbarten Markt bezeichnet werden, die wirtschaftliche Wirkung insbesondere für den ausgeschlossenen Wettbewerber ist dieselbe[366]. Ist aber die Ausdehnung eines Monopols mit der Neubegründung eines Monopols gleichzustellen, dann müssen auch in beiden Fällen die gleichen Rechtmäßigkeitsmaßstäbe angelegt werden. Daraus folgt, dass die Begründung einer marktbeherrschenden Stellung durch die Gewährung ausschließlicher Rechte ebenso grundsätzlich rechtfertigungsbedürftig wäre, wie dies nach der Entscheidung „CBEM vs. CLT u. IPB (Telemarketing)“ für die Ausdehnung eines bestehenden Monopols gilt[367]. Letztlich bedeutet diese Rechtsprechung eine Entwicklung hin zur Einführung eines allgemeinen Rechtferti-

---

363 EuGH „CBEM vs. CLT u. IPB (Telemarketing)“, Rs. 311/84, Slg. 1985, S. 3261 (3278/ Rn. 7).

364 EuGH „RTT vs. GB-INNO-BM“, Rs. C-18/88, Slg. 1991, I-S. 5941 (5980/Rn. 19-21).

365 EuGH „Spanien u.a. gegen Kommission (Telekommunikationsdienste)“, verbundene Rs. C-271/90, C-281/90, C-289/90, Slg. 1992, I-S. 5833 (5868/Rn. 36).

366 GA Tesauro, in EuGH „Corbeau“, Rs. C-320/91, Slg. 1993, I-S. 2533 (2555/Rn. 14); GIESEN, S. 73.

367 GA Tesauro, in EuGH „Corbeau“, Rs. C-320/91, Slg. 1993, I-S. 2533 (2555/Rn. 14).

gungsvorbehalts für die Schaffung und Aufrechterhaltung von Monopolrechten[368].

(b) EuGH „Centre d'insemination de la Crespelle"[369] *und „Banchero"*[370]

Beide Entscheidungen illustrieren in deutlicher Weise, dass der EuGH den Weg zu einem generellen Rechtfertigungsvorbehalt im Sinne des „limited competition approach" nicht weitergeht. Er kehrt vielmehr zu dem Grundsatz zurück, dass die bloße Gewährung oder Aufrechterhaltung von ausschließlichen Rechten nur unter besonderen Umständen einen gemäß Art. 86 I EGV staatlich zu verantwortenden Verstoß gegen das Verbot des Missbrauchs einer marktbeherrschenden Stellung bedeutet[371].

(3) Auslegung des EGV

Schließlich stellt sich die Frage, ob die Rechtsprechung des EuGH, die bei aller Wechselhaftigkeit durch die Absage an ein generelles und ausnahmsloses Monopolverbot nach Maßgabe des „absolute competition approach" und dem Festhalten am „limited sovereignty approach" geprägt ist, dem wettbewerbsrechtlichen Konzept des EGV entspricht.

(a) Monopole und marktwirtschaftliches Programm des EGV

Mit dem grundsätzlichen Programm des EGV sind Monopole aus ordnungspolitischer Sicht nicht vereinbar, weil der angestrebte Binnenmarkt im Grundsatz als Marktwirtschaft organisiert sein soll und Monopole in einer nach marktwirtschaftlichen Prinzipien organisierten Wirtschaft ordnungsrechtlich fehl am Platze sind[372]. Dies gilt jedenfalls, soweit es sich um gesetzlich begründete Monopo-

---

368 DOHMS, Rn. 156; EHLERMANN in ECLR 1993, S. 61 (66-68).

369 EuGH „Centre d'insemination de la Crespelle", Rs. C-323/93 vom 5.10.1994, Slg. 1994, I-S. 5077 ff.

370 EuGH „Banchero", Rs. C-387/93, Slg. 1995, I-S. 4663 ff.

371 Beide Entscheidungen zitieren denn auch hervorstechende Beispiele für diesen Grundsatz, siehe dazu EuGH „Centre d'insemination de la Crespelle", Rs. C-323/93, Slg. 1994, I-S. 5077 (5104/Rn. 18), bezugnehmend auf EuGH „Höfner und EuGH „Porto di Genova", Rs. C-179/90, Slg. 1991, I-S. 5889) sowie EuGH „Banchero", Rs. C-387/93, Slg. 1995, I-S. 4663 (4699/Rn. 51), bezugnehmend auf EuGH „Höfner/Elser vs. Macrotron", und EuGH „Centre d'insemination de la Crespelle"); DOHMS, Rn. 167.

372 EMMERICH, in: DAUSES (Hrsg.), Hdb.-EU-Wirtschaftsrecht, Bd. 2, H. II., Rn. 47.

le handelt und nicht um solche, die Ergebnisse besonderer Leistungsfähigkeit sind[373]. Da der EGV jedoch kein orthodoxes marktwirtschaftliches Lehrbuch ist, muss diese theoretische Diagnose nicht dem Regelungsprogramm des an vielen Stellen auf Kompromissen aufbauenden europäischen Primärrechts entsprechen.

(b) Monopole als Besonderheit staatlicher Wirtschaftstätigkeit

Monopolrechte werden in aller Regel öffentlichen Unternehmen gewährt. Die aufgeworfene Frage nach der Zulässigkeit von Monopolen im europäischen Wettbewerbsrecht erfordert deshalb zunächst eine kurze Betrachtung des Stellenwerts öffentlicher Wirtschaftstätigkeit im Gemeinschaftsrecht, der in erster Linie durch Art. 295 EGV bestimmt wird. Aus historischer Sicht illustriert die Vorschrift die Notwendigkeit, unterschiedlichen Vorstellungen der Mitgliedsstaaten über die Organisation von Wirtschaft Rechnung zu tragen. Die Gründung der Europäischen Gemeinschaft führte Staaten zusammen, die vor allem in der Industrie einen sehr unterschiedlichen Grad an Verstaatlichung aufwiesen[374].

Art. 295 EGV leugnet nicht, dass der EGV eine freie Marktwirtschaft als System vorsieht. Gleichzeitig wird der Vorschrift jedoch entnommen, dass die Marktteilnehmer nicht notwendigerweise Private sein müssen. Auch der Staat kann vielmehr auf dem Markt als Anbieter auftreten. Er ist dabei allerdings grundsätzlich genau wie private Mitbewerber den gemeinschaftsrechtlichen Vorgaben unterworfen[375].

Vor allem in Zusammenschau mit Art. 86 I EGV wird dem Art. 295 EGV jedoch von manchen mehr entnommen als die bloße Zulässigkeit staatlichen Wirtschaftshandelns. Aus der Erwähnung von ausschließlichen und besonderen Rechten in Art. 86 I EGV ist nach dieser Lesart eine Rechtmäßigkeitsvermutung zugunsten der Privilegierung staatlicher Unternehmen abzulesen[376].

Art. 295 EGV schreibt jedoch nicht weniger, aber auch nicht mehr als die Zulässigkeit staatlicher Teilnahme am wirtschaftlichen Wettbewerb fest. Ob Unternehmen also in öffentlichem, privatem oder auch in Mischbesitz stehen können,

---

[373] Siehe dazu unten, Zweiter Teil, I., 2., c), cc), (3), (e), (aa).

[374] KINGREEN, in: CALLIESS/RUFFERT (Hrsg.), EUV/EGV, Art. 295 EGV, Rn. 3.

[375] HEINEMANN, S. 192.

[376] So beispielsweise GA Tesauro in EuGH „Frankreich gegen Kommission (Telekommunikationsendgeräte-Richtlinie)“, Rs. C-202/88, Slg. 1991, I-S. 1223 (1248 f./Rn. 29).

das liegt in der Hand der Mitgliedsstaaten[377]. Eine grundsätzliche Billigung besonderer Privilegien für staatliche Wirtschaftsteilnehmer oder gar eine Befreiung derselben von den Vorgaben des europäischen Wettbewerbsrechts ist der Vorschrift dagegen nicht zu entnehmen[378].

(c) Bedeutung des Art. 31 EGV

Ausdrücklich regelt der EGV in Art. 31 EGV nur den Umgang mit staatlichen Handelsmonopolen.

Historisch sah man drei Möglichkeiten des Umgangs mit Handelsmonopolen: die Abschaffung, die Schaffung gemeinschaftlicher Monopole oder die Anpassung der Monopole an das Gemeinschaftsrecht[379]. Art. 31 EGV fordert eine Umformung der staatlichen Handelsmonopole. Es wurde also der Weg der Anpassung der Monopole an das Gemeinschaftsrecht gewählt. Die Vorschrift stellt somit ebenfalls einen Kompromiss zwischen Wirtschaftssystemen dar, die von unterschiedlich starken Sektoren staatlicher Wirtschaftstätigkeit geprägt waren[380].

Ziel der Umformung nach Maßgabe des Art. 31 EGV ist nach vorherrschender Ansicht nicht der umfassende Abbau jeglicher Beschränkungen im Sinne der Dassonville-Formel, sondern nur die Beseitigung diskriminierender Auswirkungen der Monopole[381]. Diese Einschätzung steht allerdings in Wechselwirkung zu der Einstellung, die man dem Art. 31 EGV bezüglich des Umgangs mit Monopolen entnimmt.

Die Annahme einer generellen Pflicht zur Abschaffung von Monopolen[382] setzt voraus, dass mit Art. 31 EGV ein genereller Beschränkungsabbau verfolgt wird. Denn auch nicht-diskriminierende Monopole schränken den Handel ein. Ihre Abschaffung ist deshalb der einzige Weg zu einem vollständigen Beschränkungsabbau. Ein solch weitgehendes Verständnis widerspricht allerdings schon dem Wortlaut des Art. 31 EGV. Wäre statt Umformung die Auflösung der Mo-

---

377 BARTOSCH, in: KOENIG/BARTOSCH/BRAUN (Hrsg.), EC Competition and Telecommunications Law, S. 71 (73).

378 HEINEMANN, S. 195.

379 HEINEMANN, S. 101.

380 Dieser Kompromisscharakter prägt auch Art. 86 I EGV und Art. 295 EGV, siehe dazu oben, Erster Teil, III., 4., IV., 3, sowie Zweiter Teil, I., 2., c), cc), (3), (b).

381 EPINEY, in: CALLIESS/RUFFERT (Hrsg.), EUV/EGV, Art. 31 EGV, Rn. 9.

382 EHRICKE in WuW 1995, S. 691 (701).

nopole beabsichtigt gewesen, hätte dies auch problemlos entsprechend formuliert werden können.

Umformung kann nach überwiegender Ansicht allerdings auch Abschaffung bedeuten, wenn ein milderer Weg zur Beseitigung der Diskriminierung nicht ersichtlich ist[383]. Art. 31 EGV beinhaltet also andererseits auch keine Bestandsgarantie für jedes Monopol[384].

Obwohl Dienstleistungsmonopole nicht in den Anwendungsbereich des an den Begriff der Handelsware anknüpfenden Art. 31 EGV fallen[385], werden aus dem Regelungsgehalt des Art. 31 EGV oftmals Rückschlüsse auf die Beurteilung von Monopolrechten in anderen Bereichen gezogen.

Nach Ansicht des EuGH ist Art. 31 EGV etwa auf die Fälle sogenannter akzessorischer Monopole anwendbar, die durch die enge Verbindung von Waren- und Dienstleistungsmonopolen gekennzeichnet sind[386].

Vor allem wird Art. 31 EGV aber durch Überlegungen systematischer Natur mit Dienstleistungsmonopolen in Verbindung gebracht. Aus der Tatsache, dass Dienstleistungsmonopole nicht Gegenstand des speziellen Art. 31 EGV sind, wurde auf ihre uneingeschränkte gemeinschaftsrechtliche Zulässigkeit geschlossen[387].

Hinzu kommt, dass Art. 86 I EGV die Gewährung von ausschließlichen, also von Monopolrechten vorsah[388]. Aus der Zusammenschau der Art. 31, 86 I und 295 EGV las man deshalb die grundsätzliche Zulässigkeit von Monopolen ab, von der Art. 31 EGV für Handelsmonopole ausnahmsweise abweicht[389].

Dieses systematische Argument kann allerdings auch in sein Gegenteil verkehrt werden. Versteht man Art. 31 EGV als ausnahmsweise Privilegierung nur einer bestimmten Gattung von Monopolen, bliebe es für alle anderen Monopole einschließlich der Dienstleistungsmonopole bei der grundsätzlichen Gemeinschaftsrechtwidrigkeit[390].

---

383 EMMERICH, in: DAUSES (Hrsg.), Hdb.-EU-Wirtschaftsrecht, Bd. 2, H. II., Rn. 23.
384 HEINEMANN, S. 107.
385 KOENIG/HARATSCH, Rn. 589.
386 EMMERICH, in: DAUSES (Hrsg.), Hdb.-EU-Wirtschaftsrecht, Bd. 2, H. II., Rn. 62.
387 BASEDOW/JUNG, S. 179 (216); HEINEMANN, S. 105.
388 EMMERICH, in: DAUSES (Hrsg.), Hdb.-EU-Wirtschaftsrecht, Bd. 2, H. II., Rn. 38.
389 EMMERICH, in: DAUSES (Hrsg.), Hdb.-EU-Wirtschaftsrecht, Bd. 2, H. II., Rn. 56.
390 HEINEMANN, S. 122.

Angesichts dieser Unsicherheiten sollte über die Vereinbarkeit von Dienstleistungsmonopolen mit dem EGV nicht allein aufgrund systematischer Rückschlüsse aus Art. 31 EGV entschieden werden[391].

(d) Bedeutung des Art. 86 II EGV

Der Vertrag räumt Unternehmen, die Dienstleistungen von allgemeinem wirtschaftlichem Interesse erbringen, in Art. 86 II EGV ausdrücklich die Möglichkeit ein, in gewissem Umfang von den wettbewerbsrechtlichen Vorgaben des Vertrags abzuweichen und somit auch als Monopole tätig zu sein[392]. Wenn Art. 86 II EGV die Monopolstellungen auch unter einen Rechtfertigungsvorbehalt stellt, so spricht dies jedenfalls dafür, dass der EGV nicht der Maßgabe des „absolute competition approach" folgt[393]. Von einem ausnahmslosen Monopolverbot kann also nicht die Rede sein.

Möglicherweise spricht die Vorschrift aber für den „limited competition approach". Das europäische Wettbewerbsrecht wäre dann als grundsätzliches Verbot von Dienstleistungsmonopolen zu lesen. Ausnahmen könnten nur für Unternehmen im Sinne des Art. 86 II EGV gemacht werden[394].

Allerdings ist auch eine Auslegung des Art. 86 II EGV möglich, derzufolge die Vorschrift gar nicht die grundsätzliche Zulässigkeit von Monopolen zum Gegenstand hat. Art. 86 II EGV billigt danach die bloße Existenz von Monopolen und räumt ihnen in Ausnahmefällen sogar das zusätzliche Privileg ein, nicht den gleichen Regeln unterworfen zu werden wie nicht-privilegierte Unternehmen[395].

(e) Wettbewerbstheoretische Kontroverse um die Auslegung des Art. 82 EGV

Die Kontroverse um die Auslegung des Art. 82 EGV ist letztlich Ausdruck unterschiedlicher wettbewerbstheoretischer Ansätze[396].

---

391 EMMERICH, in: DAUSES (Hrsg.), Hdb.-EU-Wirtschaftsrecht, Bd. 2, H. II., Rn. 10.

392 MÖSCHEL, in: FIW (Hrsg.): Weiterentwicklung der Europäischen Gemeinschaften und der Marktwirtschaft, Schriftenreihe Heft 148, S. 89 (91).

393 HEINEMANN, S. 163, Fn. 795.

394 Ein solches Vorgehen besäße vor allem den Vorteil großer Klarheit, weil sich die Prüfung auf das Vorliegen der Rechtfertigungsgründe im Einzelfall konzentrieren könnte, so auch DOHMS, Rn. 178, der diese Lösung für die „wirklichkeitsgetreueste" hält.

395 In diesem Sinne beispielsweise VAN DER WOUDE in EL Rev. 1992, Competition Law Checklist 1991, S. 60 (68 ff.).

396 FESENMAIR, S. 110 f.

Versteht man Monopole als strukturelle Probleme, die gesetzmäßig zu Fehlallokationen führen, erklärt dies das Bemühen, Art. 82 EGV als grundsätzliches Monopolverbot zu verstehen: Konsumenten und Volkswirtschaft sollen vor den zwangsläufig eintretenden Nachteilen monopolistischer Strukturen bewahrt werden, wie sie insbesondere in Gestalt mangelnder unternehmerischer Kreativität und Innovationsbereitschaft sowie überhöhter Preise zu erwarten sind[397].

Nimmt man Monopolstrukturen dagegen nicht als volkswirtschaftlich zwangsläufig negatives Phänomen wahr, dann spricht einiges dafür, gegen Monopole nur vorzugehen, wenn sie ihre Macht missbrauchen oder ihre Monopolstellung überhaupt erst durch missbräuchliche Geschäftspraktiken erlangen. Da dieses Verständnis dem Wortlaut der entscheidenden Vorschriften entspricht[398], müssten gewichtige Gründe dafür sprechen, davon abzugehen.

(aa) Monopole als Ergebnis marktwirtschaftlichen Wettbewerbs

Möglicherweise liegt der Grund für ein Abgehen vom „limited sovereignty approach" darin, dass die grundsätzliche Billigung von Monopolstrukturen nur für Monopole gilt, die im freien Wettbewerb entstehen.

Ein solches Monopol wäre nämlich Ergebnis eines Paradoxons. Demzufolge lässt gerade der freie Wettbewerb Monopole überhaupt erst entstehen, indem sich mittels überlegener Wettbewerbsfähigkeit, Innovationsfreude und Nachfrageorientierung ein einziger Wettbewerber durchsetzt[399]. Gebilligt würden demnach nur Monopole, die ihre Wettbewerber konform mit den Regeln der freien Marktwirtschaft verdrängen[400].

(bb) Monopole aufgrund politischer Entscheidung

Hängt die Legitimität der Monopole von ihrer Entstehung im freien Wettbewerb ab, scheidet eine grundsätzliche Billigung von staatlich induzierten Monopolen aus, weil letztere Ausdruck politischer Erwägungen und nicht Ergebnis ökonomischer Auslese sind[401].

---

397 FESENMAIR, S. 110 f.; FRAZER, S. 9.
398 Siehe dazu oben, Zweiter Teil, I., 2., c).
399 FRAZER, S. 9 f.
400 FRAZER, S. 9 f.
401 FESENMAIR, S. 115, 119.

Diese Sichtweise verkennt jedoch, dass die Gemeinschaft zwar gemäß Art. 4 I EGV grundsätzlich der Orientierung an den Ordnungsvorstellungen einer freien Marktwirtschaft verpflichtet ist, die Mitgliedsstaaten aber weiterhin die Kompetenz zur souveränen Gestaltung ihrer Wirtschaftspolitik besitzen[402]. Ausdruck dieses Spannungsverhältnisses ist gerade Art. 86 EGV, der als Kompromissformel den Ausgleich staats- und privatwirtschaftlich geprägter Mitgliedsstaaten herstellen soll[403]. Da die Kompromissformel ausschließliche Rechte, deren Gewährung im Regelfall zur Bildung von marktbeherrschenden Stellungen führt, ausdrücklich billigt, muss auch diese Möglichkeit der Monopolbildung hingenommen werden.

Während rein marktwirtschaftlich begründete Monopole durch ihr Bestehen im Wettbewerb legitimiert sind, beruht die Legitimation von Monopolen, die auf ausschließlichen Rechten beruhen, auf der positiven politischen Entscheidung.

d) Vereinbarkeit der gesetzlichen Monopol-Terrorversicherung mit Art. 82 EGV

Nachdem festgestellt wurde, dass Dienstleistungsmonopole nicht grundsätzlich mit dem EGV unvereinbar sind, bedarf es in einem weiteren Schritt der konkreten Überprüfung der skizzierten Terror-Monopolversicherung anhand des Art. 82 EGV.

aa) Marktbeherrschende Stellung der Versicherung auf dem Gemeinsamen Markt oder einem wesentlichen Teil des Gemeinsamen Marktes

(1) Relevanter Markt

Die Prüfung der Marktbeherrschung eines Unternehmens setzt voraus, dass mit dem sogenannten relevanten Markt zunächst eine Referenzgröße ermittelt wird, anhand derer die Bedeutung des Marktanteils des überprüften Unternehmens bemessen werden kann.

---

402 GEIGER, Art. 4 EGV, Rn. 1.

403 JUNGBLUTH, in: LANGEN/BUNTE (Hrsg.), Kartellrecht, Bd. 1, Art. 86 EGV, Rn. 3; WILMS, S. 92 f.

(a) Sachlich relevanter Markt

Mit der sachlichen Marktabgrenzung wird die Individualisierung des Produkt- oder Dienstleistungsmarktes bezweckt, auf dem eine beherrschende Stellung des überprüften Unternehmens vermutet wird[404]. Nach Ansicht der Kommission *„(umfasst) der sachlich relevante Produktmarkt ... sämtliche Erzeugnisse und/ oder Dienstleistungen, die von den Verbrauchern hinsichtlich ihrer Eigenschaften, Preise und ihres vorgesehenen Verwendungszwecks als austauschbar oder substituierbar angesehen werden*“[405].

Hauptkriterium für die Abgrenzung des relevanten Marktes ist also die Austauschbarkeit des angebotenen Produkts[406]. Entscheidend ist, welche Produkte in gleicher Weise für den Verbraucher verwendbar sind[407]. Im vorliegenden Fall stellt sich die Frage, ob für den Versicherungsnehmer eine Versicherung gegen Terrorschäden mit sonstigen Schadensversicherungen austauschbar ist.

Für Versicherungen gilt allgemein, dass die Frage nach der Austauschbarkeit verschiedener Produkte relativ klar beantwortet werden kann. Für den Versicherungsnehmer ist entscheidend, gegen die Folgen welcher Schadensursachen er versichert ist. Im Unterschied zu anderen Produktgruppen kann es bei Versicherungen keine Unsicherheiten über die Austauschbarkeit geben, weil die Policen ausdrücklich festlegen, gegen welche Risiken der Versicherungsnehmer geschützt wird. Nur wenn andere Versicherungen also den Schutz gegen Terrorschäden bereits beinhalten, hätte man es möglicherweise nicht mit einem eigenen Markt für Terrorversicherungen zu tun. Terrorversicherungen wären dann Teil eines Gesamtmarktes, etwa dem der Sachversicherungen[408].

---

404 DIRKSEN, in: LANGEN/BUNTE (Hrsg.), Kartellrecht, Bd. 1, Art. 82 EGV, Rn. 19.

405 Bekanntmachung 97/C 372/03, „über die Definition des relevanten Marktes im Sinne des Wettbewerbsrechts der Gemeinschaft“, vom 9.12.97, in: ABl. EG 1997 C 372, S. 5 (7); im Folgenden „Kommission zum relevanten Markt“.

406 DIRKSEN, in: LANGEN/BUNTE (Hrsg.), Kartellrecht, Bd. 1, Art. 82 EGV, Rn. 19, als weitere gebräuchliche Begriffe werden dort aufgeführt: Äquivalenz, Substituierbarkeit sowie die englischen „interchangeability“, „substitutability“; SCHRÖTER, in: VON DER GROEBEN/ SCHWARZE (Hrsg.), EUV/EGV, Bd. 2, Art. 82 EGV, Rn. 130 ff.

407 DIRKSEN, in: LANGEN/BUNTE (Hrsg.), Kartellrecht, Bd. 1, Art. 82 EGV, Rn. 19.

408 Hier taucht bereits die zweite entscheidende Fragestellung für die Abgrenzung des relevanten Versicherungsmarktes auf, nämlich die nach den jeweils versicherten Objekten. Auch hier dürfte es wiederum zu einer klaren Abgrenzung kommen, weil nur solche Versicherungen austauschbar sind, die die Versicherung der gleichen Objekte vorsehen; dem Versicherungsnehmer nutzt beispielsweise die Terrorversicherung für seine Fabrikgebäude nichts, wenn sein Fuhrpark zerstört wird und die Gebäudeversicherung sich nur auf Immobilien bezieht.

(aa) Situation vor den Anschlägen vom 11. September 2001

Die Versicherungssituation von Wirtschaftsunternehmen, allen voran von Industrieanlagen und Großrisiken wie Hochhäusern, war vor den Anschlägen vom 11. September 2001 durch Angebote geprägt, deren Deckungsumfang nicht von der Schadensursache abhängig war. Neben Feuer und Explosionen umfassten die Versicherungen weitere Gefahren, darunter auch politische Risiken wie die Bedrohung durch Terrorismus.[409]

Terrorrisiken waren bis zum 11. September 2001 in Industrieversicherungen automatisch (mit-)versichert, wurden aber in den Berechnungen nicht miteinkalkuliert, weil die Gefahr für zu gering gehalten wurde[410].

Spezielle Terrorversicherungen konnten bis zum 11. September 2001 also durch eine der bis dahin üblichen umfassenden Sachversicherungen ersetzt werden. Der Versicherungsschutz gegen Terrorschäden war demnach Bestandteil des allgemeinen Industrie-Sachversicherungsmarktes. Spezielle Terrorversicherungen bildeten keinen eigenen, sachlich relevanten Markt im Sinne des Art. 82 EGV. Der Marktanteil einer speziellen Terrorversicherung musste rechnerisch deshalb auf den Gesamtmarkt der Industrie-Sachversicherung bezogen werden.

(bb) Situation nach den Anschlägen vom 11. September 2001

Unter dem Eindruck der Terroranschläge vom 11. September 2001 wurde der Großteil der angesprochenen Sachversicherungen für die Wirtschaft mit dem Ziel gekündigt, in den neuen Verträgen die Versicherung von Terrorschäden auszuschließen[411]. Kurz darauf kam es zu der inzwischen abgeschlossenen Gründung des speziellen Terrorversicherers EXTREMUS AG in Deutschland sowie der in Luxemburg ansässigen „Special Risk Insurance and Reinsurance S.A. Luxemburg" (SRIR). Die Deckung von Terrorschäden können Industrie und Wirtschaft heute nur noch mittels einer speziellen Terrorversicherung erreichen. Andere, allgemeinere Versicherungen bieten diesen Schutz nicht mehr, können eine Terrorversicherung also nicht ersetzen.

---

409 Münchener Rück, S. 9.

410 FAZ, „Drei Milliarden Euro Privatdeckung für Risiken aus Terror", vom 21.2.2002, S. 18; FAZ, „Die meisten Industrieunternehmen sind nicht mehr gegen Terror versichert", vom 22.2.2002, S. 21.

411 DOHMEN in Handelsblatt vom 24.4.2002, S. 30; FROMME/EHRLICH in Financial Times Deutschland vom 23.4.2002, S. 19.

Mangels Austauschbarkeit des Produkts stellt der Bereich der Terrorversicherungen heute somit einen eigenen, sachlich abgegrenzten relevanten Markt dar. Die quantitative Einordnung der Marktanteile einer solchen speziellen Terrorversicherung darf also nicht mehr auf den Gesamtmarkt für Sachversicherungen bezogen werden, sondern muss sich an den Zahlen für den abgegrenzten Bereich der Terrorversicherungen orientieren.

(b) Räumlich relevanter Markt

Um die Marktstellung eines Unternehmens beurteilen zu können, bedarf es weiterhin der Festlegung des räumlich relevanten Marktes.

Der Definition der Kommission zufolge *„(umfasst) der geographisch relevante Markt ... das Gebiet, in dem die beteiligten Unternehmen die relevanten Produkte oder Dienstleistungen anbieten, in dem die Wettbewerbsbedingungen hinreichend homogen sind und das sich von benachbarten Gebieten durch spürbar unterschiedliche Wettbewerbsbedingungen unterscheidet"*[412].

Bei der Bestimmung des räumlich relevanten Marktes wird eine Vielzahl von Faktoren in die Betrachtung einbezogen. Einen dieser Faktoren bilden die Produkteigenschaften und ihre Auswirkungen auf die Transportfähigkeit des Gutes[413]. Von Bedeutung ist die Transportfähigkeit, weil sie Rückschlüsse darauf zulässt, in welchem Maße es dem Verbraucher möglich ist, sich auch bei räumlich weit entfernten Anbietern einzudecken. Für Versicherungen als nichtkörperliche und somit auch nicht von tatsächlichem Verfall bedrohte Produkte kann man in dieser Hinsicht von einem grundsätzlich weltweiten Markt ausgehen.

In die Bestimmung des räumlich relevanten Marktes fließt auch ein, auf welchem Gebiet sich die Verhaltensweise auswirkt, deren Missbräuchlichkeit in Rede steht[414]. Da die Monopolstellung der Terrorversicherung auf das Gebiet eines Mitgliedsstaates beschränkt wäre, würde das Gebiet des Mitgliedsstaates, der die Monopolterrorversicherung anbietet, den räumlich relevanten Markt bilden.

---

412 EuGH „United Brands vs. Kommission", Rs. 27/76, Slg. 1978, S. 207 (280/Rn. 10-11); Kommission zum relevanten Markt, Rn. 8.

413 DIRKSEN, in: LANGEN/BUNTE (Hrsg.), Kartellrecht, Bd. 1, Art. 82 EGV, Rn. 33.

414 MÖSCHEL, in: IMMENGA/MESTMÄCKER, EG-Wettbewerbsrecht, Bd. I, VI. Abschnitt, Rn. 56; für den Fall von Alleinvertriebsvereinbarungen: THIESING, S. 355 (357).

(c) Zeitlich relevanter Markt

Mit der Bestimmung des zeitlich relevanten Marktes wird der Beobachtung Rechnung getragen, dass Marktstrukturen normalerweise Veränderungen ausgesetzt sind und der Mangel an austauschgeeigneten Produkten deshalb möglicherweise nur von kurzer Dauer ist[415].

Da die Terroranschläge vom 11. September 2001 ganz neue, bisher ungeahnte Bedrohungsszenarien Realität werden ließen, wird auch in absehbarer Zukunft ein Bedürfnis und deshalb auch ein Markt für spezielle Terrorversicherungen existieren.

Der relevante Markt, für den die Marktposition der Monopol-Terrorversicherung beurteilt werden muss, ist somit der Markt für Versicherungen, die Terrorschäden an Personen und Gütern auf dem Gebiet des Staates abdecken, der die Terrorversicherung für sein Territorium anbietet.

(2) Gemeinsamer Markt oder wesentlicher Teil des Gemeinsamen Marktes

Die Beherrschung des relevanten Marktes fällt nur unter Art. 82 EGV, wenn es sich dabei um den Gemeinsamen Markt oder einen wesentlichen Teil davon handelt.

Die Wesentlichkeit eines Teilmarktes richtet sich grundsätzlich nach seiner wirtschaftlichen Bedeutung, nicht nach seiner flächenmäßigen Größe[416]. Als wesentlich wurde bereits ein Anteil von 8 % am Gemeinsamen Markt eingestuft[417]. Die prinzipielle Unbeachtlichkeit geographischer Größe relativiert auch die Bedeutung des Begriffs des „regionalen Marktes“, weshalb der pauschale Verweis auf die Regionalität eines Marktes ohne eine Analyse der wirtschaftlichen Bedeutung der Region nicht weiterhilft[418].

---

415 MÖSCHEL, in: IMMENGA/MESTMÄCKER, EG-Wettbewerbsrecht, Bd.I, VI. Abschn., Rn.59.

416 JUNGBLUTH, in: LANGEN/BUNTE (Hrsg.), Kartellrecht, Bd. 1, Art. 86 EGV, Rn. 69; WEIß, in: CALLIESS/RUFFERT (Hrsg.), EUV/EGV, Art. 82 EGV, Rn. 22.

417 Entscheidung der Kommission 73/109/EWG (Europäische Zuckerindustrie), in: ABl. EG 1973, Nr. L 140/S. 17 (20); EuGH „Suiker Unie vs. Kommission“, verb. Rs. 40 bis 48, 50, 54 bis 56, 111, 113 und 114/73, Slg. 1975, S. 1663 (2012 f./Rn. 448) stuft Süddeutschland der Kommission folgend als wesentlichen Teil des Gemeinsamen Marktes ein.

418 Ein solches Abstellen auf den „bloß regionalen Markt“ findet sich etwa bei WEIß, in: CALLIESS/RUFFERT (Hrsg.), EUV/EGV, Art. 82 EGV, Rn. 23; der EuGH dagegen stellt fest, dass die wirtschaftliche Macht eines Unternehmens abhängig ist von der Relation des beherrschten regionalen Marktes beispielsweise zum nationalen Gesamtmarkt, EuGH „Alsatel vs. Novasam“, Rs. 247/86, Slg. 1988, S. 5987 (6010/Rn. 19).

Aus der Rechtsprechung des EuGH wird die Tendenz herausgelesen, für die Wesentlichkeit eines Teilmarktes nur niedrige Hürden aufzubauen. Als Indiz für diese Beobachtung wird insbesondere die Entscheidung des EuGH herangezogen, einen einzelnen Hafen als wesentlichen Teil des Gemeinsamen Marktes einzustufen[419].

Geographische Einteilungen spielen ausnahmsweise dann eine Rolle, wenn ein relevanter Markt das Territorium eines ganzen Mitgliedsstaates abdeckt.

Ziel des EGV ist es, nationale Grenzen zu überwinden. Das Gebiet eines Mitgliedsstaates stellt deshalb unabhängig von seiner Größe einen wesentlichen Teil des Gemeinsamen Marktes dar[420].

Bei einem der hier in Rede stehenden nationalen Märkte für Terrorversicherungen handelt es sich deshalb um einen wesentlichen Teil des Gemeinsamen Marktes im Sinne des Art. 82 EGV.

(3) Marktbeherrschung durch die Monopolversicherung

Der Begriff des Monopols scheint eine marktbeherrschende Stellung zu implizieren[421]. Allerdings entspricht es der ständigen Rechtsprechung des EuGH, dass eine marktbeherrschende Stellung eine tatsächliche ökonomische Machtstellung voraussetzt. Auf abstrakte gesetzliche Regelungen kommt es nicht an. Die Gewährung ausschließlicher Rechte begründet deshalb nicht automatisch eine marktbeherrschende Stellung[422].

---

419 EuGH „Porto di Genova", Rs. C-179/90, Slg. 1991, I-S. 5889 (5928/Rn. 15); JUNGBLUTH, in: LANGEN/BUNTE (Hrsg.), Kartellrecht, Bd. 1, Art. 86 EGV, Rn. 70; DOHMS, Rn. 128; in Rn. 134 spricht DOHMS von einem Automatismus der Gleichsetzung von ausschließlichem Recht und marktbeherrschender Stellung; zu weitgehend aus meiner Sicht dagegen ZÄCH, S. 242 f., der für einen gänzlichen Verzicht auf den Prüfungspunkt „Gemeinsamer Markt oder ein wesentlicher Teil desselben" plädiert, weil der EuGH mit der Einstufung eines Hafens oder einer bestimmten Flugroute als wesentlichem Teil des Gemeinsamen Marktes das Tatbestandsmerkmal in der praktischen Rechtsanwendung jeglicher Wirksamkeit beraubt hätte. Unbeachtet bleibt dabei, dass der EuGH die Wesentlichkeit einzelner Häfen gerade nicht ohne weitere Prüfung annimmt, sondern sie mit der konkreten wirtschaftlichen Bedeutung des Hafens für den gesamten nationalen (italienischen) Frachtverkehr begründet, EuGH „Porto di Genova", Rs. C-179/90, Slg. 1991, I-S. 5889 (5928/Rn. 15), so auch GRILL, in: LENZ (Hrsg.), EGV, Art. 82 EGV, Rn. 9.

420 GEIGER, Art. 82 EGV, Rn. 8; WEIß, in: CALLIESS/RUFFERT (Hrsg.), EUV/EGV, Art. 82 EGV, Rn. 22.

421 Siehe dazu oben, Zweiter Teil, I., 2., c), cc).

422 EuGH „CBEM vs. CLT u. IPB (Telemarketing)", Rs. 311/84, Slg. 1985, S. 3261 (3274/Rn. 14); MESTMÄCKER, in: IMMENGA/MESTMÄCKER, EG-Wettbewerbsrecht, XII. Abschnitt, C. (Art. 90 Abs. 1), Rn. 26.

Eine marktbeherrschende Stellung ist nach der Rechtsprechung des EuGH jedoch zu bejahen, wenn das gesetzliche Monopol, also ein ausschließliches Recht gemäß Art. 86 I EGV, dem Unternehmen für einen wesentlichen Teil des Gemeinsamen Marktes übertragen wird[423].

Die Monopolrechte der skizzierten Terrorversicherung beziehen sich mit dem Gebiet eines Mitgliedsstaates auf einen wesentlichen Teil des Gemeinsamen Marktes. Demnach ist von einer Marktbeherrschung durch die staatliche Monopol-Terrorversicherung auszugehen.

bb) Missbrauch der marktbeherrschenden Stellung

An dieser Stelle ist noch einmal darauf hinzuweisen, dass die der Terrorversicherung eingeräumten Monopolrechte ausschließliche Rechte sind, die zu einer marktbeherrschenden Stellung des Unternehmens führen. Für sich genommen stellen die Rechte aber noch keinen Missbrauch der angesprochenen marktbeherrschenden Stellung gemäß Art. 82 EGV dar[424].

cc) Tatsächliche Missbrauchsprognose

Obwohl weder das Angebotsmonopol noch das Bannrecht in grundsätzlichem Widerspruch zu den Wettbewerbsregeln des EGV stehen, könnten Missbrauchserscheinungen im Rahmen der Tätigkeit der Terrorversicherung Anlass dafür sein, auch die Gewährung oder Aufrechterhaltung der ausschließlichen Rechte selbst zu untersagen. Besonders naheliegend ist das Auftreten der beiden folgenden Missbrauchsformen.

(1) Das Versagen des Monopols

Der Missbrauch einer marktbeherrschenden Stellung wird in Fällen sogenannter versagender Monopole bejaht[425]. Ein solches Versagen liegt vor, wenn ein Monopol nicht alle ihm aufgetragenen Aufgaben tatsächlich erfüllt oder erfüllen kann. Die Nachfrage nach dem Monopolgut muss quantitativ und qualitativ aus-

---

423 EuGH „Porto di Genova“, Rs. C-179/90, Slg. 1991, I-S. 5889 (5928/Rn. 14); EuGH „Corbeau“, Rs. C-320/91, Slg. 1993, I-S. 2533 (2567/Rn. 9); MESTMÄCKER, in: EVERLING/NARJES/SEDEMUND (Hrsg.), Europarecht, Kartellrecht, Wirtschaftsrecht, Festschrift für Arved Deringer, S. 79 (89).

424 Siehe dazu oben, Zweiter Teil, I., 2., c), cc).

425 Siehe dazu oben, Zweiter Teil, I., 2., c), cc), (1), (b).

reichend gedeckt werden[426]. Ein Versicherungsmonopol muss also alle nachgefragten Deckungen anbieten[427].

(2) Preisgestaltungsmissbrauch im Sinne des Art. 82 II a) EGV

Die Wahrscheinlichkeit eines Preisgestaltungsmissbrauchs durch ein Monopol knüpft an wirtschaftstheoretische Überlegungen an. In einer Marktwirtschaft ist die Bildung angemessener Preise prinzipiell Ergebnis des Kräftespiels von Angebot und Nachfrage. Die Gefahr unangemessener Preise ist deshalb besonders groß, wenn der Kunde keine Wahlmöglichkeit unter verschiedenen Anbietern hat.

Selbst wenn man überhöhte Preise also nicht für die zwingende und unausweichliche Folge einer Monopolbildung hält[428], bedarf die Preisgestaltung eines Monopols trotzdem besonders aufmerksamer Beobachtung.

3. Beurteilung der Monopol-Terrorversicherung am Maßstab des versicherungsspezifischen Sekundärrechts

Die Behandlung von Versicherungsmonopolen durch die Richtlinien zur Schadensversicherung[429] wirft die Frage nach der generellen Einschätzung solcher Monopole durch das Sekundärrecht auf.

a) Ausnahmsweises Monopolverbot

Man könnte aus dem Regelungsprogramm insbesondere der Dritten Richtlinie Schadensversicherung den Schluss ziehen, dass Versicherungsmonopole nur in den Bereichen untersagt sind, die Geschäftsfelder der in der abgeschafften Ausnahmeregelung erwähnten Versicherungen waren.

Demnach wären Versicherungsmonopole also grundsätzlich zulässig und nur in den ausdrücklich genannten Versicherungszweigen untersagt[430]. Es bedürfte also einer genauen Betrachtung der Versicherungsbedingungen der abgeschafften Versicherungen, um festzustellen, für welche Schäden einer Terrorversicherung

---

426 BAUMANN, S. 29.
427 BAUMANN, S. 29 f.
428 Eine entsprechende Vermutung klingt etwa an bei FESENMAIR, S. 121; GIESEN, S. 67 f.
429 Siehe dazu oben, Zweiter Teil, I., 2., b), cc), (1), (a).
430 BAUMANN, S. 6.

Monopolrechte eingeräumt werden dürfen. Entscheidend wäre dann etwa die Beobachtung, dass zu den Aufgaben der abgeschafften deutschen Versicherungsmonopole die Feuerversicherung von Gebäuden gehörte. Wenn ein Terroranschlag also zum Brand eines Gebäudes führt, dürfte nur für die Versicherung der Brandschäden kein Monopol gelten.

b) Generelles Monopolverbot

Die in den ersten beiden Richtlinien Schadensversicherung enthaltenen Ausnahmeregelungen und ihre Abschaffung durch die Dritte Richtlinie Schadensversicherung lassen aber auch den gegenteiligen Schluss zu: Danach wären Versicherungsmonopole bereits mit der Ersten Richtlinie Schadensversicherung nicht vereinbar gewesen. Die Ausnahmeregelungen hätten nur die ausnahmsweise Zulässigkeit der genannten Monopolversicherungen festgestellt.

Für eine solche Sichtweise sprechen zunächst einmal systematische Argu-mente. Ließe das Regel-Ausnahme-Verhältnis der Schadensversicherungs-richtlinien Versicherungsmonopole grundsätzlich zu, hätte es der Bestätigung dieses Grundsatzes für bestimmte, namentlich genannte Versicherungen nicht bedurft. Eine solche Enumeration wäre nur in der Dritten Richtlinie Schadensversicherung erforderlich gewesen, um in Gestalt eines Verbots für bestimmte Versicherungen eine Ausnahme von der grundsätzlichen Monopolbilligung zu begründen.

Die Annahme eines von expliziten Ausnahmen durchbrochenen grundsätzlichen Monopolverbots wird auch von den Erwägungsgründen zur Dritten Richtlinie Schadensversicherung gestützt. Dort heißt es, dass „*der Binnenmarkt ... einen Raum ohne Binnengrenzen (umfasst) und ... den Zugang zu allen Versicherungstätigkeiten – mit Ausnahme der Lebensversicherung - in der ganzen Gemeinschaft und damit die Möglichkeit für jeden zugelassenen Versicherer, jedes im Anhang zur Richtlinie 73/239/EWG genannte Risiko zu decken, (beinhaltet)*[431]".

Die Regelungssituation stellt sich somit wie folgt dar: Da der geforderte Zugang für die Versicherer durch die Bildung eines Monopols verhindert wird, gilt für Versicherungen ein grundsätzliches Monopolverbot. Das Monopolverbot wurde durch die Ausnahmeregelungen in den beiden ersten Richtlinien Schadensversicherung für bestimmte Unternehmen außer Kraft gesetzt. Die ausnahmsweise Monopolgestattung wurde dann durch Art. 3 der Dritten Richtlinie Schadensver-

---

431 Erwägungsgrund Nr. 10 zur Dritten Richtlinie Schadensversicherung.

sicherung wiederum aufgehoben, so dass nun für alle im Anhang zur Ersten Richtlinie Schadensversicherung genannten Risiken ein Monopolverbot gilt. Zu den in diesem Anhang aufgezählten Risiken gehören unter anderem alle erdenklichen Sachschäden, unabhängig von der Schadensursache[432]. Das generelle Monopolverbot der Richtlinien zur Schadensversicherung gilt somit auch für Sachschäden, die aus Terroranschlägen herrühren. Eine Monopol-Terrorversicherung der skizzierten Art stünde also im Widerspruch zum einschlägigen gemeinschaftlichen Sekundärrecht.

II. Terrorversicherung in Spanien – Das Consorcio de Compensación de Seguros[433]

Während der oben beschriebene Fall einer staatseigenen Versicherung in Gestalt einer Monopolversicherung theoretisch skizziert wurde, geht es in der Untersuchung des Consorcio um ein Unternehmen, das bereits seit vielen Jahren tätig ist und nach eigener Einschätzung ein einzigartiges und besonders gelungenes Instrument zur Absicherung unter anderem von Terroranschlägen darstellt.

Von besonderem Interesse für die vorliegende Untersuchung ist das Consorcio, weil es sich zwar ebenfalls der Gefahr der negativen Selektion ausgesetzt sieht[434], dieser aber mit anderen Mitteln als das oben beschriebene Modell einer Monopolversicherung zu begegnen sucht.

1. Beschreibung des Consorcio

a) Geschichte des Consorcio

Historischer Ausgangspunkt der Entwicklung des Consorcio ist die Schaffung einer obligatorischen Versicherung für Reisende (comisaría del seguro obligatorio de viajeros) im Jahre 1928. Im selben Jahr wurde auch die staatliche Exportversicherung (seguro de crédito a la exportación) gegründet, deren Funktionen heute ebenfalls in das System des Consorcio integriert sind[435].

---

432 Anhang zur Ersten Richtlinie Schadensversicherung, A, Nr. 9.

433 Im Folgenden CONSORCIO.

434 CONSORCIO-El recargo del Consorcio.La Tarifa (Su obligatoriedad), abrufbar unter: http://www.consorseguros.es/extra/ftarifa.htm, der Begriff der negativen Selektion wird hier mit „antiselección" übersetzt.

435 CONSORCIO-Presentación y trayectoria histórica, abrufbar unter: http://www.consorseguros.es/marco/fmarco.htm.

1941 wurde dann das Konsortium zum Ausgleich der Risiken von Aufständen (Consorcio de Compensación de riesgos de motín) gegründet, das ursprünglich als Provisorium gedacht war und den Ausgleich von Schäden zum Ziel hatte, die durch den Spanischen Bürgerkrieg (1936-1939) entstanden waren[436].

Die erforderlichen Finanzmittel wurden durch die Ausgabe von Anleihen eingebracht, die wiederum durch obligatorische Aufschläge auf bestimmte Versicherungsverträge refinanziert wurden[437]. Dieses System weist durchaus Ähnlichkeiten mit dem heutigen auf[438].

Nachdem sich die Einrichtung während der 40er Jahre bei der Bewältigung verschiedener Brand- und Explosionsunglücke bewährt hatte, beschloss man 1954, aus dem Provisorium eine dauerhafte Einrichtung zu machen und schuf das Consorcio de Compensación de Seguros[439].

b) Maßgebliche Rechtsnormen

Rechtssystematisch werden die auf das Consorcio anwendbaren Normen gemäß Art. 2 Nr. 2 des Estatuto Legal del Consorcio de Compensación de Seguros[440] durch ein Regel-Ausnahme-Verhältnis bestimmt. Das Consorcio ist grundsätzlich wie jedes andere Versicherungsunternehmen der Privatrechtsordnung unterworfen[441] und somit auch den maßgeblichen versicherungsrechtlichen Normen, allen voran dem Gesetz über die Ordnung und Aufsicht der privaten Versicherungen (Ley 30/1995, de 8 de noviembre, de ordenación y supervisión de los seguros privados) und dem Gesetz über den Versicherungsvertrag (Ley 50/1980, de 8 de octubre, de contrato de seguro). Diese Bestimmungen gelten allerdings nur insoweit, wie für das Consorcio nicht spezielle Gesetze greifen, von denen die wichtigsten im Folgenden aufgezählt werden.

---

436 CONSORCIO-The Extraordinary Risks Coverage, II. Origins and historical background of the „Consorcio de Compensación de Seguros", abrufbar unter: http://www.consorseguros.es/extra/ingles/friskcoverage.cfm?vol=0.

437 V. UNGERN-STERNBERG, S. 5.

438 Siehe dazu näher unten, Zweiter Teil, II., 1., h), bb).

439 CONSORCIO-The Extraordinary Risks Coverage, II. Origins and historical background of the „Consorcio de Compensación de Seguros"; abrufbar unter: http://www.consorseguros.es/extra/ingles/friskcoverage.cfm?vol=0; V. UNGERN-STERNBERG, S. 5.

440 Im Folgenden Estatuto Legal.

441 CONSORCIO-Naturaleza jurídica, marco legal y patrimonio, abrufbar unter: http://www.consorseguros.es/marco/fnatu/htm.

Die normative Grundlage für Einrichtung und Tätigkeit des Consorcio bildet das Estatuto Legal, das durch Art. 4 des Gesetzes 21/1990 vom 19. Dezember 1990 in das spanische Recht inkorporiert wurde.

Ausführende Bestimmung für den Bereich der außergewöhnlichen Risiken (riesgos extraordinarios) ist das Reglement über außergewöhnliche Risiken für Personen und Güter (Reglamento de riesgos extraordinarios sobre las personas y los bienes)[442], das durch das Königliche Dekret 2022/1986 vom 29. August 1986 beschlossen wurde. Das Reglamento de riesgos extraordinarios enthält unter anderem die Definitionen der durch das Consorcio abgedeckten Schadensursachen im Bereich der außergewöhnliche Risiken.

In Ausführung des Reglamento de riesgos extraordinarios erging sodann die Anordnung vom 28. November 1986 (Orden de 28 de noviembre de 1986)[443]. Dort findet sich unter anderem eine detaillierte Aufzählung der durch das Consorcio versicherten Risiken.

Die Höhe der von den Versicherten zu leistenden Zuschläge zugunsten des Consorcio und die in die Versicherungsverträge einzuarbeitende Deckungsklausel findet sich in der Regulierung der Generaldirektion für Versicherungen (Regulación aprobada por resolución de la dirección de seguros, de 22 de julio de 1996)[444].

Einzelheiten über spezielle, vom Consorcio anzulegende versicherungstechnische Rücklagen enthält das Königliche Dekret 2013/1997 vom 26. Dezember 1997 über technische Rückstellungen (Real Decreto de regulación de las provisiones técnicas)[445].

Eine direkte Folge der Ereignisse des 11. September 2001 ist schließlich das Übereinkommen zwischen dem Verband der spanischen Versicherungsindustrie und dem Consorcio über die Rückversicherung von Ertragsverlusten durch das Risiko des Terrorismus vom 31. Januar 2002 (Convenio de reaseguro de pérdida de beneficios para el riesgo de terrorismo)[446].

---

[442] Im Folgenden Reglamento de riesgos extraordinarios.

[443] Im Folgenden Orden de 28.11.1986.

[444] Im Folgenden Regulación de 22.7.1996.

[445] Im Folgenden Regulación de Provisiones técnicas.

[446] Im Folgenden Convenio de reaseguro de pérdida de beneficios; siehe dazu näher unten, Zweiter Teil, II., 1., g), bb).

c) *Rechtsnatur des Consorcio*

Im Laufe der Jahre hat das Consorcio verschiedene rechtliche Formen angenommen. Die wichtigsten Etappen auf diesem Weg waren die Einordung des Consorcio als organismo autónomo, und, seit dem Inkrafttreten des Estatuto Legal, gemäß Art. 1 Nr. 1 des Estatuto Legal als entidad pública empresarial[447], das heißt als öffentlich-rechtliches Wirtschaftsunternehmen.

Die Umwandlung des Consorcio in ein öffentlich-rechtliches Wirtschaftsunternehmen illustriert das Bemühen, wirtschaftlich tätigen staatlichen Einheiten größere Flexibilität zu garantieren[448]. Das Modell der entidad pública empresarial bot sich auf diesem Weg an, weil zwar auch die entidades públicas empresariales juristische Personen des Öffentlichen Rechts sind, sie jedoch gemäß Art. 53 Nr. 2 Ley de la administración general in ihrem Handeln grundsätzlich dem Privatrecht unterworfen sind[449].

Aus dem Charakter als öffentlich-rechtliches Wirtschaftsunternehmen erklärt sich also das Regel-Ausnahme-Verhältnis der auf das Consorcio anzuwendenden Normen[450]. Schließlich bleibt das Consorcio auch in der Form als entidad pública empresarial gemäß Art. 1 Nr. 2 des Estatuto Legal dem Wirtschafts- und Finanzministerium unterstellt.

d) *Aufgaben des Consorcio*

Der Name Consorcio de Compensación de Seguros (Konsortium zum Ausgleich von Versicherungen) lässt bereits Rückschlüsse auf den Zweck des Unternehmens zu.

Ziel des Consorcio ist es nämlich zum einen, unter bestimmten Voraussetzungen dann einzutreten, wenn eine vereinbarte privatwirtschaftliche Deckung zwar vertraglich besteht, die geschuldeten Versicherungsleistungen aus bestimmten Gründen jedoch trotzdem ausfallen.

Zum anderen soll das Consorcio Risiken absichern, die von privatwirtschaftlicher Seite überhaupt nicht übernommen werden.

---

447 RODRIGUEZ, S. 63.

448 Ähnlich wie im deutschen Verwaltungsrecht wird dieses Streben auch im spanischen Recht als „Flucht aus dem Öffentlichen Recht“ kritisiert (huída del derecho administrativo), siehe dazu RODRIGUEZ, S. 137 f.

449 RODRIGUEZ, S. 110.

450 Siehe dazu oben, Zweiter Teil, II., 1., b).

aa) Außergewöhnliche Schadensursachen

Hauptaufgabe des Consorcio ist es gemäß Art. 3 Nr. 1 in Verbindung mit Art. 6 Estatuto Legal, Schäden zu ersetzen, die durch außergewöhnliche Ereignisse an Personen oder Gütern entstanden sind (funciones en relación con los riesgos extraordinarios sobre las personas y los bienes)[451].

Die Deckung von Schäden, die Ergebnis außergewöhnlicher Schadensursachen sind, ist sowohl für die vorliegende Arbeit als auch für das Consorcio selbst von besonderer Bedeutung.

(1) Bedeutung der außergewöhnlichen Schadensursachen

Die Relevanz des Bereichs der außergewöhnlichen Schadensursachen (riesgos extraordinarios) für die vorliegende Untersuchung ergibt sich daraus, dass neben Naturereignissen auch Geschehnisse politischen oder sozialen Charakters als außergewöhnliche Risiken eingestuft werden[452] und eine der Schadensursachen politischen Charakters gemäß Art. 6 Nr. 1 b) Estatuto Legal der Terrorismus ist.

Die Bedeutung der außergewöhnlichen Risiken für das Consorcio liegt historisch gesehen darin begründet, dass die Gründung des Consorcio Antwort auf ein außergewöhnliches Ereignis war, den Spanischen Bürgerkrieg[453]. Obwohl dem Consorcio im Laufe der Jahre zahlreiche weitere Aufgaben zugewachsen sind, bleibt der Ausgleich für Schäden aufgrund außergewöhnlicher Ursachen doch primäre Aufgabe des Unternehmens[454]. Die Bedeutung des Ausgleichs von Terrorschäden ergibt sich dabei in erster Linie aus der ständigen Bedrohung des spanischen Staates durch die baskische Terrororganisation ETA.

Die Einordnung der Deckung gegen außergewöhnliche Schadensursachen als Hauptaufgabe des Consorcio beruht aber nicht nur auf historischer und möglicherweise politischer Betrachtungsweise, sondern wird auch durch die Geschäftszahlen des Consorcio bestätigt.

---

451 MINISTERIO DE ECONOMIA (Pressemitteilung), El Consorcio des Compensación de Seguros cifra en mas de 20 millones de euros el importe de los siniestros de Tenerife.

452 RODRIGUEZ, S. 189.

453 RODRIGUEZ, S. 158; zur Geschichte des Consorcio siehe oben, Zweiter Teil, II., 1. a).

454 MINISTERIO DE ECONOMIA (Pressemitteilung), El Consorcio des Compensación de Seguros cifra en mas de 20 millones de euros el importe de los siniestros de Tenerife.

Im Jahr 2001 erreichten die Einnahmen im Bereich der Deckung außergewöhnlicher Risiken einen Anteil von 53,8 % am gesamten Prämienaufkommen. Die Bedeutung des Geschäftsbereichs „riesgos extraordinarios“ wird zudem dadurch verdeutlicht, dass der nächstgrößte Einnahmeposten, die KFZ-Versicherung, mit 23,8 % Anteil am Gesamtaufkommen nur gut halb so groß ist[455].

Berechnet auf den Zeitraum von 1971 bis 2000 gilt zwar, dass innerhalb der außergewöhnlichen Schadensursachen die Versicherungsleistungen für Hochwasserschäden mit 75,76 % den weitaus größten Posten bilden, der Terrorismus als mit Abstand wichtigste Schadensursache „von Menschenhand“ aber immerhin noch für 7,81 % der Schäden verantwortlich ist.

(2) Schadensursachen politischen oder sozialen Charakters

Die außergewöhnlichen Schadensursachen führt Art. 6 Nr. 1 Estatuto Legal im Einzelnen auf. In Art. 6 Nr. 1 b) und c) des Estatuto Legal finden sich die Schadensursachen, die als Ereignisse politischen oder sozialen Charakters eingestuft werden.

Die Einteilung der Ereignisse politischen oder sozialen Charakters in wiederum zwei Gruppen richtet sich nach den Urhebern der Schadensursachen: Art. 6 Nr. 1 c) Estatuto Legal bezieht sich ausschließlich auf Handlungen der Streit- und Sicherheitskräfte in Friedenszeiten.

Die für die vorliegende Untersuchung vornehmlich interessanten Schadensursachen finden sich in Art. 6 Nr. 1 b) Estatuto Legal. Im einzelnen sind dort genannt: Terrorismus (terrorismo), Rebellion (rebelión), Aufstand (sedición), Zusammenrottung (motín) und öffentlicher Aufruhr (tumulto popular).

bb) Sonstige Aufgaben des Consorcio

Neben dem Ausgleich von Schäden infolge außergewöhnlicher Ereignisse wurden dem Consorcio im Laufe der Jahre viele weitere Aufgaben übertragen. So beteiligt sich das Consorcio gemäß Art. 9 Estatuto Legal unter bestimmten Voraussetzungen an der zivilrechtlichen Haftung für Schäden durch Atomunfälle (funciones en relación con el seguro de riesgos nucleares) und übernimmt ge-

---

[455] CONSORCIO-Informe anual ejercicio 2001, S. 17, abrufbar unter: http://www.consorseguros.es/datos/Primera_parte.pdf.

mäß Art. 10 des Estatuto Legal auch im Bereich der Agrarversicherungen (funciones en relación con el seguro agrario combinado) verschiedene Deckungsverpflichtungen.

Außerdem ist das Consorcio in der in Spanien obligatorischen KFZ-Haftpflichtversicherung (funciones en relación con el seguro de responsabilidad civil de suscripción obligatoria, derivada del uso y circulación de vehículos de motor) tätig, versichert vor allem gemäß Art. 11 Nr. 1 a) Estatuto Legal alle Fahrzeuge des Staates.

Art. 14 Estatuto Legal verpflichtet das Consorcio zur Übernahme von Aufgaben der Export-Kreditversicherung (funciones en relación con el seguro de crédito a la exportación). In dieser Funktion verwaltet das Consorcio für den Staat das Vermögen der Ausfuhrkreditversicherung für den Staat, während für die operative Verteilung der Mittel die spanische Gesellschaft für Ausfuhrkreditversicherung (CESCE) zuständig ist[456].

e) *Finanzen*

Art. 23 Nr. 1 des Estatuto Legal führt die Finanzquellen des Consorcio auf. Dazu zählen die eingenommenen Prämien und Zuschläge[457], die staatlichen Subventionen, die für den Erhalt der versicherungstechnischen Rücklagen erforderlich sind, die Beträge, die durch die Geltendmachung von Rückforderungsrechten und Säumniszinsen eingetrieben werden, die Erträge und Einkünfte aus dem Vermögen, die Erträge aus gewährten Krediten und Darlehen sowie im Sinne eines Auffangtatbestands gemäß Art. 23 Nr. 1 f) des Estatuto Legal alle sonstigen, nach den gültigen gesetzlichen Regelungen erwirtschafteten Einkünfte.

Schließlich gilt zugunsten des Consorcio eine unbegrenzte Staatsgarantie. Der spanische Staat übernimmt die Verpflichtungen des Consorcio, sobald dessen finanzielle Ressourcen erschöpft sind[458].

---

456 CONSORCIO-Seguro de Crédito a la Exportación, abrufbar unter: http://www.consorseguros.es/fnaseg/fexporta.htm.

457 Zu Begriff und Funktion des Zuschlags (recargo) siehe unten, Zweiter Teil, II., 1., h), bb).

458 CONSORCIO-The Extraordinary Risks Coverage, X. Financing the cover of the Consorcio and Government guarantee, abrufbar unter: http://www.consorseguros.es/extra/ingles/friskcoverage.cfm?vol=0.; Consorcio-Las catastrofes naturales y su cobertura aseguradora, S. 105; CONSORCIO-Provisión de Estabilización y garantía del estado, abrufbar unter: http://www.consorseguros.es/extra/fprovision.htm.

f) Versicherbare Objekte

Art. 6 Nr. 1 des Estatuto Legal listet die durch das Consorcio versicherbaren Güter auf. Für die vorliegende Untersuchung ist allerdings Art. 2 b) Nr. 2 Orden de 28. Noviembre 1986 von besonderer Bedeutung, der die versicherbaren Industriegüter nennt.

Versichert sind bewegliche Güter, also insbesondere Maschinen und Werkzeug, aber auch feste Installationen wie Büroeinrichtungen, sofern der Versicherungsnehmer an diesen Gegenständen Eigentumstitel oder sonstige versicherbare Rechte besitzt. Grundsätzlich nicht versichert sind dagegen gemäß Art. 2 c) in Verbindung mit Art. 2 d) Orden de 28. Noviembre 1986 Lagerbestände und Handelswaren, worunter unter anderem Rohstoffe, Halbfabrikate, Endprodukte sowie Verpackungsmaterial und Ersatzteile fallen.

g) Versicherte Schäden

Die ausgleichsfähigen Schäden lassen sich am besten durch eine Negativdefinition ermitteln. Während Art. 6 Nr. 1 Estatuto Legal nämlich positiv lediglich formuliert, dass „direkte Schäden (daños directos)“ ersetzt werden, finden sich sowohl im Estatuto Legal als auch in den beiden ausführenden Regelwerken ausführliche Beschreibungen der Schäden, die nicht ersatzfähig sind.

aa) Allgemein

Art. 6 Nr. 2 des Estatuto Legal führt als nicht ausgleichsfähige Schäden insbesondere solche auf, die auf Schäden oder Defekten der versicherten Sache beruhen, auf schlichten Verschleiß oder Klimaeinflüsse zurückzuführen sind, sowie Schäden, die nur indirekt auf dem schadensverursachenden Ereignis oder ihrerseits nur indirekt auf entstandenen Schäden beruhen.

Art. 4 des Orden de 28. Enero 1986 führt näher aus, was unter indirekt verursachten Schäden zu verstehen ist. Nicht ersatzfähig sind Schäden, die auf der Unterbrechung oder Veränderung der Versorgung mit Strom (also etwa Geräteschäden infolge von Spannungsschwankungen), Gasen, Brennstoffen und anderen Flüssigkeiten beruhen, selbst wenn die Unterbrechung oder Veränderung auf einer durch das Consorcio gedeckten außergewöhnlichen Schadensursache beruht.

bb) Insbesondere Betriebsunterbrechungen beziehungsweise Ertragsverluste (pérdida de beneficios)

Art. 4 Nr. 2 des Orden de 28. Enero 1986 nennt schließlich die wohl wichtigste Gruppe indirekter Schäden, zu denen Ertragsverluste durch Verkaufsstopps, Geschäftsaufgabe, Unterbrechung der Geschäftstätigkeit oder Zwangsumsiedlungen gehören und die hier unter dem Begriff der Betriebsunterbrechungsschäden zusammengefasst werden[459].

Die Wichtigkeit von Betriebsunterbrechungsschäden ergibt sich daraus, dass für Wirtschaftsbetriebe der begrenzte und kalkulierbare[460] eigentliche Sachschaden in vielen Fällen quantitativ hinter den Unterbrechungsschäden zurückbleibt[461], während private Eigentümer in der Regel die größten materiellen Schäden dadurch erleiden, dass ihr Sacheigentum an der Substanz verletzt wird.

Wie in anderen Staaten, so blieb auch in Spanien das unzureichende Angebot der privaten Versicherungswirtschaft insbesondere im Bereich der Rückversicherung von Ertragsverlusten nicht unbemerkt. Als Reaktion auf die für die Wirtschaft prekäre Lage wurde am 31. Januar 2002 das Convenio de reaseguro de pérdida de beneficios geschlossen. Beteiligt waren daran die UNESPA und das Consorcio. Rechtsgrundlage für das Convenio de reaseguro de pérdida de beneficios ist Art. 3 Nr. 2 Estatuto Legal, der es dem Consorcio mittels einer Generalklausel ermöglicht, Deckungen durch den Abschluss von Mit- oder Rückversicherungsverträgen zu übernehmen, wenn öffentliche Interessen ein solches Tätigwerden ratsam erscheinen lassen.

Welche Schäden versicherungsfähig sind, legt das Convenio de reaseguro de pérdida de beneficios nicht im Einzelnen fest. Stattdessen knüpft das Convenio de reaseguro de pérdida de beneficios den Rückversicherungsschutz akzessorisch an die Versicherungspolicen der Erstversicherer. Die Erstversicherer können alle Policen beim Consorcio rückversichern, die Schäden durch Ertragsverluste abdecken. Erfasst werden ausdrücklich alle möglichen Formen von

---

459 Zu Begriff und Erscheinungsform von Betriebsunterbrechungsversicherungen siehe: GABLER, Versicherungslexikon, S. 155; SCHIERENBECK (Hrsg.), S. 127; STÖPPEL.

460 Der Ausgleich von Betriebsausfällen bildet voraussichtlich auch einen besonders großen Posten der durch die Anschläge auf das WTC verursachten Kosten aus, siehe „Kosten des Terrors in New York", in: Versicherungswirtschaft 2001, S. 1538 (1538).

461 BAILEY, S. 150 (150); KOCH, S. 275; auch im Rahmen der Schadensberechnungen nach den Anschlägen vom 11. September 2001 spielen Betriebsunterbrechungsverluste eine große Rolle, siehe dazu etwa MEIER, S. 171 (171).

Ertragsverlusten (pérdida de beneficios en todas sus modalidades). Ausgenommen werden nur solche Policen, die Schäden an privaten Wohnhäusern abdecken, so dass beispielsweise kein Schutz gegen ausbleibende Mieteinnahmen aus solchen Immobilien zu erlangen ist. Dies verdeutlicht den Charakter der Ertragsausfallsicherung durch das Consorcio als einer Versicherung für die Wirtschaft.

h) Voraussetzungen für den Eintritt des Consorcio

Die Voraussetzungen für den Eintritt des Consorcio zu beschreiben, bedeutet auch, den Mechanismus zu skizzieren, der sowohl für ein ausreichend hohes Prämienaufkommen sorgen als auch dem Prozess der negativen Selektion entgegenwirken soll.

Als wesentliches Grundprinzip des Consorcio steht dieser Mechanismus auch im Mittelpunkt der wettbewerbsrechtlichen Untersuchung des Consorcio.

Anders als im Modell der Terror-Monopolversicherung gibt es in Spanien weder einen Zwang zum Abschluss einer Terrorversicherung noch besteht zugunsten des Consorcio ein Angebotsmonopol oder ein Bannrecht. Auch private, in- oder ausländische Versicherer dürfen also in Spanien Terrorversicherungen anbieten. Versicherungsschutz für in Spanien belegene Objekte kann außerdem ohne weiteres auch bei im Ausland ansässigen Unternehmen erworben werden.

aa) Basisversicherungen

Der Versicherungsschutz durch das Consorcio gegen Terrorschäden kann allerdings nicht durch einen isolierten Vertrag zwischen dem Consorcio und dem Versicherungskunden begründet werden. Vielmehr ist der Versicherungsschutz an den Abschluss bestimmter Arten von Schadensversicherungen bei einem herkömmlichen Erstversicherungsunternehmen gebunden[462]. Als Basisversicherungen taugen nur Policen, die den Schutz von Objekten auf spanischem Boden zum Gegenstand haben[463].

---

462 CONSORCIO-Requisitos para la cobertura del Consorcio, abrufbar unter: http://www.consorseguros.es/extra/frequisitos.htm.

463 CONSORCIO-Requisitos para la cobertura del Consorcio, abrufbar unter: http://www.consorseguros.es/extra/frequisitos.htm.

Art. 7 des Estatuto Legal sowie Art. 10 Nr. 1 a) und b) des Reglamento de riesgos extraordinarios legen fest, welche Arten von Versicherungen als Basis für einen Versicherungsschutz durch das Consorcio dienen. Dazu zählen Unfallversicherungen, Versicherungen, die erd- und schienengestützte Fahrzeuge schützen, Feuerversicherungen, Versicherungen gegen Naturereignisse, Diebstahls- oder Glasbruchversicherungen, Versicherungen gegen Schäden an Maschinen, Elektrogeräten, Computern oder Motorfahrzeugen sowie Kombinationen der genannten Modalitäten. Im Bereich der Personenschäden dient als Basisversicherung eine Unfallversicherung, sofern darin eine Deckung gegen Tod oder dauernde Invalidität vereinbart ist.

bb) Obligatorischer Zuschlag (recargo)

Hat ein Versicherungsnehmer eine der genannten Versicherungen abgeschlossen, so ist er gemäß Art. 7 Estatuto Legal zur Zahlung eines Zuschlags (recargo obligatorio) verpflichtet. Dieser wird gemäß Art. 18 Nr. 2 Estatuto Legal von den Versicherungsunternehmen gemeinsam mit deren Prämien aus der Basisversicherungspolice kassiert. Die Versicherungsunternehmen erhalten vom Consorcio dafür einen Betrag, der 10 % der eingetriebenen Bruttosumme nicht überschreiten darf.

Die Zahlung des Zuschlags durch den Versicherungsnehmer ist gemäß Art. 8 Nr. 1, S. 1 Estatuto Legal eine der Voraussetzungen einer Leistung durch das Consorcio.

cc) Subsidiärer Charakter der Leistungen des Consorcio

Anders als die Prämienzahlung bei herkömmlichen Versicherungsverträgen bedingt allein die Zahlung des Zuschlags allerdings noch keine Leistungspflicht des Consorcio.

Nach dem Wortlaut des Art. 8 Nr. 1 a) und b) Estatuto Legal sind die Leistungen des Consorcio nämlich subsidiärer Natur.

Das Consorcio gleicht Schäden demnach nur aus, wenn sich entweder der Versicherungsnehmer gegen die außergewöhnlichen Schadensursachen nicht anderweitig, also bei einem privaten Versicherungsunternehmen, versichert hat, oder zwar eine entsprechende private Versicherung besteht, das betreffende Versicherungsunternehmen aber insolvent ist oder sich in einem Konkursverfahren befindet und deshalb nicht mehr zur Zahlung der Versicherungssumme in der Lage ist.

dd) Pflicht zur Zuschlagszahlung auch bei Bestehen einer privaten Versicherung

Auch wenn keine der geschilderten Bedingungen für die subsidiäre Leistung des Consorcio vorliegt, bleibt die Pflicht des Versicherungsnehmers zur Zahlung des Zuschlags bestehen. Der Versicherungsnehmer zahlt also den Zuschlag und die Prämien für die private Versicherung parallel.

Ist im Schadensfall die private Versicherung zahlungsfähig, erhält der Versicherungsnehmer trotz der Zuschlagszahlung weder Leistungen vom Consorcio noch werden ihm die gezahlten Zuschläge zurückerstattet [argumento e contrario aus Art. 8 Nr. 1 a) und b) Estatuto Legal)][464].

ee) Selbstbehalte

Die Leistungspflicht des Consorcio hängt schließlich von der Höhe des Schadens ab. Nur wenn die gemäß Art. 8 Nr. 5 des Estatuto Legal vom Wirtschafts- und Finanzminister festgelegten Selbstbehalte überschritten sind, ist das Consorcio gemäß Art. 7 Nr. 1 h) des Reglamento de riesgos extraordinarios zur Leistung verpflichtet.

2. *Beurteilung des Consorcio am Maßstab der Art. 86, 82 EGV*

Die wettbewerbsrechtliche Prüfung des Consorcio beschränkt sich auf die Überprüfung des Missbrauchstatbestands des Art. 82 EGV und bestimmte beihilfenrechtliche Fragen[465]. Wie bei der Darstellung der Terror-Monopolversicherung erübrigt sich auch hier eine Überprüfung anhand der kartellrechtlichen Norm des Art. 81 EGV, weil keine Hinweise auf kartellrechtlich bedenkliche Absprachen oder Verhaltensweisen zwischen dem Consorcio und anderen Unternehmen vorliegen.

Im Mittelpunkt der Überprüfung des Consorcio-Modells zur Versicherung von Terrorrisiken steht die Verpflichtung der Versicherungsnehmer, bei Abschluss bestimmter Versicherungen einen Zuschlag (recargo) an das Consorcio zu entrichten.

---

464 v. UNGERN-STERNBERG, S. 17.

465 Siehe dazu näher unten, Zweiter Teil, II., 3.

a) Unternehmenseigenschaft des Consorcio

aa) Behandlung des Consorcio durch das gemeinschaftsrechtliche Sekundärrecht - Bedeutung des Begriffs „Kompensationsfonds"

Voraussetzung einer Anwendung des Wettbewerbsrechts ist, dass es sich bei dem Consorcio um ein Unternehmen im Sinne des Art. 82 EGV handelt[466]. Möglicherweise deutet die Einordnung des Consorcio durch die Richtlinien zur Schadensversicherung auf die fehlende Unternehmenseigenschaft des Consorcio hin.

In der Ersten Richtlinie Schadensversicherung findet das Consorcio keinerlei Erwähnung. Dies dürfte jedoch auf den Umstand zurückzuführen sein, dass Spanien erst 1986 der Europäischen Gemeinschaft beigetreten ist und spanische Einrichtungen deshalb 1973 noch nicht Gegenstand gemeinschaftlicher Rechtsetzung sein konnten.

Die Zweite Richtlinie Schadensversicherung erwähnt das Consorcio in Art. 25. Dort heißt es:

„Unbeschadet einer späteren Harmonisierung unterliegen im Rahmen des Dienstleistungsverkehrs abgeschlossene Versicherungsverträge ausschließlich den indirekten Steuern und steuerähnlichen Abgaben, die in dem Mitgliedsstaat, in dem das Risiko im Sinne von Artikel 2 Buchstabe d) belegen ist, auf Versicherungsprämien erhoben werden; dies gilt hinsichtlich Spanien auch für die Zuschläge, die kraft Gesetzes an den spanischen „Consorcio de compensación de Seguros" zum Ausgleich von in diesem Mitgliedsstaat aufgrund außerordentlicher Ereignisse eingetretenen Schäden abzuführen ist."

Im Rahmen der Dritten Richtlinie Schadensversicherung findet sich in den Erwägungsgründen folgende Formulierung:

„In einigen Mitgliedsstaaten werden Versicherungsverträge keiner indirekten Steuer unterworfen, während die Mehrheit der Mitgliedsstaaten auf Versicherungsverträge besondere Steuern oder andere Abgaben einschließlich Zuschlägen für Kompensationsfonds erhebt. Zwischen den Mitgliedsstaaten, die diese Steuern und Abgaben erheben, bestehen erhebliche Unterschiede hinsichtlich der Gestaltung und der Sätze der Steuern und Abgaben. Diese Unterschiede

---

466 Siehe dazu oben, Zweiter Teil, I., 2., a).

dürfen nicht zu Wettbewerbsverzerrungen beim Angebot von Versicherungen zwischen den Mitgliedsstaaten führen. Vorbehaltlich einer späteren Harmonisierung kann dem dadurch begegnet werden, dass man das Steuersystem und andere Abgabensysteme des Mitgliedsstaates anwendet, in dem das Risiko belegen ist. Es obliegt den Mitgliedsstaaten, die Modalitäten festzulegen, nach denen die Erhebung dieser Steuern und Abgaben sichergestellt werden kann[467]*.“*

Art. 46 der Dritten Richtlinie Schadensversicherung ordnet sodann die Aufhebung des Art. 25 der Zweiten Richtlinie Schadensversicherung an, wiederholt jedoch den Teil des Art. 25 der Zweiten Richtlinie Schadensversicherung, der das Consorcio betrifft, sogleich wieder mit neuer Gültigkeit.

Das gemeinschaftsrechtliche Sekundärrecht erkennt den Bestand des Consorcio und die Zuschlagsregelung also ausdrücklich an. Für die Frage nach der Unternehmenseigenschaft des Consorcio ist zunächst festzustellen, dass das Sekundärrecht eine solche Unternehmenseigenschaft jedenfalls nicht ausdrücklich leugnet. Vielmehr belassen es die einschlägigen Richtlinien dabei, das Consorcio als „Kompensationsfonds“ zu bezeichnen. Auswirkungen auf die Unternehmenseigenschaft hätte dies nur dann, wenn die Einstufung des Consorcio als Kompensationsfonds die Einordnung einer Einrichtung als „Nicht-Unternehmen“ nach sich zöge.

Einen solchen Bedeutungsgehalt besitzt der Begriff des Entschädigungs- oder Ausgleichsfonds jedoch gerade nicht[468]. Vielmehr bestimmt die Unterscheidung von Versicherung und Entschädigungs- oder Kompensationsfonds allein über die Anwendbarkeit der Versicherungsrichtlinien[469]. Ob ein Entschädigungs- oder Ausgleichsfond dagegen Unternehmenscharakter im wettbewerbsrechtlichen Sinne besitzt, ist nach den allgemeinen Kriterien zu bestimmen.

bb) Beurteilung anhand allgemeiner Kriterien

Der finanzielle Ausgleich von Schäden, die Wirtschaftsbetrieben durch Terroranschläge entstehen, ist nicht grundsätzlich als hoheitliche Aufgaben von der

---

467 Erwägungsgrund Nr. (30) zur Dritten Richtlinie Schadensversicherung.

468 Implizit bestätigt dies auch BAUMANN, S. 22 f., indem er die Unternehmenseigenschaft des dort untersuchten deutschen Klärschlamm-Entschädigungsfonds prüft und letztlich auch bejaht.

469 Zur sekundärrechtlichen Einordnung des Consorcio als Entschädigungsfonds siehe näher unten, Zweiter Teil, II., 2., cc).

Anwendung des Wettbewerbsrechts freigestellt[470]. Für die Unternehmenseigenschaft einer Einrichtung spricht es, wenn sie in tatsächlichem oder potentiellem Wettbewerb mit anderen Anbietern steht[471].

(1) Das Consorcio als Wettbewerber privater Versicherungen

An der Rolle des Consorcio als Wettbewerber auf dem Versicherungsmarkt bestehen Zweifel. Von Seiten der Binnenmarktbeobachtungsstelle des Wirtschafts- und Sozialausschusses der Europäischen Gemeinschaften wird das Consorcio als öffentlich-rechtliche Einrichtung mit nachrangigem Charakter eingestuft, die wegen ihrer Aufgabe nachrangiger Absicherung bestimmter Risiken nicht im Wettbewerb mit anderen Versicherungen steht[472].

Diese Einschätzung des Consorcio kann nur geteilt werden, wenn die Tätigkeit des Consorcio den Abschluss privater Versicherungen nicht überflüssig machen würde. Entscheidend ist also, unter welchen Voraussetzungen das Consorcio zur Leistung verpflichtet ist.

(2) Voraussetzungen einer Leistung des Consorcio[473]

Das Consorcio leistet zum einen, wenn eine private Terrorversicherung abgeschlossen wurde, diese jedoch beispielsweise wegen Zahlungsunfähigkeit nicht mehr zur Zahlung der Versicherungssumme in der Lage ist.

Wäre das Consorcio nur in dieser Situation zur Leistung verpflichtet ist, stünde es nicht im Wettbewerb mit herkömmlichen Versicherungen. Voraussetzung einer Zahlung des Consorcio wäre nämlich der Abschluss einer privaten Primärversicherung. Der Abschluss einer privaten Terrorversicherung wäre also gerade nicht überflüssig.

Das Consorcio zahlt aber auch, wenn eine primäre Terrorversicherung nicht abgeschlossen wurde. Zwar bedarf es auch hier noch des Abschlusses einer Primärversicherung, diese muss jedoch gerade nicht auch die Absicherung von Terrorschäden beinhalten.

---

470 Siehe dazu oben, Zweiter Teil, I., 2., a).
471 Siehe dazu oben, Zweiter Teil, I., 2., a), bb), (3), (e), (cc).
472 So am 11. September 2002 Christian Schedel von der Binnenmarktbeobachtungsstelle in Beantwortung meiner Anfrage.
473 Siehe dazu oben, Zweiter Teil, II., 1., h).

Aufgrund dieser zweiten Sachverhaltskonstellation wird der Abschluss spezieller Terrorversicherungen also weitgehend wirtschaftlich sinnlos. Das Consorcio tritt somit als Wettbewerber tatsächlicher oder potentieller Anbieter von Terrorversicherungen auf und ist deshalb als Unternehmen einzuordnen.

cc) Stellungnahme zur sekundärrechtlichen Einordnung des Consorcio

Die Begriffe „Versicherung" und „Entschädigungs- oder Kompensationsfonds" haben keine Bedeutung für die Charakterisierung einer Einrichtung als Unternehmen im Sinne des primären, europäischen Wettbewerbsrechts. Sie dienen vielmehr dazu, den Anwendungsbereich der gemeinschaftsrechtlichen Versicherungsrichtlinien zu bestimmen[474].

Die Zweite und Dritte Richtlinie Schadensversicherung sowie die zugrundeliegenden Erwägungsgründe stufen das Consorcio als Entschädigungsfonds zum Ausgleich von Schäden ein, die infolge außerordentlicher Ereignisse auftreten. Die Zuschläge, die an das Consorcio abgeführt werden müssen, werden als „Steuern" oder „steuerähnliche Abgaben" klassifiziert[475].

Im Umkehrschluss bedeutet dies, dass das Consorcio keine Versicherung im Sinne der Schadensversicherungsrichtlinien ist, es sich bei den Zuschlägen folgerichtig auch nicht um Versicherungsprämien handelt. Die Versicherungsrichtlinien sind deshalb nicht auf das Consorcio anwendbar, die Einrichtung bleibt also vom Liberalisierungsdruck des einschlägigen Sekundärrechts verschont. Ob diese Einschätzung des Consorcio zutreffend ist, soll im Folgenden kurz untersucht werden.

(1) Abgrenzungskriterien für den Begriff „Versicherung" auf gemeinschaftsrechtlicher Ebene

Die Beurteilung der sekundärrechtlichen Einschätzung des Consorcio bereitet in erster Linie deshalb Probleme, weil es an einer Definition des Begriffs „Versicherung" fehlt. Dies gilt sowohl auf der Ebene nationalen deutschen Rechts[476] als auch auf der Ebene des europäischen Gemeinschaftsrechts.

---

474 Siehe dazu oben, Zweiter Teil, II., 2., a)., aa).

475 Dritte Richtlinie Schadensversicherung, Art. 46.

476 SCHMIDT, in: PRÖLSS/SCHMIDT, VAG, § 1, Rn. 2.

Auch die Versicherungsrichtlinien verzichten auf eine ausdrückliche Definition von Versicherung und beschränken sich auf die empirische Auflistung einzelner Versicherungssparten[477]. Dieser Verzicht auf eine feststehende, allgemeingültige Begriffsbestimmung wird teils als Lösung begrüßt, die ein flexibles Vorgehen ermöglicht[478], teils erblickt man darin ein Problem, weil in Grenzfällen Unsicherheiten über die Anwendung des weitreichenden gemeinschaftlichen Sekundärrechts entstehen können[479].

Trotz mangelnder Begriffsbestimmung in den meisten Mitgliedsstaaten der Gemeinschaft und der unterschiedlichen nationalen Auffassungen haben rechtsvergleichende Studien Merkmale herausgearbeitet, die in der Zusammenschau der nationalen Rechtsordnungen unerlässliche Elemente von Versicherungen sind.

Es muss danach zunächst Ungewissheit über den Eintritt eines Ereignisses bestehen. Für den Eintritt des Ereignisses muss gegen Entgelt eine vermögenswerte Leistung versprochen werden, wobei die Zusage der Leistung nicht bloß unselbstständige Nebenabrede zu einem Rechtsgeschäft anderer Art sein darf[480].

Die Geschäftstätigkeit des Consorcio erfüllt diese Voraussetzungen, weil für den ungewissen Fall eines Terroranschlags Geldleistungen erbracht werden, sofern das Entgelt in Gestalt des Zwangszuschlags entrichtet wurde. Zwar wird die Terrorabsicherung an den Abschluss einer Basisversicherung geknüpft, bei diesen Versicherungen handelt es sich aber nicht um Rechtsgeschäfte gänzlich anderer Art.

(2) Merkmale eines Entschädigungs- und Ausgleichsfonds im deutschen Recht

Ein Blick auf die als in der Abgrenzung strittig empfundenen Grenzfälle macht deutlich, dass eine Einordnung des Consorcio als Entschädigungs- oder Ausgleichsfonds auch nach deutschem Recht nicht in Frage kommt.

---

477 BAUMANN, S. 6 f.

478 MÜLLER, Rn. 370; SCHMIDT, in: PRÖLSS/SCHMIDT, VAG, § 1, Rn. 2.

479 MÜLLER, Rn. 36: die größte Gefahr sieht MÜLLER allerdings darin, dass Geschäfte, die dem Versicherungsbereich zuzuordnen sind, nicht einer im europäischen Allgemeininteresse liegenden Aufsicht unterliegen.

480 MÜLLER, Rn. 372.

(a) Absicherung Dritter

Kennzeichnend für solche Fonds ist zunächst, dass die Beitragszahler den Fonds unterhalten, um Fälle abzusichern, in denen sich bei Dritten eine Gefahr realisiert[481].

Diese Definition von Entschädigungsfonds betont nicht deutlich genug den Unterschied zu einer Versicherung. Jede Versicherung basiert nämlich darauf, dass mit den Beiträgen vieler nicht nur die Schäden des jeweiligen Beitragszahlers, sondern auch die Schäden Dritter ausgeglichen werden, die ihrerseits Beitragszahler sind.

Erst die zur Veranschaulichung der Definition angeführten Beispiele machen klar, worin die eigentliche Besonderheit der Entschädigungsfonds liegt. So zahlen etwa Ölgesellschaften in einen Fonds ein, der Dritten für Schäden Ausgleich leistet, die ihnen durch Öl entstanden sind. Kennzeichnend für solche Fonds ist, dass den Beitragszahlern selbst die entsprechenden Gefahren gar nicht drohen. Versicherungen basieren dagegen darauf, dass jeder Versicherungsnehmer deshalb zahlt, weil er selbst potentielles Opfer und damit potentiell Ausgleichsberechtigter ist.

Die durch das Consorcio gegen Terrorschäden Abgesicherten dürften zwar in sehr unterschiedlicher Intensität von Terroranschlägen bedroht sein, abgesichert werden jedoch nicht Gefahren, die den Beitragszahlern von vornherein überhaupt nicht drohen. Die Beitragszahler sind mit anderen Worten nicht von vornherein aus dem Kreis der potentiell Entschädigungsberechtigten ausgeschlossen. Dies spricht für eine Einordnung des Consorcio als Versicherung.

(b) Gemeinsamer Zweck der Beitragszahler

Weiteres Merkmal eines Entschädigungsfonds ist die Verfolgung eines gemeinsamen Zwecks durch die Fondsmitglieder, während Versicherte nur ihre eigenen, unterschiedlichen und oftmals sogar gegenläufigen Interessen verfolgen[482].

Eine Übertragung dieses Gedankens auf das Consorcio spricht ebenfalls für eine Einordnung als Versicherung. Zwar erfolgt mit Hilfe der Zwangsabgabe (recargo) eine „solidarische" Terrorabsicherung aller, dies ist aber nicht gemeinsames

---

481 FAHR, S. 367 (367).

482 BAUMANN, S. 9 f.; FAHR, S. 367 (369).

Ziel aller Zwangsgesicherten. So denn überhaupt ein Interesse an den Leistungen des Concorcio besteht, ist sich vielmehr „jeder selbst der Nächste", es geht also um die eigene Absicherung für den Fall eines Terroranschlags.

(3) Konkurrierende Kompensationsmechanismen in Spanien

Für den Versicherungscharakter des Consorcio spricht des Weiteren, dass das spanische System neben den Leistungen des Consorcio direkte staatliche Kompensationslösungen für Terrorschäden vorsieht[483]. Ausgleichsleistungen dieser Art schließen Ansprüche gegen das Consorcio grundsätzlich nicht aus[484].

Eine Einordnung des Consorcio als Entschädigungsfond würde vor diesem Hintergrund die Frage aufwerfen, warum Entschädigungsleistungen für Terrorschäden durch ganz unterschiedliche Regelungen und Einrichtungen vorgesehen sind. Handelte es sich in beiden Fällen um bloße subsidiäre staatliche Kompensationszahlungen, hätte man die entsprechenden Funktionen in einer Einrichtung bündeln können.

(4) Eigendarstellung des Consorcio und Einordnung in der Literatur

Für die Einordnung des Consorcio als Versicherung sprechen auch die unternehmenseigenen Publikationen. Zwar beharrt man offiziell darauf, dass das Consorcio nur subsidiär tätig wird, relativiert diese Behauptung aber im gleichen Satz dadurch, dass die Absicherung durch das Consorcio anderen Versicherungen gleichgestellt wird[485].

Noch eindeutiger lassen sich die Zweifel an der Einordnung des Consorcio durch das europäische Sekundärrecht daran festmachen, wie der Zwangszuschlag bezeichnet wird.

Während in der Zweiten und Dritten Richtlinie Schadensversicherung an den Begriffen „Steuer" oder „steuerähnliche Abgabe" festgehalten wird, bezeichnen

---

483 RODRIGUEZ, S. 201 ff.

484 RODRIGUEZ, S. 206.

485 CONSORCIO-The Extraordinary Risks Coverage, IV. The «Consorcio de Compensación de Seguros" in the coverage of extraordinary risks, abrufbar unter: http://www.consorseguros.es/extra/ingles/friskcoverage.cfm?vol=0, besonders deutlich wird die Gleichstellung der Tätigkeit des Consorcio mit der einer Versicherung in folgender Formulierung: „a) The extraordinary risks is not specifically and explicitly covered by another insurance policy."

die Eigenpublikationen des Consorcio die Zwangszuschläge teilweise ganz offen als „Versicherungsprämien (primas)“[486].

Im Ergebnis überwiegen somit die Anhaltspunkte, die für eine Einordnung des Consorcio als Versicherung, und folgerichtig die Zuschläge als Versicherungsprämien sprechen. Es erscheint deshalb nicht von vornherein absurd oder böswillig, in der Einordnung des Consorcio durch das europäische Sekundärrecht und der daraus folgenden Verschonung des Unternehmens vor einem tiefgreifenden Umbau das Ergebnis politischer Einflussnahme des spanischen Staates zu sehen[487].

b) Beherrschende Stellung des Consorcio auf dem Gemeinsamen Markt oder einem wesentlichen Teil des Gemeinsamen Marktes

aa) Relevanter Markt

Zur Beurteilung einer Marktposition als beherrschend oder nicht-beherrschend bedarf es einer Abgrenzung des Marktes, der als Vergleichsgröße für die Beurteilung dienen soll. Es gilt, den relevanten Markt in sachlicher, räumlicher und zeitlicher Sicht zu bestimmen[488].

Ein eigener sachlicher Markt ist zu bejahen, wenn die marktspezifischen Produkte nicht gegen andere Produkte austauschbar sind. Bezogen auf Versicherungen gilt in diesem Zusammenhang, dass sie nur durch andere Versicherungen ersetzt werden können, die dieselben Risiken absichern.

Für den deutschen Markt wurde herausgearbeitet, dass Terrorversicherungen seit den Anschlägen vom 11. September 2001 nicht mehr durch andere, weniger spezielle Versicherungen ersetzt werden können, da letztere angesichts der neuen Bedrohungsanalyse Terrorschäden nicht mehr abdecken.

---

486 v. UNGERN-STERNBERG, S. 18; auch die offiziellen Publikationen beziehungsweise die einschlägigen Rechtsvorschriften bemühen sich durchaus, die Bezeichnung als „recargo“ durchzuhalten, teilweise gerade unter Gegenüberstellung der Begriffe „Zuschlag (recargo)“ und „Prämie (prima)“, siehe beispielsweise Art. 18 Abs. 2, 23 Abs. 1 a) Estatuto Legal; diese Unterscheidung wird jedoch nicht konsequent durchgehalten, so kennt das Consorcio selbst ausdrücklich die „prima de riesgos extraordinarios“, siehe CONSORCIO-Estadística Riesgos Extraordinarios 1971-2001, S. 12, abrufbar unter: http://www.consorseguros.es/datos/fextra.cfm.

487 v. UNGERN-STERNBERG, S. 16 ff.; auf S. 19 bezeichnet der Autor den Umgang der Zweiten und Dritten Richtlinien Schadensversicherung mit dem Consorcio als „formal-juristische Wortspielerei“.

488 Siehe dazu oben, Zweiter Teil, I., 2., d), aa), (1).

In Spanien wurden Terrorschäden schon vor dem 11. September 2001 nicht von umfassenderen Gebäude- oder Sachversicherungspolicen abgedeckt. Grund dafür ist gerade das Angebot des Consorcio, das eine private Deckung des Terrorrisikos überflüssig macht. Folgerichtig schließen Versicherungsbedingungen in Spanien die Deckung von Schäden aus, die das Consorcio übernimmt[489].

Ein spezieller Markt für Terrorversicherungen konnte sich in Spanien also wegen des Angebots des Consorcio nicht entwickeln. Daraus, dass der mutmaßliche Marktbeherrscher durch sein Angebot einen Markt gar nicht erst entstehen lässt, kann aber nicht auf die wettbewerbsrechtliche Zulässigkeit des Angebots geschlossen werden. Ziel des europäischen Wettbewerbsrechts ist es ja gerade auch, den Interessen potentieller Wettbewerber zu dienen, die gerade wegen der mutmaßlichen Wettbewerbsbeschränkung nicht zum Zuge kommen[490].

Die Abschaffung des Angebots des Consorcio vorausgesetzt spricht nichts dagegen, dass angesichts der neuartigen Terrorgefahren auch in Spanien spezielle Terrorversicherungsangebote auf den Markt kämen. Ähnlich wie oben für die Monopolversicherung[491] ist der nationale, hier spanische Markt für Terrorversicherungen als Bezugsgröße für die Überprüfung der marktbeherrschenden Stellung des Consorcio heranzuziehen.

Bezüglich der räumlichen Abgrenzung des relevanten Marktes gilt für Versicherungen, dass sich die Betrachtung angesichts der Nicht-Verderblichkeit des Produkts um so stärker darauf zu stützen hat, in welchem Gebiet sich die mutmaßlich missbräuchliche Verhaltensweise auswirkt[492].

Die hier zu untersuchende Zuschlagsregelung gilt gemäß Art. 7 des Estatuto Legal für die Versicherungen der betroffenen Sparten, sofern sie Schäden an Personen und Gütern abdecken, die sich in Spanien befinden.

Als räumlich relevanter Markt ist demnach der Terrorversicherungsmarkt für in Spanien belegene Objekte zum Maßstab der Marktanteilsanalyse zu nehmen.

---

489 Siehe beispielsweise das Angebot einer Sach- und Gebäudeversicherungen der Allianz AG in Spanien, abrufbar unter: http://www.segurostotgestio.com/condicionado%20Allianz%Comercio.PDF.

490 Siehe dazu oben, Zweiter Teil, I., 2., a), bb), (3), (e), (cc).

491 Siehe dazu oben, Zweiter Teil, I., 2., d), aa), (1), (a).

492 Siehe dazu oben, Zweiter Teil, I., 2., d), aa), (1), (b).

Hinsichtlich der zeitlichen Abgrenzung des relevanten Marktes[493] gilt auch für Spanien, dass angesichts der neuen Bedrohungslage das Bedürfnis nach speziellen Terrordeckungen erhalten bleiben wird[494]. Der relevante Markt, für den die Marktposition des Consorcio beurteilt werden muss, ist somit der Markt für Versicherungen, die Terrorschäden an Personen und Gütern in Spanien decken.

bb) Marktbeherrschung durch das Consorcio

Eine marktbeherrschende Stellung liegt vor, wenn es einem Unternehmen angesichts seiner Machtstellung möglich ist, die Aufrechterhaltung eines wirksamen Wettbewerbs auf dem relevanten Markt zu verhindern. Zu bejahen ist eine marktbeherrschende Stellung insbesondere, wenn sich das Unternehmen dank seiner Marktstellung gegenüber seinen Konkurrenten und Abnehmern in nennenswertem Umfang unabhängig verhalten kann[495].

Das maßgebliche Kriterium für die beherrschende Stellung eines Unternehmens ist sein Marktanteil. Obwohl diesbezüglich keine starren Grenzwerte gelten, geht man jedenfalls bei einem Marktanteil von 80 %, teilweise aber auch bereits bei 50 % von einer Marktbeherrschung aus[496].

Zahlen für den Anteil des Consorcio am spanischen Terrorversicherungsmarkt sind nicht erhältlich. Da die Zuschlagsregelung zugunsten des Consorcio allerdings dazu führt, dass der Abschluss einer gesonderten privaten Terrorversicherung für den Versicherungsnehmer nicht von Interesse ist, ist das Consorcio der einzige Anbieter von Terrordeckungen in Spanien[497]. Etwas anderes könnte nur

---

493 Siehe dazu oben, Zweiter Teil, I., 2., d), aa), (1), (c).

494 Dies gilt in Spanien möglicherweise deshalb sogar in verstärkter Form, weil die Terrorismusgefahr durch die andauernde Aktivitäten der ETA schon vor dem 11. September 2001 größer als anderswo war.

495 EuGH „United Brands vs. Kommission", Rs. 27/76, Slg. 1978, S. 207 (286/Rn. 63/66).

496 WEIß, in: CALLIESS/RUFFERT (Hrsg.), EUV/EGV, Art. 82 EGV, Rn. 10.

497 NAJÉRA IBAÑEZ stellt fest, dass in der Praxis keine private Versicherung den Schutz gegen außergewöhnliche Schadensursachen anbietet, bezieht sich bei dieser Feststellung allerdings auf Naturereignisse. Die Situation dürfte für die Terrorversicherung aber ähnlich sein, weil die Zuschlagsregelung ja für alle außergewöhnlichen Schadensursachen gleichermaßen gilt; ähnlich QUINTO, S. 18; auch die UNESPA fest, dass private Versicherungen beispielsweise in Feuerversicherungsverträgen die Haftung für Terrorschäden von vornherein ausschließen, weil solche Schäden in den Zuständigkeitsbereich des Consorcio fielen.

bezüglich solcher Schäden gelten, die, wie beispielsweise indirekte Schäden[498], bisher nicht vom Consorcio abgedeckt werden.

Auch in diesem Bereich, insbesondere beim Ausgleich von Betriebsunterbrechungsschäden, tritt das Consorcio jedoch heute schon als Rückversicherer auf. Die Eingliederung der entsprechenden Haftung in das herkömmliche Angebot des Consorcio soll folgen[499]. Spätestens nach Abschluss dieser Entwicklung ist mit einer völligen Verdrängung konkurrierender Terrorversicherungsanbieter und folgerichtig einem Marktanteil des Consorcio von 100 % zu rechnen.

Von einer Beherrschung des spanischen Terrorversicherungsmarktes durch das Consorcio ist jedenfalls im Sinne einer modellhaften Betrachtungsweise auszugehen.

cc) Wesentlichkeit des beherrschten Marktes

Das Staatsgebiet eines Mitgliedsstaates ist wesentlicher Teil des Gemeinsamen Marktes im Sinne des Art. 82 EGV[500].

Auch der hier relevante spanische Markt für Terrorversicherungen ist deshalb gemäß Art. 82 EGV wesentlich.

c) Missbräuchliches Ausnutzen der beherrschenden Stellung gemäß Art. 86 I, 82 EGV

Wesentliches Fundament eines am Consorcio orientierten Versicherungsmodells ist die Zuschlagsregelung.

Da das wettbewerbsrechtlich verdächtige Element des Consorcio-Modells somit auf einer gesetzlichen Regelung beruht, wäre ein Vorgehen gegen das Unternehmen selbst sinnlos. Der mutmaßliche Missbrauch könnte nur von dem Staat abgestellt werden, der die gesetzliche Regelung erlassen hat.

Den erforderlichen Durchgriff auf den Staat, der den Verstoß des marktbeherrschenden Unternehmens gegen die dem Unternehmen in Art. 82 EGV auferleg-

---

498 Siehe dazu oben, Zweiter Teil, II., 1., g), bb).

499 Convenio de reaseguro de pérdida de beneficios, S. 4.

500 Siehe dazu oben, Zweiter Teil, I., 2., d), aa), (2).

ten Pflichten fördert oder gar erzwingt[501], ermöglicht Art. 86 I EGV[502]. Das Missbrauchsverbot des Art. 82 EGV muss deshalb hier in Verbindung mit der „Relais-Vorschrift“ des Art. 86 I EGV geprüft werden.

aa) Voraussetzungen des Art. 86 I EGV

Bevor auf die mögliche Verletzung einer der in Art. 86 I EGV genannten Vertragsvorschriften eingegangen wird, müssen zunächst die übrigen Voraussetzungen der genannten Vorschrift überprüft werden.

(1) Öffentliches oder privilegiertes Unternehmen

Das Consorcio müsste ein öffentliches oder ein mit besonderen oder ausschließlichen Rechten ausgestattetes Unternehmen im Sinne des Art. 86 I EGV sein.

(a) Öffentliches Unternehmen

Hinsichtlich der Öffentlichkeit eines Unternehmens im Sinne des Art. 86 I EGV kann auf die Definition des Begriffs durch die Kommission in Art. 2 I der Transparenzrichtlinie verwiesen werden[503]. Öffentlich ist demnach: *„jedes Unternehmen, auf das die öffentliche Hand aufgrund Eigentums, finanzieller Beteiligung, Satzung oder sonstiger Bestimmungen, die die Tätigkeit des Unternehmens regeln, unmittelbar oder mittelbar einen beherrschenden Einfluss ausüben kann“.*

Ein beherrschender Einfluss wird gemäß Art. 2 II der Transparenzrichtlinie wiederum dann vermutet, wenn die öffentliche Hand:

a) „die Mehrheit des gezeichneten Kapitals des Unternehmens besitzt oder
b) über die Mehrheit der mit den Anteilen des Unternehmens verbundenen Stimmrechte verfügt oder
c) mehr als die Hälfte der Mitglieder des Verwaltungs-, Leistungs- oder Aufsichtsorgans des Unternehmens bestellen kann.“

Das Consorcio ist zwar mit eigenem Vermögen ausgestattet, eine Beteiligung Privater an dem Unternehmen ist aber nicht vorgesehen. Das Kapital des öffent-

---

[501] Zu den Funktionen des Art. 86 EGV, siehe oben, Zweiter Teil, I., 2., c), aa), (2), (c).
[502] Siehe oben, Zweiter Teil, I., 2., c), aa), (2), (c).
[503] Siehe dazu oben, Zweiter Teil, I., 2., a), bb).

lich-rechtlichen Consorcio ist deshalb in seiner Gesamtheit im Besitz der öffentlichen Hand.

Auch die administrativen Strukturen belegen den öffentlichen Charakter des Consorcio. Präsident des Consorcio ist gemäß Art. 4 II des Estatuto Legal der staatliche Direktor der Versicherungsaufsicht (director general de seguros).

Die zwölf Mitglieder, aus denen das Verwaltungsorgan (consejo de administración) des Consorcio nach Maßgabe des Art. 4 I des Estatuto Legal besteht, werden darüber hinaus gemäß Art. 4 III des Estatuto Legal vom Wirtschafts- und Handelsminister (ministro de economía y hacienda) bestellt und abberufen. Hinzu kommt, dass die Tätigkeit des Consorcio bis in die Details durch staatliche Normen vorgeschrieben ist[504].

Das Consorcio ist somit ein öffentliches Unternehmen im Sinne des Art. 86 I EGV.

(b) Privilegiertes Unternehmen

Privilegierte Unternehmen im Sinne des Art. 86 I EGV zeichnen sich dadurch aus, dass der Staat ihnen ausschließliche oder besondere Rechte gewährt.

Ausschließliche und besondere Rechte verleihen einem oder mehreren Unternehmen die alleinige Befugnis, in einem bestimmten Markt tätig zu werden. Die Tätigkeit wird also einem oder mehreren Unternehmen unter Ausschluss aller anderen tatsächlichen oder potentiellen Marktteilnehmer vorbehalten[505].

Diese Wirkung hat die Zuschlagsregelung zugunsten des Consorcio gerade nicht. Deutlich wird dies insbesondere im historischen Rückblick. Bis 1990 galt zugunsten des Consorcio nämlich ein solches ausschließliches Recht. Danach war es nur dem Consorcio erlaubt, Versicherungen gegen außergewöhnliche Schadensursachen anzubieten[506]. Um den gemeinschaftsrechtlichen Vorgaben der 2. Richtlinie Schadensversicherung zu genügen, wurde die ausdrückliche Monopolrecht zugunsten des Consorcio 1990 abgeschafft[507]. Seitdem ist es allen Anbietern von Versicherungen gestattet, in Spanien auch Terrorschäden abzusi-

---

504 Siehe zu den für das Consorcio maßgeblichen Normen oben, Zweiter Teil, II., 1., b).

505 Siehe zum Begriff der ausschließlichen und besonderen Rechte oben, Zweiter Teil, I., 2., b), aa).

506 v. UNGERN-STERNBERG, S. 17.

507 RODRIGUEZ, S. 220 f.; v. UNGERN-STERNBERG, S. 17.

chern[508]. Die Zuschlagsregelung stellt also kein ausschließliches oder besonderes Recht im Sinne des Art. 86 I EGV dar.

(2) Maßnahme im Sinne des Art. 86 I EGV

Bei der Zuschlagsregelung müsste es sich um eine Maßnahme im Sinne des Art. 86 I EGV handeln. Unter einer solchen Maßnahme wird jedes rechtliche oder tatsächliche Einwirken eines Mitgliedsstaates auf die genannten Unternehmen verstanden, das zu einem gemeinschaftsrechtswidrigen Verhalten des Unternehmens oder des Mitgliedsstaates selbst führen kann[509]. Auch gesetzliche Regelungen wie die Zuschlagsregelung zugunsten des Consorcio sind grundsätzlich als Maßnahmen im Sinne des Art. 86 I EGV tauglich[510].

(3) Maßnahme „in Bezug" auf öffentliche oder privilegierte Unternehmen

Erforderlich ist schließlich, dass sich die Maßnahme speziell auf ein öffentliches oder mit besonderen oder ausschließlichen Rechten ausgestattetes Unternehmen bezieht. Bei Gesetzen, die wegen ihres allgemeinen Charakters auch auf andere Unternehmen angewandt werden können, ist die Spezialität zu verneinen[511].

Die gesetzlich verankerte Zuschlagsregelung ermöglicht es allein dem Consorcio, seine Terrordeckung in obligatorischer Weise mit dem Abschluss bestimmter Versicherungen zu verbinden. Der erforderliche Bezug der Maßnahme zum Consorcio ist somit ebenfalls gegeben.

bb) Widerspruch der Maßnahme zum Missbrauchsverbot des Art. 82 EGV

Die besondere Struktur des Art. 86 I EGV erfordert es, in einem zweiten Schritt zu überprüfen, ob die Maßnahme in Gestalt der Zuschlagsregelung einer der in Art. 86 I EGV genannten Vorschriften des Vertrags widerspricht. Im vorliegenden Fall geht es darum, ob die Zuschlagsregelung gemäß Art. 82 EGV zum Missbrauch einer marktbeherrschenden Stellung führt.

---

508 v. UNGERN-STERNBERG, S. 17; CONSORCIO-Trayectoria histórica; CONSORCIO-The Extraordinary Risks Coverage, II. Origins and historical background of the „Consorcio de Compensación de Seguros", abrufbar unter: http://www.consorseguros.es/extra/ingles/friskcoverage.cfm?vol=0.

509 DOHMS, Rn. 44.

510 DOHMS, Rn. 47.

511 DOHMS, Rn. 48.

(1) Begriff des Missbrauchs allgemein

Art. 82 EGV enthält keine allgemeingültige und abstrakte Definition des Missbrauchs[512]. Für die Identifizierung missbräuchlicher Handlungsweisen bedarf es daher in besonderem Maße weiterführender Anhaltspunkte. Orientierung bietet in diesem Zusammenhang zum einen das in Art. 3 g) EGV formulierte Ziel des Gemeinschaftsvertrags, ein System unverfälschten Wettbewerbs zu gewährleisten[513], zum anderen die in Art. 82 II EGV exemplarisch aufgeführten Missbrauchstatbestände[514]. Zu beachten ist, dass den Beispielstatbeständen des Art. 82 II EGV eine zwar wesentliche, aber keinesfalls abschließende Bedeutung zukommt[515]. Es sind also durchaus Missbrauchsformen denkbar, die der Katalog des Art. 82 II EGV nicht enthält[516].

Grundsätzlich lassen sich die von Art. 82 EGV erfassten Missbrauchstatbestände in drei Kategorien einteilen[517]: Ein Ausbeutungsmissbrauch liegt vor, wenn Marktergebnisse erzielt werden, die bei funktionsfähigem Wettbewerb nicht zu erzielen gewesen wären. Ein Behinderungsmissbrauch besteht darin, den Restwettbewerb durch Maßnahmen gegenüber verbliebenen oder potentiellen Konkurrenten weiter einzuschränken. Ziel eines Marktstrukturmissbrauchs ist es schließlich, eine marktbeherrschende Stellung durch Unternehmenszusammenschlüsse noch zu stärken.

(2) Zuschlagsregelung als Kopplungsgeschäft gemäß Art. 82 II d) EGV

Möglicherweise erfüllt die zugunsten des Consorcio geltende Zuschlagsregelung die Voraussetzungen des in Art. 82 II d) EGV enthaltenen Missbrauchsregelbeispiels eines sogenannten Kopplungsgeschäfts.

---

512 DIRKSEN, in: LANGEN/BUNTE (Hrsg.), Kartellrecht, Bd. 1, Art. 82 EGV, Rn. 71; SCHRÖTER, in: VON DER GROEBEN/SCHWARZE (Hrsg.), EUV/EGV, Bd. 2, Art. 82 EGV, Rn. 159.

513 EuGH „Commercial Solvents vs. Kommission“, verb. Rs. 6 und 7/73, Slg, 1974, S. 223 (224/Rn. 6); EuGH „Michelin vs. Kommission“, Rs. 322/81, Slg. 1983, S. 3461 (3503/ Rn. 29).

514 WEIß, in: CALLIESS/RUFFERT (Hrsg.), EUV/EGV, Art. 82 EGV, Rn. 24.

515 SCHRÖTER, in: VON DER GROEBEN/SCHWARZE (Hrsg.), EUV/EGV, Bd. 2, Art. 82 EGV, Rn. 159; deutlich macht dies die Verwendung des Wortes „insbesondere“, dazu DIRKSEN, in: LANGEN/BUNTE (Hrsg.), Kartellrecht, Bd. 1, Art. 82 EGV, Rn. 72.

516 EuGH „Continental Can vs. Kommission“, Rs. 6/72, Slg. 1973, S. 215 (246/Rn. 46).

517 Dazu und zum Folgenden siehe etwa DIRKSEN, in: LANGEN/BUNTE (Hrsg.), Kartellrecht, Bd. 1, Art. 82 EGV, Rn. 76.

Den Verdacht eines Kopplungsgeschäfts weckt die Zuschlagsregelung, weil die Kunden bestimmter Versicherungen zusätzlich zu den Basisversicherungen den nominell subsidiären Schutz des Consorcio kontrahieren müssen, ob sie diesen wollen oder nicht.

Das Kopplungsverbot des Art. 82 II d) EGV verfolgt verschiedene Ziele[518]. Zunächst geht es darum, die Freiheit des Kunden zu schützen. Er soll nicht zur Abnahme einer zusätzlichen Leistung oder eines zusätzlichen Produkts gezwungen werden, das er nicht haben möchte[519]. Gleichzeitig wird der Markt der Zusatzleistungen vor Verfälschungen geschützt[520]. Insbesondere soll die Ausdehnung marktbeherrschender Stellungen von dem bereits beherrschten Markt auf dritte, nämlich die Märkte der aufgedrängten Zusatzleistungen verhindert werden[521].

(a) Leistungserbringung im Sinne des Art. 82 II d) EGV durch das Consorcio

Das des Missbrauchs verdächtigte Unternehmen müsste zunächst eine Leistung erbringen, die dann zum Objekt der Kopplung wird[522].

Zweifel an einer Leistung im Sinne des Art. 82 II d) EGV könnten hier daraus erwachsen, dass die Tätigkeit des Consorcio als subsidiär eingestuft wird. Allerdings hat die Untersuchung der Voraussetzungen für eine Leistung des Consorcio ergeben, dass die Tätigkeit des Consorcio durchaus im Wettbewerb mit privaten Angeboten steht[523]. Die Deckung von Terrorschäden durch das Consorcio ist somit als wettbewerbsrechtlich relevante Leistungen einzustufen.

(b) Zusätzliche Leistung - Struktur des Kopplungsgeschäfts

Der Wortlaut des Art. 82 II d) EGV deutet bereits auf die Angebotsstrukturen hin, die normalerweise Grundlage verbotener Kopplungsgeschäfte sind. Danach muss es sich bei den Objekten der Kopplung um „zusätzliche“ Leistungen handeln.

---

518 Siehe insgesamt und ausführlich zu den Argumente gegen eine Zulässigkeit von Kopplungsgeschäften: BURKERT, S. 129-331.

519 DECKER, S. 183.

520 V. BARY, S. 236; DECKER, S. 183.

521 BUNTE, Kartellrecht, S. 424.

522 MÖSCHEL, in: IMMENGA/MESTMÄCKER, EG-Wettbewerbsrecht, Bd. I, VI. Abschnitt, Rn. 202.

523 Siehe dazu oben, Zweiter Teil, II., 2., a), bb), (1).

Während allerdings Kopplungsgeschäfte nicht-marktbeherrschender Unternehmen unter Umständen gemäß Art. 81 EGV unzulässig sind[524], sanktioniert Art. 82 II d) EGV speziell die Kopplungsgeschäfte marktbeherrschender Unternehmen.

Die spezifische wettbewerbsrechtliche Problematik von Kopplungsgeschäften marktbeherrschender Unternehmen beruht auf der Machtposition, die die Marktbeherrschung diesen Unternehmen verschafft und aufgrund derer sie in der Lage sind, ihren Kunden die Vertragskonditionen zu diktieren. Ist das marktbeherrschende Unternehmen gar alleiniger Anbieter eines bestimmten Produkts, sind ihm die Abnehmer vollständig „ausgeliefert".

Ein speziell auf marktbeherrschende Unternehmen zugeschnittenes Verbot von Kopplungsgeschäften muss an diese besondere Machtposition anknüpfen.

Voraussetzung eines gemäß Art. 82 II d) EGV unzulässigen Kopplungsgeschäfts ist deshalb zunächst ein Vertrag zwischen dem marktbeherrschenden Unternehmen und einem Abnehmer über ein Produkt, bezüglich dessen die Marktbeherrschung vorliegt. Dieses sogenannte „Hauptgeschäft"[525] ist das Mittel, mit dem das marktbeherrschende Unternehmen überhaupt erst Druck ausüben kann.

Der Tatbestand des Kopplungsgeschäfts ist erfüllt, wenn das marktbeherrschende Unternehmen das Druckmittel in Gestalt des Hauptgeschäfts nutzt, um den Vertragspartner zum Abschluss des Zusatzgeschäfts zu zwingen[526]. In dessen Rahmen verpflichtet sich der Vertragspartner zur Abnahme eines weiteren, vom Vertragsgegenstand des Hauptgeschäfts verschiedenen Produkts[527]. Das marktbeherrschende Unternehmen muss somit jedenfalls die Hauptleistung erbringen[528]. Auch die Zusatzleistung ist in der Regel ein Produkt oder eine Dienstleis-

---

524 MÖSCHEL, in: IMMENGA/MESTMÄCKER, EG-Wettbewerbsrecht, Bd. I, VI. Abschnitt, Rn. 198.

525 DIRKSEN, in: LANGEN/BUNTE (Hrsg.), Kartellrecht, Bd. 1, Art. 82 EGV, Rn. 155; SCHRÖTER, in: VON DER GROEBEN/SCHWARZE (Hrsg.), EUV/EGV, Bd. 2, Art. 82 EGV, Rn. 238.

526 Wobei es für den Tatbestand des Kopplungsgeschäfts nicht einmal eines direkten Zwangs bedarf; ausreichend ist es, wenn auf die Kunden ein so starker Anreiz, etwa in Form von Preisnachlässen, ausgeübt wird, dass Konkurrenten chancenlos sind, siehe dazu BURKERT, S. 132 f.; WEIß, in: CALLIESS/RUFFERT (Hrsg.), EUV/EGV, Art. 82 EGV, Rn. 63.

527 DIRKSEN, in: LANGEN/BUNTE (Hrsg.), Kartellrecht, Bd. 1, Art. 82 EGV, Rn. 155.

528 MÖSCHEL, in: IMMENGA/MESTMÄCKER, EG-Wettbewerbsrecht, Bd. I, VI. Abschnitt, Rn. 199; SCHRÖTER, in: VON DER GROEBEN/SCHWARZE (Hrsg.), EUV/EGV, Bd. 2, Art. 82 EGV, Rn. 239.

tung des marktbeherrschenden Unternehmens. Als Erbringer kommt jedoch auch ein vom Marktbeherrscher benanntes drittes Unternehmen in Frage[529].

(c) Kopplungsgeschäft des Consorcio im Sinne des Art. 82 II d) EGV

Vergleicht man Kopplungsgeschäfte im Sinne des Art. 82 II d) EGV mit der Tätigkeit des Consorcio, dann ergeben sich Zweifel an der Einordnung als Kopplungsgeschäft.

Marktbeherrschend ist das Consorcio allein auf dem Markt für Terrorversicherungen[530]. Nur mittels des Angebots von Terrorversicherungen wäre es dem Consorcio demnach möglich, wettbewerbsrechtlich bedenklichen Druck auf die Kunden auszuüben. Der Abschluss einer Terrorversicherung müsste also das Hauptgeschäft sein, an das eine weitere Leistung des Consorcio oder eines durch das Consorcio bestimmten Dritten gekoppelt wird.

Tatsächlich ist es hier jedoch die Deckung von Terrorschäden die an den Bezug anderer Versicherungen gekoppelt wird.

Ein Kopplungsgeschäft läge deshalb nur vor, wenn das Consorcio auch diese sogenannten Basisversicherungen anböte und auf den Märkten dieser Versicherungen eine beherrschende Stellung einnähme. Das ist aber nicht der Fall, da das Consorcio die in Frage kommenden Basisversicherungen überhaupt nicht anbietet.

Die Kopplung wird somit nicht durch die vorhandene Marktbeherrschung erzwungen. Vielmehr entsteht die Beherrschung des Terrorversicherungsmarktes durch das Consorcio überhaupt erst mittels der Ankopplung der Terrordeckung an die Basisversicherungen.

Die erzwungene Kontrahierung der vom Consorcio angebotenen Terrordeckung erfolgt somit nicht mittels eines Kopplungsgeschäfts, wie es Art. 82 II d) EGV sanktioniert.

---

[529] MÖSCHEL, in: IMMENGA/MESTMÄCKER, EG-Wettbewerbsrecht, Bd. I, VI. Abschnitt, Rn. 199; SCHRÖTER, in: VON DER GROEBEN/SCHWARZE (Hrsg.), EUV/EGV, Bd. 2, Art. 82 EGV, Rn. 239.

[530] Siehe dazu oben, Zweiter Teil, II., 2., b).

(3) Missbrauch einer marktbeherrschenden Stellung im Sinne der Generalklausel des Art. 82 I EGV

Möglicherweise verstößt die Aufrechterhaltung der Zuschlagsregelung zugunsten des Consorcio jedoch gegen Art. 86 I EGV in Verbindung mit Art. 82 I EGV, der missbräuchliches Verhalten marktbeherrschender Unternehmen generalklauselartig untersagt.

Nochmals sei hier darauf hingewiesen, dass die Zuschlagsregelung erst zu der marktbeherrschenden Stellung des Consorcio führt. Schon die Begründung einer marktbeherrschenden Stellung durch Maßnahmen eines Mitgliedsstaates kann aber rechtswidrig sein, wenn ein Missbrauch der geschaffenen marktbeherrschenden Stellung unausweichlich ist[531].

(a) Zuschlagsregelung als Behinderungsmissbrauch

Die Zuschlagsregelung führt dazu, dass tatsächliche oder potentielle Wettbewerber des Consorcio auf dem Markt für Terrorversicherungen für in Spanien belegene Objekte gar nicht erst antreten[532]. Angesichts dieser Wirkung der Zuschlagsregelung könnte hier ein Missbrauch in Form eines Behinderungsmissbrauchs vorliegen. Die Fallgruppe des Behinderungsmissbrauchs dient nämlich der Sanktionierung von Verhaltensweisen, die sich gegen Wettbewerber auf dem beherrschten Markt oder auf benachbarten Märkten richten[533].

(b) Verhältnis von ausschließlichen Rechten und Behinderungsmissbrauch im Sinne des Art. 82 I EGV

Für die Einstufung der Zuschlagsregelung wird zunächst noch einmal auf die Rolle ausschließlicher Rechte im Sinne des Art. 86 I EGV hingewiesen.

Durch ausschließliche Rechte als klassische Monopolrechte wird einem Unternehmen eine bestimmte Tätigkeit unter gesetzlichem Ausschluss tatsächlicher oder potentieller Wettbewerber vorbehalten, während besondere Rechte Wett-

---

531 Siehe dazu oben, Zweiter Teil, I., 2., c), cc), (1), (b).

532 Siehe oben, Zweiter Teil, II., 2., a), bb), (1).

533 MÖSCHEL, in: IMMENGA/MESTMÄCKER, EG-Wettbewerbsrecht, Bd. I, VI. Abschnitt, Rn. 160.

bewerb zwar weiterhin zulassen, jedoch ebenfalls eine bestimmte Tätigkeit zwei oder einer begrenzten Anzahl von Unternehmen vorbehalten[534].

In der Wirkung, nämlich der Verdrängung von Wettbewerbern von einem Markt, stimmen die Gewährung eines ausschließlichen Rechts im Sinne des Art. 86 I EGV und ein Behinderungsmissbrauch gemäß Art. 82 I EGV überein. Da ein ausschließliches Recht jeden Wettbewerber des begünstigten Unternehmens ausschaltet, ähnelt die Gewährung eines ausschließlichen Rechts in der Wirkung sogar einem Behinderungsmissbrauch mit dem denkbar größten Erfolg.

Gleichzeitig gilt nach ständiger Rechtsprechung des EuGH, dass die Gewährung eines ausschließlichen oder besonderen Rechts für sich genommen nicht gegen die Vorgaben des Gemeinschaftsrechts verstößt[535]. Für solche Rechte gilt vielmehr eine „Rechtmäßigkeitsvermutung“[536].

Möglicherweise ist deshalb in der Gewährung ausschließlicher oder besonderer Rechte der einzige gemeinschaftsrechtsverträgliche Weg für die Mitgliedsstaaten zu sehen, Wettbewerber zugunsten eines Unternehmens von einem Markt zu verdrängen.

Im Umkehrschluss wäre ein gemäß Art. 86 I, 82 I EGV unzulässiger, staatlich induzierter Missbrauch immer schon dann zu bejahen, wenn die marktbeherrschende Stellung eines Unternehmens durch eine staatliche Regelung geschaffen oder gesichert wird, ohne dass es sich bei dieser Regelung um ein ausschließliches oder besonderes Recht handelt.

Problematisch an einer solchen Auslegung der Art. 86 I, 82 I EGV erscheint, dass sie die Möglichkeiten der Mitgliedsstaaten zur Schaffung marktbeherrschender Stellungen beschränkt, obwohl Art. 82 EGV die Existenz marktbeherrschender Stellungen an sich zulässt[537].

---

534 Siehe zum Begriff der ausschließlichen und besonderen Rechte oben, Zweiter Teil, I., 2., b), aa).

535 Siehe dazu oben, Zweiter Teil, I., 2., c).

536 MESTMÄCKER, in: IMMENGA/MESTMÄCKER, EG-Wettbewerbsrecht, Band II, XII. Abschnitt, B. (Art. 90 im System des EG-Vertrags), Rn. 26.

537 Siehe dazu oben, Zweiter Teil, I., 2., c).

Allerdings bleibt zum einen für private Unternehmen weiterhin die Möglichkeit bestehen, mittels herausragender Leistungskraft marktbeherrschende Stellungen in marktkonformer Weise zu erobern.

Zum anderen wird auch die Schaffung einer marktbeherrschenden Stellung durch mitgliedsstaatliche Regelung nicht untersagt. Die Mitgliedsstaaten werden in diesem Zusammenhang lediglich zur Nutzung eines bestimmten Instrumentariums verpflichtet.

Vorteil einer solchen Auslegung ist ein Gewinn an Klarheit. Da die staatliche Schaffung marktbeherrschender Stellungen nur durch Regelungen zulässig ist, die der relativ eng gefassten Definition von ausschließlichen oder besonderen Rechten entsprechen müssen, sind alle anderen Regelungen, die ebenfalls zur Behinderung oder zum Ausschluss von Wettbewerbern führen, unzulässig.

Gerade das Beispiel des Consorcio macht die Vorteile der Auslegung deutlich. In der Selbstdarstellung verweist das Consorcio darauf, dass der heute für die Tätigkeit des Consorcio geltende rechtliche Rahmen den Liberalisierungsanforderungen des Gemeinschaftsrechts entspricht, weil die Versicherung von Terrorschäden nicht mehr exklusiv dem Consorcio vorbehalten ist[538].

Einig sind sich die Beobachter der Entwicklung jedoch darin, dass der Fortbestand der Zuschlagsregelung „de facto" auch den Fortbestand des Monopols des Consorcio bedeutet[539]. Nach der gewählten Auslegung der Art. 86 I, 82 EGV stellt ein solches „faktisches Monopol"[540] einen dem begünstigten Unternehmen durch staatliche Vorschrift vorgeschriebenen Missbrauch einer marktbeherrschenden Stellung dar, wobei in diesem Fall die Begründung der marktbeherrschenden Stellung mit dem Missbrauch zusammenfällt.

Die Zuschlagsregelung selbst und die ihr folgende marktbeherrschende Stellung des Consorcio auf dem spanischen Markt für Terrorversicherungen stellen somit einen Missbrauch im Sinne des Art.82 I EGV dar, den allerdings gemäß Art.86 I EGV der Mitgliedsstaat Spanien zu verantworten hat.

---

538 CONSORCIO-presentación y trayectoria histórica, abrufbar unter: http://www.consegu-ros.es-/marco/fmarco.htm.

539 V. UNGERN-STERNBERG, S. 18.

540 So QUINTO, S. 19 („indirektes rechtliches Monopol"); RODRIGUEZ, S. 223 („monopolio fáctico").

d) *Ausnahme gemäß Art. 86 II EGV – Dienstleistungen von allgemeinem wirtschaftlichem Interesse*

aa) *Stellenwert mitgliedsstaatlicher Konzepte*

Das Gemeinschaftsrecht hält keine abschließende Definition für den Begriff des allgemeinen wirtschaftlichen Interesses bereit[541]. Eine solche allgemeingültige Definition würde der Funktion des Art. 86 II EGV auch nicht gerecht, weil den Mitgliedsstaaten bei der Bestimmung der Dienstleistungen von allgemeinem wirtschaftlichem Interesse ein gewisser Spielraum gegeben werden soll[542]. Daraus folgt zum einen, dass Art. 86 II EGV nicht einheitlich in allen Mitgliedsstaaten auf Dienstleistungen derselben Art angewendet wird[543].

Zum anderen dienen die unterschiedlichen mitgliedsstaatlichen Konzepte zumindest als Anhaltspunkte für die Bestimmung der Dienstleistungen von allgemeinem wirtschaftlichem Interesse. In diesem Zusammenhang erlangen beispielsweise der deutsche Begriff der „Daseinsvorsorge" oder die französische Vorstellung des „sérvice public" Bedeutung.

Die zumindest in gewissem Umfang mögliche Einordnung von Finanzdienstleistungen für Wirtschaftsbetriebe als Daseinsvorsorge[544] lässt deshalb auch die Subsumtion einer Terrorversicherung für die Wirtschaft unter den Begriff einer Dienstleistung von allgemeinem wirtschaftlichem Interesse möglich erscheinen.

bb) *Dienstleistung von allgemeinem wirtschaftlichem Interesse als autonomer gemeinschaftsrechtlicher Begriff*

Trotz der angesprochenen Freiräume der Mitgliedsstaaten bei der Gestaltung ihrer Dienstleistungssektoren bedarf es letztlich eines autonom gemeinschaftsrechtlichen Verständnisses des Begriffs der Dienstleistungen von allgemeinem wirtschaftlichem Interesse[545]. Eine solche gemeinschaftsrechtliche Auslegung benötigt man zumindest, um mit ihrer Hilfe die Grenzen der mitgliedsstaatlichen Gestaltungsspielräume zu kennzeichnen[546].

---

541 JUNG, in: CALLIESS/RUFFERT (Hrsg.), EUV/EGV, Art. 86 EGV, Rn. 37.

542 DOHMS, Rn. 276.

543 DOHMS, Rn. 278; GÖTZ, S. 921 (933).

544 Siehe dazu oben, Zweiter Teil, I., 2., a), cc), (2), (a).

545 EuGH „Italien vs. Kommission", Rs. 41/83, Slg. 1985, S. 873 (888/Rn. 30); JUNG, in: CALLIESS/RUFFERT (Hrsg.), EUV/EGV, Art. 86 EGV, Rn. 37; V. LIVONIUS, S. 116.

546 DOHMS, Rn. 276.

Nach der Rechtsprechung des EuGH zeichnen sich Dienstleistungen von allgemeinem wirtschaftlichem Interesse dadurch aus, dass sie „*... zugunsten sämtlicher Nutzer, im gesamten Hoheitsgebiet des betreffenden Mitgliedsstaates, zu einheitlichen Gebühren und in gleichmäßiger Qualität sowie ohne Rücksicht auf Sonderfälle und auf die Wirtschaftlichkeit jedes einzelnen Vorgangs ...*“[547] erbracht werden, während die Kommission sie als marktbezogene Tätigkeiten definiert, die „*im Interesse der Allgemeinheit erbracht werden und daher von den Mitgliedsstaaten mit besonderen Gemeinwohlverpflichtungen verbunden werden*“[548].

(1) Das Tatbestandsmerkmal „allgemeines Interesse“

Da es sich bei der Versicherung von Wirtschaftsbetrieben gegen Terrorschäden um Dienstleistungen wirtschaftlichen Charakters handelt, steht die Frage im Vordergrund, ob an einer solchen Versicherung ein „allgemeines Interesse“ im Sinne des Art. 86 II EGV besteht.

Gegenbegriff zum allgemeinen Interesse sind bloße Individual- oder Gruppeninteressen[549]. Voraussetzung einer Allgemeinheit ist außerdem, dass die Dienstleistung jedenfalls auch von öffentlichem Interesse ist[550]. Ein allgemeines wirtschaftliches Interesse muss sich darüber hinaus in besonderer Weise von dem Interesse an anderen Tätigkeiten des Wirtschaftslebens unterscheiden[551].

Als wichtiges Indiz für ein allgemeines Interesse gilt die Unrentabilität einer Tätigkeit[552]. Teilweise wird darin sogar das einzige Kriterium für die Anwendbarkeit des Art. 86 II EGV gesehen[553].

Für das Vorliegen eines allgemeinen Interesses spricht außerdem, dass die Sicherstellung einer Versorgungsleistung Hauptmotivation für die Leistungserbringung ist[554].

---

547 EuGH „Corbeau“, Rs. C-320/91, Slg. 1993, I-S. 2533 (2568/Rn. 15).

548 Mitteilung der Kommission COM (2000)580 final, „Leistungen der Daseinsvorsorge in Europa“ Anhang II, abrufbar unter: http://europa.eu.int/comm/consumers/cons_int-/serv_gen/serv_gen_int05_en.pdf; KOENIG/HARATSCH, Rn. 882.

549 JUNG, in: CALLIESS/RUFFERT (Hrsg.), EUV/EGV, Art. 86 EGV, Rn. 38.

550 JUNGBLUTH, in: LANGEN/BUNTE (Hrsg.), Kartellrecht, Bd. 1, Art. 86 EGV, Rn. 38.

551 EuGH „Porto di Genova“, Rs. C-179/90, Slg. 1991, I-S. 5889 (5891/Rn. 5).

552 JUNG, in: CALLIESS/RUFFERT (Hrsg.), EUV/EGV, Art. 86 EGV, RN 38; SKOWRONEK, S. 103.

553 KINZL, S. 81 f.

554 SKOWRONEK, S. 104.

Schließlich wird verlangt, dass Dienstleistungen von allgemeinem wirtschaftlichem Interesse der Allgemeinheit unmittelbar zugute kommen[555].

(2) Terrorversicherung für die Wirtschaft als Dienstleistung von allgemeinem Interesse

Da es sich bei der Terrorversicherung um eine Finanzdienstleistung handelt, bietet sich ein vergleichender Blick auf die Tätigkeit öffentlicher Banken an. Für diese stellte sich die Frage nach der Anwendbarkeit des Art. 86 II EGV angesichts der als Beihilfe einzustufenden staatlichen Anstaltslast und Gewährträgerhaftung.

Festzustellen ist zunächst, dass Bankdienstleistungen ebenso unter den Begriff der Dienstleistung von allgemeinem wirtschaftlichem Interesse fallen können wie unter den der Daseinsvorsorge[556]. Andererseits gehört die Erbringung von Bankdienstleistungen und somit von Finanzdienstleistungen insgesamt nicht von vornherein zu den Dienstleistungen von allgemeinem wirtschaftlichem Interesse[557]. Es bedarf insbesondere im Bereich von Bank- und damit Finanzdienstleistungen einer spezifischen Untersuchung jeder einzelnen Tätigkeit[558].

Die Einstufung als Dienstleistung von allgemeinem wirtschaftlichem Interesse ist zunächst relativ unstreitig, soweit es um eine Finanzdienstleistung wie die Zurverfügungstellung eines Kontos für Personen geht, denen Angebote privater Kreditinstitute nicht offenstehen. Die Parallelen zu „klassischen" Dienstleistungen von allgemeinem wirtschaftlichem Interesse wie etwa der Grundversorgung mit Post- oder Telekommunikationsdiensten liegen hier auf der Hand[559]: Dem einzelnen Bürger wird eine Leistung offeriert, die für ihn von elementarer Bedeutung ist. Diese Leistung kommt dem Einzelnen direkt zugute und muss von den öffentlichen Banken ohne Rücksicht auf die Rentabilität im Einzelfall erbracht werden. Im Mittelpunkt steht hier der Versorgungsgedanke[560].

---

555 HASSELMANN, S. 159.

556 HOCHBAUM, in: VON DER GROEBEN/SCHWARZE (Hrsg.), Bd. 2, Art. 86 EGV, Rn. 60.

557 SKOWRONEK, S. 104.

558 Siehe zum Ganzen auch FRÖMKE; HASSELMANN, S. 164; SKOWRONEK, S. 110.

559 v. LIVONIUS, S. 118.

560 SKOWRONEK, S. 111.

Die Einordnung einer Terrorversicherung von Wirtschaftsbetrieben gestaltet sich schwieriger. Als Parallele im Bereich der Bankdienstleistungen bietet sich die Aufgabe öffentlicher Banken an, die Kreditversorgung allen voran der regionalen Wirtschaft zu gewährleisten[561]. Der Versorgungsgedanke steht hier nicht im Mittelpunkt, sofern man darunter die Versorgung des einzelnen Bürgers versteht[562].

Bezüglich der Rentabilität ergeben sich Unterschiede zwischen der Terrorversicherung und der Kreditversorgung der Wirtschaft durch öffentliche Banken. Während bei einer unterschiedslosen Versicherung jedes Wirtschaftsbetriebs die Rentabilität im Einzelfall tatsächlich in den Hintergrund tritt, dürfte sich die Kreditvergabe auch öffentlicher Banken im wesentlichen an der Kreditwürdigkeit des Antragstellers orientieren.

Gegen die Einordnung von Finanzdienstleistungen für Wirtschaftsbetriebe als Dienstleistungen von allgemeinem wirtschaftlichem Interesse spricht generell, dass der Allgemeinheit aus solchen Tätigkeiten Vorteile allenfalls mittelbar dadurch erwachsen, dass die begünstigten Betriebe Steuern zahlen und womöglich Arbeitsplätze sichern.

Die erwähnten Finanzdienstleistungen dienen mit anderen Worten in erster Linie den Interessen der durch Versicherungen oder Kredite geförderten Unternehmer, also den Interessen einer abgrenzbaren Gruppe[563]. Der Wohlstandsgewinn der Allgemeinheit ist dagegen unsicher und höchstens mittelbar.

Die Einordnung von Finanzdienstleistungen für Wirtschaftsbetriebe als Dienstleistungen von allgemeinem wirtschaftlichem Interesse birgt außerdem die Gefahr, dass das gemeinschaftliche Wettbewerbsrecht in zu hohem Maße seiner Funktionsfähigkeit beraubt wird, weil beispielsweise das Beihilfenrecht gerade darauf abzielt, Wirtschaftsförderung durch Beihilfen zu verhindern.

Jedenfalls dann, wenn wie hier Unternehmen allein wegen ihrer besonderen Terrorgefährdung staatlich gefördert werden, ist eine Einordnung solcher Versicherungsleistungen als Dienstleistungen von allgemeinem wirtschaftlichem Interesse im Sinne des Art. 86 II EGV deshalb abzulehnen.

---

561 KOENIG in EuZW 1995, S. 595 (596/Fn. 14).

562 SKOWRONEK, S. 111.

563 So für den Bereich der kreditwirtschaftlichen Wirtschaftsförderung auch SKOWRONEK, S. 111.

3. *Beihilfenrechtliche Überprüfung des Consorcio*

Das Terrorversicherungsmodell des Consorcio gibt neben einer Überprüfung der unternehmensgerichteten Norm des Art. 82 EGV in Verbindung mit Art. 86 I EGV auch Anlass zu einer näheren Auseinandersetzung mit dem staatsgerichteten Beihilfenverbot des Art. 87 EGV[564]. Aufgrund des Aufbaus und der Arbeitsweise des Consorcio[565] ergeben sich auf verschiedenen Ebenen beihilfenrechtlich möglicherweise relevante Konstellationen.

Zunächst stellt sich die Frage, ob darin ein Beihilfetatbestand zu sehen ist, dass mittels der Zuschlagszahlung aller Versicherten auch solche Unternehmen gegen Terrorschäden versichert werden, die wegen ihrer besonderen Gefährdung eine solche Deckung auf dem privaten Versicherungsmarkt gar nicht oder nur teurer beziehungsweise zu insgesamt schlechteren Konditionen beziehen könnten. Im Mittelpunkt dieser Betrachtung stehen also die Versicherten als Beihilfeempfänger.

Die gleiche Frage stellt sich auch bei der oben untersuchten Option einer staatlichen Monopolversicherung. Trotzdem wird sie erst am Beispiel des Consorcio behandelt, weil bei der Untersuchung der verschiedenen Modelle die Schwerpunkte auf die wettbewerbsrechtlich jeweils augenfälligsten Modellmerkmale gesetzt werden.

Aus demselben Grund findet sich die Untersuchung weiterer beihilfenrechtlicher Probleme an anderer Stelle. Im Mittelpunkt steht dabei die Bereitstellung staatlicher Garantien für die Übernahme von Terrorschäden[566]. Die Beihilfenwirkung solcher Staatsgarantien zugunsten einer Versicherung könnte auch am Beispiel des Consorcio überprüft werden, da auch das Consorcio mit einer Staatsgarantie für den Fall ausgestattet ist, dass die zu regulierenden Schäden das Vermögen des Consorcio überschreiten[567]. Wegen der angesprochenen Schwerpunktsetzung wird die Problematik der Staatsgarantien aber anhand der deutschen EXTREMUS AG behandelt[568].

---

564 Siehe zur Funktion des Beihilfenverbots im Gefüge des EGV: Erster Teil, III., 5., a).

565 Siehe dazu oben, Zweiter Teil, II., 1.

566 Siehe dazu unten, Dritter Teil, II., 1.

567 Siehe dazu oben, Zweiter Teil, II., 1., e).

568 Siehe dazu unten, Dritter Teil, II.

Als in beihilfenrechtlich relevanter Form Begünstigte kommen hier die Versicherer in Frage, die durch die Staatsgarantie gegenüber konkurrierenden, nicht mit einer solchen Garantie ausgestatteten Unternehmen möglicherweise im Vorteil sind.

a) Beihilfencharakter der Terrordeckung im Sinne des Art. 87 EGV

Zweifel am Vorliegen einer Beihilfe zugunsten der versicherten Unternehmen könnten hier zunächst deshalb entstehen, weil den versicherten Unternehmen direkt kein Geld zufließt, jedenfalls solange kein Schadensausgleich erfolgt. Vielmehr werden die Unternehmen durch die Zahlungen der Versicherungsprämien sogar finanziell belastet.

aa) Weite Auslegung des Beihilfenbegriffs

Die Gleichsetzung des Beihilfenbegriffs mit Zuwendungen, die das Vermögen des Geförderten direkt mittels positiver Zahlungen vermehren, greift jedoch zu kurz.

Einigkeit besteht nämlich zunächst einmal dahingehend, dass es entscheidend auf die wettbewerbsverfälschende Wirkung einer Maßnahme ankommen muss und nicht auf die jeweilige rechtliche Form und Ausgestaltung der Maßnahme[569]. Der Begriff der Beihilfe ist deshalb weit zu verstehen[570].

Eine feststehende Definition der Beihilfe findet sich im Gemeinschaftsrecht nicht. Zurückzuführen ist dies gerade auf das Bestreben, den Beihilfebegriff nicht von vornherein einzuengen[571]. Als Beihilfe kommt demnach jede Vergünstigung in Frage, für die keine marktgerechte Gegenleistung erbracht wird[572]. Vergünstigungen der genannten Art können in einem Tun oder Unterlassen bestehen[573]. Neben den herkömmlichen Leistungssubventionen umfasst der Beihil-

---

569 DREHER, S. 583 (585).

570 So schon EuGH „Gezamenlijke Steenkolenmijnen vs. Hohe Behörde", Rs. 30/59, Slg. 1961, S. 1 (142 ff.); CRAIG/DE BÚRCA, S. 1141; KOENIG, in: KOENIG/ROTH/SCHÖN (Hrsg.), Aktuelle Fragen des EG-Beihilfenrechts, S. 9 (10).

571 MEDERER, in: VON DER GROEBEN/SCHWARZE (Hrsg.), EUV/EGV, Bd. 2, Art. 87 EGV, Rn. 5.

572 KOENIG/HARATSCH, Rn. 847; RENGELING, S. 23 (28).

573 KOENIG/HARATSCH, Rn. 847.

febegriff des EGV auch Verschonungen, beispielsweise in Form von Steuer- und Abgabenerleichterungen oder Sondertarifen[574].

bb) Beihilfen in Form staatlicher Bürgschaften und Haftungszusagen

Die Versicherung von terrorgefährdeten Wirtschaftsbetrieben könnte demnach eine Beihilfe darstellen, wenn die Versicherten keine marktüblichen Entgelte (Versicherungsprämien) für den Versicherungsschutz zahlen müssten. Vergleichbar erscheint diese Konstellation auf den ersten Blick mit der Fallgruppe staatlicher Bürgschaften. Allerdings werden unter dem Stichwort der staatlichen Garantie- oder Bürgschaftsübernahme verschiedene Konstellationen zusammengefasst.

Eine der Varianten besteht darin, dass staatliche Stellen gegenüber einer Privatbank die Bürgschaft für einen Kredit übernehmen, den die Privatbank wiederum dem zu fördernden Unternehmen zur Verfügung stellt[575]. Die Ähnlichkeit mit der vorliegenden Konstellation besteht darin, dass auch hier dem letztlich geförderten Unternehmen Aufwendungen erspart werden, weil der Staat von dem Unternehmen weniger Entgelt für die Absicherung verlangt als ein privatwirtschaftlich tätiger Bürge. Die Konstellation des Consorcio ist allerdings nicht drei- (bürgender Mitgliedsstaat-kreditgebende Bank-gefördertes Unternehmen), sondern bloß zweipolig (Versicherung-Versicherungsnehmer = gefördertes Unternehmen). Außerdem fließt dem Consorcio positiv zunächst kein Kapital zu, während der Kapitalfluss in Gestalt des Kredits gerade Sinn und Zweck der ersten Variante staatlicher Bürgschaftsübernahme ist.

Die als Haftungsgarantie[576] bezeichnete Variante ähnelt dem vorliegenden Terrorversicherungsmodell eher. Es sind Fälle, in denen der Staat im zweipoligen Verhältnis zum geförderten Unternehmen direkt eine Risikoträgerfunktion über-

---

[574] EuGH "Banco Experior de España SA vs. Ayuntamiento de Valencia", Rs. C-387/92, Slg. 1994, I-S. 877, (907 f./Rn. 13 ff.); CREMER, in: CALLIESS/RUFFERT (Hrsg.), EUV/ EGV, Art. 87 EGV, Rn. 7.

[575] Siehe dazu beispielsweise BARTOSCH in: EuZW 2001, S. 650 (650), demzufolge das Stellen einer solchen Bürgschaft eine „typische" Form von Wirtschaftsförderung ist; HABERSACK in ZHR 159 (1995), S. 663 ff.; ROTH, in: KOENIG/ROTH/SCHÖN (Hrsg.), Aktuelle Fragen des EG-Beihilfenrechts, S. 163 ff.; SCHÜTTE/KIRCHHOFF in EWS 1996, S. 189 ff.

[576] Siehe dazu auch die Mitteilung 2000/C 71/ 07 der Kommission über die Anwendung der Art. 87 und 88 EG-Vertrag auf staatliche Beihilfen in Form von Haftungsverpflichtungen und Bürgschaften, in: ABl. EG 2000, Nr. C 71/ S. 14 ff., im Folgenden „Mitteilung der Kommission über Beihilfen in Form von Haftungsverpflichtungen und Bürgschaften".

nimmt. Der Staat verpflichtet sich beispielsweise, bestimmte Schäden, die das Unternehmen anrichtet oder die dem Unternehmen zugefügt werden, gegenüber den Geschädigten oder dem Unternehmen auszugleichen[577].Gerade die Diskussionen nach den Terroranschlägen vom 11. September 2001 haben am Beispiel der staatlichen Übernahme des Drittschadensrisikos von Flugverkehrsgesellschaften deutlich gemacht, dass es sich bei der direkten Übernahme von Versicherungsfunktionen durch den Staat nach einhelliger Ansicht um Beihilfen im Sinne des Art. 87 I EGV handeln kann[578].

Auch die Zusage des spanischen Staates, ab einer gewissen Höhe für die Zahlungsverpflichtungen des Consorcio aufzukommen, könnte somit eine gemäß Art. 87 I EGV verbotene Beihilfe darstellen.

cc) Fehlen einer marktüblichen Gegenleistung - „private investor's test"

Eine beihilfenrechtlich zu sanktionierende Begünstigung liegt nicht vor, wenn einer Leistung eine angemessene, mit anderen Worten marktübliche Gegenleistung des Empfängers gegenübersteht[579].

---

577 Ein solche Konstellation ist etwa die deutsche Atomhaftungskonstruktion, in der sich der Staat verpflichtet, Schäden aus der friedlichen Nutzung der Atomenergie ab einer bestimmten Schadenshöhe zu übernehmen, siehe dazu KÜHLING in RdE 2001, S. 93 (96), der Autor identifiziert die staatliche Risikoträgerfunktion hier sogar ausdrücklich als eigentlich dem Versicherungsmarkt typisch. Eine ähnliche zweipolige Konstellation bieten auch die sogenannten Ausfuhrkreditversicherungen, in denen der Staat exportierenden Unternehmen das Risiko abnimmt, dass deren Forderungen gegen die Abnehmer der Exporte nicht bezahlt werden, siehe dazu beispielsweise STEWING in EWS 1993, S. 237 (237 f.); auch die Diskussion um die Gewährträgerhaftung der Öffentlichen Hand für Landesbanken und kommunale Sparkassen in Deutschland weist Ähnlichkeiten mit der vorliegenden Versicherungskonstellation auf: im Rahmen der Gewährträgerhaftung verpflichtet sich der Staat, für die Verbindlichkeiten der betreffenden Finanzinstitute zu haften; setzt man nun Verbindlichkeiten, die ein Finanzinstitut nicht erfüllen kann mit versicherten Schäden gleich, die einem Dritten durch ein Unternehmen entstehen, ergibt sich wiederum eine vergleichbare zweipolige Konstellation, siehe zur beihilfenrechtlichen Problematik dieser staatlichen Gewährträgerhaftung beispielsweise: KOENIG in EuZW 1995, S. 595 ff.; SCHNEIDER/BUSCH in EuZW 1995, S. 602 ff.

578 Siehe dazu die Mitteilung der Kommission KOM (2002) 320 endg., über die Versicherung im Luftverkehr nach den Terroranschlägen vom 11. September 2001 in den USA, S. 3/1.1, Rn. 6, abrufbar unter: http://europarl.eu.int/meetdocs/committees/rettt/20020909/com(02)0320.de.pdf.

579 KOENIG/KÜHLING in NJW 2000, S. 1065 (1066).

Als Maßstab für die Überprüfung der Marktüblichkeit hat sich der sogenannte „private investor's test“ (Prinzip des marktwirtschaftlich handelnden Geldgebers) durchgesetzt[580]. Eine Beihilfe ist danach zu bejahen, wenn das Handeln der staatlichen Stelle nicht mit dem hypothetischen Verhalten eines privaten Investors übereinstimmt, der sein Handeln an Rentabilitätsgesichtspunkten ausrichtet[581].

(1) Beihilfencharakter einer Versicherung noch marktgängiger Risiken

Das Modell einer Monopolterrorversicherung[582] dient ebenso wie eine nach dem Vorbild des Consorcio gestaltete Einrichtung der Versicherung von Risiken, für die zwar auf dem freien Markt Deckung zu erlangen wäre, diese Deckungen aber wegen der Höhe der zu leistenden Prämien die versicherte wirtschaftliche Aktivität mindestens hemmen, wenn nicht gar verhindern würden. Die Beihilfe ist in diesen Fällen auch in der Höhe relativ einfach zu identifizieren, weil das Angebot eines privaten Geldgebers, hier des privaten Versicherungsanbieters, vorliegt. Die Differenz zwischen den vom privaten Versicherer geforderten Prämien und denen der staatlichen Versicherung stellt die Beihilfe dar.

(2) Beihilfencharakter einer Versicherung nicht-marktgängiger Risiken

Bei der Versicherung von Risiken, für die auf dem freien Markt wegen ihrer besonders großen Gefährdung und ihres besonders großen Schadenspotentials überhaupt keine Deckung zu erlangen ist, scheint die Bejahung einer Beihilfe schwieriger zu sein.

Jedes gebührenpflichtige Angebot einer staatlichen Deckung solcher Risiken führt nämlich dazu, dass der Versicherte überhaupt erst Versicherungsprämien zahlen muss, wohingegen er von der Zahlung solcher Prämien bei gänzlichem Fehlen eines staatlichen Angebots, wenn auch unfreiwillig, verschont bliebe.

---

580 EuGH "Italien vs. Kommission", Rs. C-303/88, Slg. 1991, I-S. 1475/Rn. 18 ff.; EuGH "SFEI vs. La Poste", Rs. C-39/94, Slg- 1996, I-S. 3547, (3568/Rn. 60 f.); STREINZ in JuS 2001, S. 596 (596).

581 BLECKMANN/KOCH, in: BLECKMANN, Europarecht, Rn. 2052; CREMER, in: CALLIESS/RUFFERT Hrsg.), EUV/EGV, Art. 87 EGV, Rn. 7; MÜLLER-GRAFF in ZHR 152 (1988), S. 403 (418), spricht von „relativer Marktgünstigkeit“.

582 Siehe dazu oben, Zweiter Teil, I.

Zunächst einmal dürfte jedoch der Kreis der Risiken, die auf dem privaten Markt unter keinen Umständen und zu keinen Konditionen versicherbar sind, zumindest sehr klein sein. Im Regelfall dürfte es sich weniger um eine grundsätzliche Unmöglichkeit als vielmehr schlicht um eine Frage der Prämienhöhe handeln. Extremes Beispiel ist die (theoretische) Prämienhöhe, die eine private Absicherung der Atomenergienutzung erforderlich machen würde[583]. Das Fehlen von Versicherungsangeboten ist also nicht absolut, sondern vielmehr der Einsicht der Versicherer geschuldet, dass entsprechende Angebote wegen der prohibitiv hohen Prämien und der daraus folgenden mangelnden Nachfrage von vornherein sinnlos sind. Vor diesem Hintergrund erscheinen die Prämienersparnisse der Versicherten in den Fällen nicht-marktgängiger Risiken sogar besonders hoch.

Selbst wenn jedoch für bestimmte Risiken eine private Versicherung unter keinen Umständen und zu keinen Konditionen zu erlangen ist, etwa weil die dafür erforderlichen Geldreserven keinem Privat(versicherungs)unternehmen zur Verfügung stehen, bleibt der Beihilfencharakter der staatlichen Versicherung solcher Risiken bestehen.

Nicht nur die Verbilligung, sondern auch die Ermöglichung einer wirtschaftlichen Aktivität durch staatliche Haftungszusagen bewirkt nämlich eine beihilfenrechtlich relevante Wettbewerbsverzerrung[584].

Da in der wirtschaftlichen Realität Investitionen in der Regel aber nur getätigt werden, wenn die eingesetzten Mittel in irgendeiner Form abgesichert sind[585], ist auch in der staatlichen Deckung privatwirtschaftlich nicht-versicherbarer Risiken eine Beihilfe zu sehen.

Auch der Wortlaut des „private investor´s test" macht schließlich deutlich, dass der Beihilfencharakter einer staatlichen Risikoübernahme auch dann erhalten bleibt, wenn die zu versichernde Tätigkeit ohne Versicherung ausgeübt werden dürfte und sich auch entsprechend risikofreudige Investoren fänden.

---

583 Als Haftpflichtsumme für ein Atomkraftwerk werden Summen von bis zu 1 Billion Euro genannt, siehe dazu etwa WECKER, S. 2. Einwände, dass den Versicherern eine Rücklagenbildung in der erforderlichen Höhe überhaupt nicht möglich sei, überzeugen nur solange, wie eben nicht entsprechende, dann natürlich astronomisch hohe, (Phantasie-)Prämien eingenommen werden können.

584 Mitteilung der Kommission über Beihilfen in Form von Haftungsverpflichtungen und Bürgschaften, in: ABl. EG 2000, Nr. C 71/S. 14 (15, 2.1.1.).

585 Zu dieser grundsätzlichen Ermöglichungsfunktion von Versicherungen siehe oben, Erster Teil, II., 1.

Entscheidend für den Beihilfencharakter ist nämlich schlicht die Frage, ob ein marktwirtschaftlich handelnder Geldgeber hypothetisch genauso handeln würde wie die staatliche Stelle. Unerheblich ist, aus welchen Gründen sich ein solcher Geldgeber gegebenenfalls anders als der Staat verhält.

Der Beihilfencharakter einer staatlichen Deckung nicht-marktgängiger Risiken ist also insbesondere nicht davon abhängig, ob privaten Geldgeber die erforderlichen Mittel wegen ihrer absoluten Höhe gar nicht zur Verfügung stehen oder den Geldgebern bloß das Risiko zu groß ist.

Folgerichtig ordnet die Kommission nicht nur Bürgschaften als Beihilfen ein, die auf dem privaten Markt teurer wären, sondern auch solche, die Private in der konkreten Form überhaupt nicht abgegeben hätten[586].

Die Höhe der Beihilfe entspricht in den Fällen gänzlich fehlender Alternativangebote dem Nominalbetrag der Bürgschaft[587] beziehungsweise der Höhe der übernommenen staatlichen Deckung.

b) Begünstigung bestimmter Unternehmen oder Produktionszweige

Beihilfen verstoßen nur gegen das generelle Beihilfenverbot des Art. 87 I EGV, wenn sie das Merkmal der Bestimmtheit oder Spezialität erfüllen[588]. Das Merkmal der Bestimmtheit dient dem Ziel, allgemeine staatliche Wirtschaftsförderungsmaßnahmen wie etwa Infrastrukturleistungen oder Konjunkturförderungsprogramme von dem gemeinschaftsrechtlichen Beihilfebegriff abzugrenzen[589]. Nach dem Wortlaut des Art. 87 I EGV muss die Beihilfe eine Begünstigung „bestimmter Unternehmen oder Produktionszweige“ darstellen.

Die Abgrenzung der Beihilfe von einer allgemeinen wirtschaftspolitischen Förderungsentscheidung des Mitgliedsstaates ist angesichts der Vielzahl von Fallgestaltungen nicht immer einfach und eindeutig[590]. Auch das Tatbestandsmerkmal der Selektivität ist jedenfalls, wie der Beihilfenbegriff insgesamt, grundsätzlich weit zu verstehen[591].

---

586 Mitteilung der Kommission über Beihilfen in Form von Haftungsverpflichtungen und Bürgschaften, in: ABl. EG 2000, S. 14 (15/2.1.1.).

587 SCHÜTTE/KIRCHHOFF in EWS 1996, S. 189 (189).

588 KÜHLING in RdE 2001, S. 93 (98).

589 KOENIG/KÜHLING in EuZW 1999, S. 517 (520); KÜHLING in RdE 2001, S. 93 (98); OPPERMANN, Rn. 1112; SEIDEL, S. 55 (61).

590 CRAIG/DE BÚRCA, S. 1142 sprechen von einer „fine line“; HESKAMP, S. 140.

591 HESKAMP, S. 140; SCHÖN, in: KOENIG/ROTH/SCHÖN (Hrsg.), Aktuelle Fragen des EG-Beihilfenrechts, S. 106 (126); CASPARI, S. 69 (79).

Zweifelhaft erscheint die ausreichende Bestimmtheit der Begünstigung hier, weil eine nach dem Modell des Consorcio vergünstigte Terrorversicherung nicht einem von vornherein festgelegten Kreis von Unternehmen oder Branchen offeriert wird. Der Kreis der Begünstigten ist vielmehr in gewissem Sinne offen, weil eine Begünstigung in Gestalt der beihilfenrechtlich bedenklichen Risikoübernahme nur davon abhängt, ob das jeweils geförderte Unternehmen auf dem privaten Versicherungsmarkt keinen, nur unzureichenden oder zu teuren Versicherungsschutz erhält. Unternehmen können deshalb in die Förderungswürdigkeit gewissermaßen auf- oder aus dieser auch wieder absteigen. Hinzu kommt, dass die Terrorgefährdung zumindest theoretisch Unternehmen aller Branchen treffen kann. Das Merkmal der Terrorgefährdung ermöglicht also gerade keine sektorale Abgrenzung des Begünstigtenkreises.

Es spricht gegen den Beihilfencharakter einer staatlichen Förderung, wenn alle in einem Mitgliedsstaat tätigen Unternehmen unter der Voraussetzung Zugang zu einer staatlichen Vergünstigung haben, dass sie bestimmte objektive Kriterien erfüllen[592].

So stellt beispielsweise eine Regelung keine Beihilfe dar, nach der Arbeitnehmer (und in der Folge auch die arbeitgebenden Unternehmen) Steuerermäßigungen unter der Voraussetzung erhalten, dass ihre Arbeitszeit eine bestimmte Mindeststundenzahl überschreitet[593]. Denkbar wäre es demnach, den Beihilfencharakter einer staatlichen Vergünstigung nur zu bejahen, wenn es nicht einer Vielzahl von Unternehmen unterschiedlicher Branchen, die ansonsten keine Gemeinsamkeiten aufweisen, möglich wäre, durch Erfüllung bestimmter Anforderungen in den Genuss der Vergünstigung zu gelangen.

Andererseits gilt eine Vergünstigung als ausreichend spezifisch, die „der exportorientierten Industrie“ zugute kommt[594]. Zwar ist der Kreis der möglichen Begünstigten hier auf Industriebetriebe begrenzt. Das Merkmal der Exportorientierung belegt für die Frage nach der erforderlichen Spezifizierung des Adressatenkreises trotzdem dreierlei: Die Anknüpfung einer Vergünstigung an die Erfüllung objektiver Merkmale, die in der Hand des Unternehmens liegt, verhindert nicht in jedem Falle die Einordnung einer Vergünstigung als Beihilfe. Denn es steht ja jedem Industriebetrieb ebenso offen, einen Export seiner Produkte zu

592 CASPARI, S. 69 (79).

593 EuGH „Belgien vs. Kommission“, Rs. C 75/97, Slg. 1999, I-S. 3671 (3696/Rn. 28).

594 EuGH „Kommission vs. Frankreich“, verbundene Rs. 6 und 11/69, Slg. 1969, S. 523 (540 ff./Rn. 18/19 ff.); SCHÖN, in: KOENIG/ROTH/SCHÖN, Aktuelle Fragen des EG-Beihilfenrechts, S. 106 (127).

versuchen wie es einem Unternehmen im obigen Beispiel offen steht, die Arbeitsstundenzahl seiner Mitarbeiter durch betriebliche Organisation zu steuern.

Wichtiger für die vorliegende Frage ist aber, dass auch das Merkmal der Exportorientierung den Adressatenkreis der Vergünstigung nicht von vornherein und für immer festlegt. Ein- und dasselbe Unternehmen kann nämlich in den Kreis der Vergünstigten hinein- und auch wieder herausgeraten, je nachdem, ob es seine Produkte exportiert oder die Exporttätigkeit wieder einstellt.

Es spricht also nicht gegen den Beihilfencharakter einer vergünstigten Versicherung, wenn diese einem Unternehmen je nach der Terrorgefährdung zu einem Zeitpunkt gewährt und zu einem anderen Zeitpunkt nicht gewährt wird. Angesichts der Vielzahl möglicher Kriterien für die Bestimmung der in Beihilfeform geförderten Adressaten[595] spricht auch nichts dagegen, als Merkmal förderungswürdiger Unternehmen auf ihre jeweilige Terrorgefährdung zu rekurrieren.

Schließlich verdeutlicht der Bezug auf die Exporttätigkeit, dass eine sektorale Abgrenzung nicht unerlässlich ist. Auch das Merkmal der Exporttätigkeit erlaubt nämlich die Förderung von Unternehmen ganz verschiedener Branchen[596]. Es spricht also nicht gegen die Eignung des Merkmals „Terrorgefährdung", dass dieses einen Begünstigtenkreis bestimmen kann, der sozusagen als „Querschnittsmenge" Unternehmen aus völlig unterschiedlichen Branchen umfasst.

Für die hinreichende Bestimmtheit der Begünstigung im vorliegenden Fall spricht letztlich auch, dass die Selektivität einer Maßnahme nicht allein am offiziell genannten Ziel der Förderung zu messen ist. Zu beachten ist vielmehr auch die tatsächliche Wirkung einer Maßnahme. Im Rahmen dieser tatsächlichen Betrachtung kann sich nämlich herausstellen, dass eine Vergünstigung auf dem Papier zwar allen Unternehmen in einem Mitgliedsstaat offensteht, in der Praxis aber nur ganz bestimmte Unternehmen oder Unternehmen ganz bestimmter Branchen zu den Geförderten gehören[597].

---

595 HOISCHEN, S. 57.

596 HESKAMP, S. 143, formuliert, dass „die Struktur der exportierenden Unternehmen so heterogen ist wie die Gesamtwirtschaft ...".

597 MÜLLER-GRAFF in ZHR 152 (1988), S. 403 (428); Einen Unterfall dieser sogenannten „verschleierten Selektivität" stellt es dar, wenn ein Mitgliedsstaat bewusst versucht, eine von vornherein auf ein oder mehrere bestimmte Unternehmen gemünzte Vergünstigung dadurch als Element der allgemeinen Wirtschafts- oder Steuerpolitik zu "tarnen", dass die Begünstigungsmöglichkeit offiziell einem großen und unbestimmten Adressatenkreis eröffnet wird, siehe dazu SCHÖN, in: KOENIG/ROTH/SCHÖN (Hrsg.), Aktuelle Fragen des EG-Beihilfenrechts, S. 106 (128).

Tatsächlich darf mit einer solchen Entwicklung gerade im vorliegenden Fall gerechnet werden. Da Terroranschläge regelmäßig volkswirtschaftlichen Schlüsselindustrien oder besonders exponierten und symbolträchtigen Zielen gelten[598], werden in der Regel auch ganz bestimmte Unternehmen und Branchen wie die Luftfahrt oder die Energieversorgung auf subventionierte Versicherungstarife angewiesen sein.

Das Merkmal der besonderen Terrorgefährdung ist somit ausreichend spezifisch, um dem Beihilfenbegriff des Art. 87 I EGV zu genügen.

c) „Staatliche" oder „aus staatlichen Mitteln gewährte" Beihilfe im Sinne des Art. 87 I EGV

Anwendungsvoraussetzung des in Art. 87 I EGV normierten grundsätzlichen Beihilfenverbots ist weiterhin, dass die in Rede stehende Beihilfe „staatlich" ist oder „aus staatlichen Mitteln gewährt" wird. Zwei Kapitalmengen kommen hier als relevante staatliche Mittel in Frage.

aa) Die Einnahmen des Consorcio

Die beihilfenrechtlich fragwürdigen, abgesenkten Versicherungstarife einer nach dem Vorbild des Consorcio organisierten Versicherung für besonders terrorgefährdete Unternehmen werden aus der Versicherung der Risiken finanziert, die dem Consorcio als „gute Risiken"[599] mindestens marktübliche Einnahmen bescheren.

Zweifel an der Staatlichkeit dieser Mittel gründen sich darauf, dass zu diesen guten Risiken sowohl öffentliche als auch private Unternehmen zählen. Die Vergünstigungen in Gestalt abgesenkter Versicherungstarife werden somit teilweise aus Geldern bestritten, die in Form der Versicherungsprämien von privaten Unternehmen aufgebracht werden. Ob die vergünstigten Versicherungsprämien dem Beihilfenverbot des Art. 87 I EGV unterfallen, hängt also davon ab, ob auch Beihilfen, die mit den Versicherungsprämien privater Unternehmen finanziert werden, als „staatlich" oder „aus staatlichen Mitteln gewährt" im Sinne des Art. 87 I EGV gelten können.

---

[598] Siehe dazu oben, Erster Teil, I., 1.

[599] Siehe zu den Begriffen „gute" und „schlechte Risiken" oben, Zweiter Teil, I., 1., b), aa).

(1) Bezeichnung der als Beihilfeleistende in Frage kommenden Stellen

Der Begriff „aus staatlichen Mitteln gewährt" ist weiter als der einer schlicht „staatlichen" Beihilfe[600].

Unstreitig ist des Weiteren, dass das Begriffspaar den Kreis derjenigen bestimmt, die als Zuwendende einer Beihilfe im Sinne des Art. 87 I EGV in Frage kommen[601]. Während „Staat" im Sinne des Art. 87 I EGV in diesem Zusammenhang die dem Staat zuzuordnenden juristischen Personen des Öffentlichen Rechts meint, also in Deutschland Bund, Länder, Gemeinden, Gemeindeverbände, öffentliche Anstalten oder Stiftungen, gilt eine Beihilfe als „aus staatlichen Mitteln" gewährt, wenn sie von einer öffentlichen oder privaten Einrichtung stammt, die der Staat mit der Durchführung der Beihilfengewährung beauftragt oder die er zu diesem Zweck überhaupt erst eingerichtet hat[602].

Ausgehend von dieser Definition könnte man die vom Consorcio angebotene vergünstigte Versicherung terrorgefährdeter Wirtschaftsbetriebe durchaus als eine „aus staatlichen Mitteln gewährte" Beihilfe im Sinne des Art. 87 I EGV einstufen. Der Mitgliedsstaat Spanien bestimmt nämlich per Gesetz, dass zur Tätigkeit des Consorcio auch die Versicherung von Wirtschaftsunternehmen gegen Terrorschäden gehört. Er setzt außerdem die Tarife fest, zu denen diese Versicherungen anzubieten sind[603]. Spanien beauftragt mit anderen Worten das Consorcio als öffentlich-rechtliche Einrichtung mit der Terrorversicherung, die bezogen auf besonders terrorgefährdete Unternehmen eine Beihilfe im Sinne des Art. 87 I EGV darstellt.

600 CREMER, in: CALLIESS/RUFFERT (Hrsg.), EUV/EGV, Art. 87 EGV, Rn. 10.

601 BLECKMANN/KOCH, in: BLECKMANN, Europarecht, Rn. 2057; MEDERER, in: VON DER GROEBEN/SCHWARZE (Hrsg.), EUV/EGV, Bd. 2, Art. 87, Rn. 23: erledigt hat sich insbesondere der Streit darüber, ob das Beihilfenverbot des Art. 87 I EGV auch auf Vergünstigungen anwendbar ist, die von innerstaatlich autonomen Hoheitsträgern gewährt werden, die selbst nicht unmittelbar Vertragsparteien des EGV sind, siehe dazu EuGH „Deutschland vs. Kommission", Rs. 248/84, Slg. 1987, S. 4013 (4041/Rn. 17) sowie MÜLLER-GRAFF in ZHR 152 (1988), S. 403 (415).

602 EuGH „Kirsammer-Hack vs. Sidal", Rs. C-189/91, Slg. 1993, I-S. 6185 (6220/Rn. 16); BLECKMANN/KOCH, in: BLECKMANN, Europarecht, Rn. 2057; CREMER, in: CALLIESS/RUFFERT (Hrsg.), EUV/EGV, Art. 87 EGV, Rn. 10.

603 Siehe dazu oben, Zweiter Teil, II., 1., b).

(2) Bedeutungsgehalt des Begriffspaars „staatlich" oder „aus staatlichen Mitteln gewährt" über die Bezeichnung der Beihilfeleistenden hinaus

Für die Frage der Anwendbarkeit des Art. 87 I EGV im vorliegenden Fall ist entscheidend, ob die Formulierung „staatlich" oder „aus staatlichen Mitteln gewährt" mehr beinhaltet als die bloße Bezeichnung der Stellen, die als Beihilfeleistende in Frage kommen.

Die Kontroverse über die Existenz und gegebenenfalls die nähere Konturierung eines solchen weitergehenden Inhalts der umstrittenen Formulierungen lässt sich besonders anschaulich an der Frage illustrieren, ob im Rahmen des Art. 87 I EGV ein weiteres, ungeschriebenes Tatbestandsmerkmal zu prüfen ist. Es geht dabei um die Frage, ob Art. 87 I EGV nur auf Beihilfen anwendbar ist, die zu einer Belastung des Staatshaushalts führen[604].

(a) Überblick über die vertretenen Ansichten

Im Wesentlichen lassen sich drei verschiedene Ansichten zur Auslegung des Tatbestandsmerkmals „staatlich" oder „aus staatlichen Mitteln" unterscheiden.

(aa) Weite Auslegung

Die weite Auslegung sieht vor, jeden geldwerten Vorteil als Beihilfe im Sinne des Art. 87 I EGV aufzufassen, den die Geförderten infolge staatlicher Regulierungstätigkeit erhalten[605]. Eine Beihilfe gemäß Art. 87 I EGV wäre danach auch in einer Regelung zu sehen, aus der ein Unternehmen Flexibilitätsvorteile zieht, weil ihm vom Staat in selektiver Manier der Abschluss befristeter Arbeitsverträge gestattet wird[606].

Diese Ansicht stellt im Grunde eher eine „Nicht-Auslegung" dar, weil auf die Übertragung von finanziellen Mitteln als Voraussetzung für die Anwendung des Art. 87 I EGV gänzlich verzichtet wird. Die Erwähnung staatlicher Mittel in Art. 87 I EGV wäre danach überflüssig, sofern man die dort genannten Mittel nicht mit dem Einsatz von „Mitteln staatlicher Regulierung" gleichsetzt oder als

---

604 SOLTÉSZ in EuZW 1998, S. 747 (748); SLOTBOOM in ELR 1995, S. 289 (289).

605 KOENIG/KÜHLING in NVwZ 2001, S. 768 (769); SLOTBOOM in ELR 1995, S. 289 (289 ff.).

606 So die Sachverhaltskonstellation in EuGH „Viscido u. a. vs. Poste Italiane", verb. Rs. C-52/97, C-53/97 und C-54/97, EuZW 1998, S. 473 (473).

„staatliche Mittel“ auch Mindereinnahmen des Staates ausreichen lässt, die diesem mittelbar, etwa durch regulierungsbedingte Steuerausfälle, entstehen[607]. Das ungeschriebene Tatbestandsmerkmal einer Belastung des Staatshaushalts ist nach dieser Ansicht in Art. 87 I EGV folgerichtig nicht enthalten.

Wenn nach dieser vom EuGH abgelehnten Auslegung[608] eine Beihilfe gemäß Art. 87 I EGV schon ohne jeden Mittelfluss denkbar wäre, dann ist „erst recht“ eine Beihilfe überall dort zu sehen, wo, wie im vorliegenden Fall einer Terrorversicherung, eine begünstigende Mittelübertragung vorliegt.

(bb) Mittlere Auslegung

Die mittlere unterscheidet sich von der weiten Auslegung dadurch, dass eine Übertragung von Mitteln für erforderlich gehalten wird, um das Beihilfenverbot zur Anwendung zu bringen.

Allerdings sieht auch die mittlere Auffassung nicht die Prüfung eines Tatbestandsmerkmals der Belastung des Staatshaushalts vor[609]. Es wird auch die Übertragung privater Mittel für ausreichend erachtet, die vor ihrem Einsatz als Beihilfe nicht erst einen Umweg über staatliche Haushalte genommen haben. Die Zurechenbarkeit solcher Mittel als „staatliche Mittel“ basiert einzig und allein darauf, dass ihre Übertragung von Privaten auf andere Private Folge staatlicher Regulierung ist, also etwa durch eine Gebührenzahlungspflicht erzwungen wird[610].

Private Unternehmen zahlen zumindest einen Teil der Versicherungsprämien, mit denen die begünstigenden Versicherungstarife für besonders terrorbedrohte Betriebe finanziert werden, nur aufgrund des sie treffenden Versicherungszwangs, also infolge staatlicher Regulierung. In Höhe dieses Anteils liegen nach der mittleren Auslegung hier Beihilfen vor, die gemäß Art. 87 I EGV „staatlich“ oder „aus staatlichen Mitteln gewährt“ sind.

---

607 Siehe dazu näher unten, Zweiter Teil, II., 3., c), bb) sowie Dritter Teil, II., 2.

608 EuGH „Viscido u. a. vs. Poste Italiane“, verb. Rs. C-52/97, C-53/97 und C-54/97, EuZW 1998, S. 473 (474/Rn. 14 ff.).

609 RAWLINSON, in: LENZ (Hrsg.), EGV, Art. 87 EGV, Rn. 6.

610 KOENIG/KÜHLING in NVwZ 2001, S. 768 (769); so auch BAUMANN, S. 45; MÜLLER-GRAFF in ZHR 152 (1988), S. 403 (415).

(cc) Enge Auslegung

Die enge Auslegung engt den Anwendungsbereich des Beihilfenverbots am weitesten ein. Sie verlangt für die Einordnung der übertragenen Mittel als staatlich, dass sie Teil eines öffentlichen Haushalts waren, ehe sie zu den Geförderten gelangen[611]. Nur nach dieser engen Auslegung des Art. 87 I EGV ist somit dem Art. 87 I EGV das ungeschriebene Tatbestandsmerkmal der Belastung des Staatshaushaltes hinzuzufügen.

Sollte sich die enge Auffassung als maßgeblich herausstellen, bliebe vor der Anwendung des Art. 87 I EGV auf die bezeichneten Versicherungstarife noch zu untersuchen, ob im konkreten Fall der geforderte „Umweg" der Mittel über einen öffentlichen Haushalt beschritten wird[612].

(b) Rechtsprechung des EuGH

Im Folgenden wird untersucht, wie der EuGH das Merkmal der staatlichen Zurechenbarkeit von Mitteln über die Begriffe „staatlich" und „aus staatlichen Mitteln gewährt" auslegt und welcher der oben beschriebenen Positionen die Rechtsprechung des Gerichtshofs zuzuordnen ist.

(aa) EuGH „van Tiggele"[613] und EuGH „Norddeutsches Vieh- und Fleischkontor vs. BALM"[614]

Ausgangspunkt der einschlägigen europäischen Rechtsprechung ist das Urteil „van Tiggele" von 1978. Das Gericht hatte zu entscheiden, ob in der staatlichen Festsetzung von Mindestpreisen für alkoholische Getränke, die allein zu Lasten der Verbraucher wirkte, eine verbotene Beihilfe zugunsten der Hersteller und Verkäufer der Getränke zu sehen ist.

Der EuGH verneinte das Vorliegen einer verbotenen Beihilfe, weil Mittel, die der private Verbraucher aufbringt, eben nicht „staatlich" seien oder „aus staatlichen Mitteln gewährt" würden[615]. Nach Ansicht des Gerichts ist es mit anderen Worten nicht ausreichend, wenn aufgrund staatlicher Regulierung, hier in Ge-

---

611 KOENIG/KÜHLING in NVwZ 2001, S. 768 (769).

612 Siehe dazu unten, Zweiter Teil, II., 3., c), aa), (3).

613 EuGH „van Tiggele", Rs. 82/77, Slg. 1978, S. 25 ff.

614 EuGH „Norddeutsches Vieh- und Fleischkontor vs. BALM", verb. Rs. 213 bis 215/81, Slg. 1982, S. 3583 ff.

615 EuGH „van Tiggele", Rs. 82/77, Slg. 1978, S. 25 (40 f./Rn. 23/25 und 26).

stalt der Mindestpreisfestsetzung, Mittel von Privaten direkt an andere Private übertragen werden.

Die in „van Tiggele“ vertretene Ansicht des EuGH entspricht somit der engen Auffassung[616], die Anwendung des Art. 87 I EGV setzt also als ungeschriebenes Tatbestandsmerkmal eine Belastung des Staatshaushalts voraus.

In der Entscheidung „Norddeutsches Vieh- und Fleischkontor vs. BALM“ bestätigt das Gericht seine in „van Tiggele“ vertretene Auffassung und lehnt sowohl die weite als auch die mittlere Auffassung[617] ab, indem es für eine Anwendung des Art. 87 I EGV verlangt, dass *„die Mittel für eine Beihilfe vom Mitgliedsstaat kommen“*[618].

(bb) EuGH „Kommission gegen Frankreich, Rs. 290/83“[619], EuGH „van der Kooy vs. Kommission“[620], EuGH „Kommission gegen Griechenland, Rs. 57/86“[621]

Erste Anzeichen eines Abrückens von der „van Tiggele“-Rechtsprechung finden sich bereits in den Ausführungen des Generalanwalts Verloren van Themaat in EuGH „Norddeutsches Vieh- und Fleischkontor vs. BALM“. Der Generalanwalt hält es durchaus für denkbar, eine verbotene Beihilfe auch in Vorteilen zu sehen, die nicht von den Mitgliedsstaaten finanziert werden[622], also keine Belastung des Staatshaushalts darstellen.

Der Wortlaut des Urteils in der Entscheidung „Kommission gegen Frankreich, Rs. 290/83“ bedeutet schließlich den Bruch mit der „van Tiggele“-Rechtsprechung[623]. Das Gericht erklärt, dass *„staatliche Beihilfen nicht nur solche sind, die aus staatlichen Mitteln finanziert werden“*[624],

---

616 RUGE in EuZW 2001, S. 242 (247); SOLTÉSZ in EuZW 1998, S. 747 (748).

617 Siehe dazu oben, Zweiter Teil, II., 3., c), aa), (2), (a).

618 „Norddeutsches Vieh- und Fleischkontor vs. BALM“, verb. Rs. 213 bis 215/81, Slg. 1982, S. 3583 (3602/Rn. 22); in der Sache ging es allerdings, anders als in EuGH „van Tiggele“, nicht um die Unterscheidung von privaten und staatlichen Mitteln, sondern um den Unterschied von Mitteln der Gemeinschaft und solcher des Mitgliedsstaates.

619 EuGH „Kommission vs. Frankreich“, Rs. 290/83, Slg. 1985, S. 439 ff.

620 EuGH „van der Kooy vs. Kommission“, verb. Rs. 67, 68 und 70/85, Slg. 1988, S. 219 ff.

621 EuGH „Kommission vs. Griechenland“, Rs. 57/86, Slg. 1988, S. 2855.

622 GA Verloren van Theemat, in: „Norddeutsches Vieh- und Fleischkontor vs. BALM“, verb. Rs. 213 bis 215/81, Slg. 1982, S. 3583 (3617).

623 RUGE in EuZW 2001, S. 242 (247); SOLTÉSZ in EuZW 1998, S. 747 (748).

624 EuGH „Kommission vs. Frankreich“, Rs. 290/83, Slg. 1985, S. 439 (449/Rn. 14).

Der Gerichtshof bestätigte diese neue Linie in der Entscheidung „van der Kooy vs. Kommission“, indem er es dort für eine Anwendung des Art. 87 I EGV ausreichen lässt, „*dass die Festsetzung des streitigen Tarifs auf eine Verhaltensweise des niederländischen Staats zurückzuführen ist*“[625], und in der Entscheidung „Kommission gegen Griechenland, Rs. 57/86“, in der es heißt, dass „... *eine Beihilfe nicht notwendigerweise aus staatlichen Mitteln finanziert werden (muss), um als staatliche Beihilfe angesehen zu werden*“[626].

(cc) EuGH „Sloman Neptun vs. Ziesemer“[627], „Kirsammer Hack vs. Sidal“[628], „Piaggio vs. Ifitalia“[629], etc.

Entscheidungen, die der Gerichtshof seit 1993 gefällt hat, sprechen für eine Rückbesinnung des EuGH auf seine enge, beispielhaft in der Sache „van Tiggele“ vertretene Auffassung[630].

In „Sloman Neptun vs. Ziesemer“ macht das Gericht deutlich, dass die Tatbestandsmerkmalsalternativen „staatlich“ oder „aus staatlichen Mitteln gewährt“ zwar in der beschriebenen Weise[631] den Kreis derer erweitern, die als Beihilfegeber in Frage kommen[632]. Das ändert aber nichts daran, dass Anwendungsvoraussetzung des Art. 87 I EGV die „zusätzliche Belastung“ des Staates oder einer der als Beihilfegeber denkbaren Einrichtungen durch die Finanzierung der Beihilfen ist[633]. Demnach ist in den Tatbestand des Art. 87 I EGV sehr wohl das ungeschriebene Tatbestandsmerkmal der „Belastung des Staatshaushalts“ mit hineinzulesen.

---

625 EuGH „van der Kooy vs. Kommission“, verb. Rs. 67, 68 und 70/85, S. 219 (272/Rn. 38).

626 EuGH „Kommission vs. Griechenland, Rs. 57/86“, Slg. 1988, S. 2855 (2872/Rn. 12).

627 EuGH „Sloman Neptun vs. Ziesemer“, verb. Rs. C-72/91 und C-73/91, Slg. 1993, I-S. 887 ff.

628 EuGH „Kirsammer-Hack vs. Sidal“, Rs. C-189/91, Slg. 1993, I-S. 6185.

629 EuGH „Piaggio vs. Ifitalia“, Rs. C-295/97, Slg. 1999, I-S. 3735 ff.

630 RUGE in EuZW 2001, S. 242 (247); SOLTÉSZ in EuZW 1998, S. 747 (749 f.); STREINZ in JuS 2001, S. 596 (597).

631 Siehe dazu oben, Zweiter Teil, II., 3., c), aa), (1).

632 EuGH „Sloman Neptun vs. Ziesemer“, verb. Rs. C-72/91 und C-73/91, Slg. 1993, I-S. 887 (933 f./Rn. 19); EuGH „Kirsammer-Hack vs. Sidal“, Rs. C-189/91, Slg. 1993, I-S. 6185 (6220/Rn. 16).

633 EuGH „Sloman Neptun vs. Ziesemer“, verb. Rs. C-72/91 und C-73/91, Slg. 1993, I-S. 887 (934/Rn. 20); EuGH „Kirsammer-Hack vs. Sidal“, Rs. C-189/91, Slg. 1993, I-S. 6185 (6220/Rn. 16); EuGH „Piaggio“, Slg. 1999, I-S. 3735 (3761/Rn. 35).

(dd) Das Urteil des EuGH „PreussenElektra vs. Schleswag“[634]

Die vielbeachtete „PreussenElektra vs. Schleswag“-Entscheidung des Gerichts unterstreicht nochmals die in „van Tiggele“ begründete und in den Urteilen „Sloman Neptun vs. Ziesemer“ und „Kirsammer-Hack vs. Sidal“ bestätigte Linie des EuGH[635].

Zusammengefasst geht es in dem zugrundeliegenden Sachverhalt um die Frage, ob eine von Art. 87 I EGV verbotene Beihilfe in der gesetzlichen Verpflichtung regionaler Stromversorger zu sehen ist, Erzeugern alternativer Energie deren Strom zu Mindestpreisen abzunehmen und sogenannten vorgelagerten Stromversorgern wiederum die Pflicht auferlegt wird, den regionalen Energieversorgern einen Teil der Mehrkosten zu ersetzen, die diesen aus der Abnahme der alternativen Energien entstehen[636]. Die Aufmerksamkeit, die dem Urteil gilt, rührt in erster Linie aus der Erwartung, dass es sich als Präzedenzfall für große Teile der Versorgungswirtschaft erweisen könnte[637].

Der EuGH nimmt ausdrücklich Bezug auf die Urteile „van Tiggele“, „Sloman Neptun vs. Ziesemer“, „Kirsammer-Hack vs. Sidal“, „Piaggio vs. Ifitalia“ und betont, dass die Begriffe „staatlich“ und „aus staatlichen Mitteln gewährt“ dahingehend zu verstehen sind, dass Beihilfen nur dann dem Verbot des Art. 87 I EGV unterliegen, wenn sie aus staatlichen Mitteln finanziert werden[638].

Abgesehen von wenigen Ausnahmen, von denen sich der EuGH im Nachhinein ausdrücklich distanziert, folgt das Gericht also der engen Auslegung.

In einem weiteren Schritt bleibt nun zu klären, welche Umstände die als Beihilfe eingesetzten Mittel zu staatlich finanzierten Mitteln machen.

---

634 EuGH „PreussenElektra“, Rs. C-379/98, vom 13.3.2001, in: EuZW 2001, S. 242 ff.
635 RUGE in EuZW 2001, S. 242 (248).
636 TRAUTWEIN in JA 2001, S. 929 (929 f.)
637 RUGE in EuZW 2001, S. 242 (248); STREINZ in JuS 2001, S. 596 (597).
638 EuGH „PreussenElektra vs. Schleswag“, Rs. C-379/98, in: EuZW 2001, S. 242 (245 f./ Rn. 58).

(3) „Staatliche" oder „private" Mittel

(a) Kein beihilfenrechtliches Verbot einer Übertragung privater Mittel auf Private ohne Zwischeninstanz

Das „PreussenElektra vs. Schleswag"–Urteil verdeutlicht, dass Voraussetzung einer Einordnung von Mitteln als staatlich der Umweg der Mittel über eine staatliche oder staatlich angewiesene Einrichtung ist[639]. Einen solchen Umweg hatten die Kompensationszahlungen der Stromversorger gerade nicht genommen. Zwar wurden die Zahlungen durch staatliche Anordnung erzwungen, die Gelder flossen aber direkt von einem privaten Unternehmen an das andere.

Im vorliegenden Fall passieren die als Beihilfe eingesetzten Gelder mit dem Consorcio dagegen sehr wohl eine Zwischeninstanz. Für die Einordnung dieser Mittel als gemäß Art. 87 I EGV „staatlich" oder „aus staatlichen Mitteln gewährt" ist deshalb entscheidend, welche Art von Zwischeninstanzen Mittel in staatliche Mittel umwandeln können.

(b) Rechtslage bei Einschaltung einer Zwischeninstanz

Auch wenn Beihilfemittel eine Zwischeninstanz passieren, bedeutet dies noch nicht das endgültige Urteil über den Charakter der Mittel als staatlich oder nichtstaatlich.

Die Rechtsprechung der Gemeinschaft eröffnet in diesem Zusammenhang zwei weitere Ansatzpunkte für die Einordnung von Mitteln als staatlich, ohne jedoch abschließende Definitionen zu entwickeln[640].

Zunächst geht es um die Merkmale der Zwischeninstanz selbst, die diese Instanzen überhaupt erst zu geeigneten „Transformatoren" von Mitteln in staatliche Mittel macht.

(aa) Merkmale einer als „Transformator" geeigneten Zwischeninstanz

Einrichtungen, die in den Mittelfluss eingeschaltet werden, können die Umwandlung dieser Mittel in staatliche bewirken, wenn sie dem öffentlichen Sektor zuzurechnen sind[641].

---

639 KOENIG/KÜHLING in NVwZ 2001, S. 768 (769).
640 KOENIG/KÜHLING in NVwZ 2001, S. 768 (769).
641 EuG „Air France vs. Kommission", Slg. 1996, II-S. 2109 (2131/Rn. 59).

Für die Zuordnung einer Einrichtung zum öffentlichen Sektor wiederum spricht es, wenn Aufgaben und Tätigkeit der Einrichtung in (staatlichen) Rechtsvorschriften geregelt werden[642]. Es spricht somit für die Eignung des Consorcio als „Transformator", dass dem Consorcio Aufgaben und Tätigkeit bis hin zur Höhe der Versicherungsprämien gesetzlich vorgeschrieben werden.

Einflussmöglichkeiten des Staats auf die Einrichtung spielen eine Rolle, während es auf die offizielle organisatorische Selbstständigkeit nicht ankommt[643]. Da das Consorcio auch in der Form als unabhängige entidad pública empresarial dem Wirtschafts- und Finanzministerium und dessen Anweisungen unterstellt bleibt[644], ist insgesamt von der Tauglichkeit des Consorcio als „Transformator" auszugehen.

(bb) Herkunft der Mittel

Neben dem Charakter der in den Mittelfluss eingeschalteten Einrichtung spielt auch die Herkunft der Mittel[645] und die Eigenart ihrer Übertragung eine Rolle für die Einordnung als staatlich oder nicht-staatlich.

Die gemeinschaftliche Rechtsprechung bietet an diesem Punkt ein Bündel von Kriterien für die Abgrenzung staatlicher von nicht-staatlichen Mitteln.

Staatliche Mittel sollen zunächst einmal die Gelder sein, die als Zwangsbeiträge eingenommen werden[646]. In einem am Consorcio orientierten Versicherungsmodell gilt für alle Kunden der Basisversicherungen ein Zwang zur Zahlung des Zuschlags[647]. Die Mittel, mit denen das Consorcio die Subventionierung der Versicherungstarife für besonders terrorgefährdete Unternehmen finanziert, stammen also zumindest teilweise aus Zwangszahlungen und wären somit als staatliche Mittel im Sinne des Art. 87 I EGV einzustufen.

---

642 EuG „Air France vs. Kommission", Slg. 1996, II-S. 2109 (2131/Rn. 58).

643 EuG „Air France vs. Kommission", Slg. 1996, II-S. 2109 (2131/Rn. 58 f., 62).

644 Siehe zum beherrschenden Einflusses der öffentlichen Hand als Erfordernis für die Einordnung eines Unternehmens als „öffentlich" im Sinne des Art. 86 I EGV oben, Zweiter Teil, II., 2., c), aa), (1), (a).

645 Diese Herkunft der Mittel war ja im vorliegenden Fall überhaupt erst Anlass für die Zweifel am Vorliegen einer verbotenen Beihilfe, siehe dazu oben, Zweiter Teil, II., 3., c), aa).

646 EuGH „ Italien vs. Kommission (Familienzulagen im Textilsektor)", Rs. 173/73, Slg. 1974, S. 709 (719 f./Rn. 33/35).

647 Siehe zu der Zuschlagsregelung oben, Zweiter Teil, II., 1., h), bb).

Die Einordnung von Mitteln als staatlich wird des weiteren davon abhängig gemacht, ob und gegebenenfalls in welchem Maße die als „Transformator" taugliche Stelle ungehindert über die Mittel verfügen kann oder diese zu verwalten hat[648]. Gegen das Vorliegen staatlicher Mittel kann es deshalb sprechen, wenn die von den Privaten eingenommenen Mittel von den Einzahlern nach eigenem Belieben wieder zurückgefordert werden können, wie dies etwa für herkömmliche Sparkonten gilt[649]. Da ein solches Rückforderungsrecht den Zwangsversicherten des Consorcio nicht einmal dann zusteht, wenn das Consorcio trotz Schadensfalls nicht zahlt[650], ist auch nach Maßgabe dieses Kriteriums von der Staatlichkeit der subventionierend wirkenden Mittel auszugehen.

Im Ergebnis lässt sich somit feststellen, dass die Subventionierung der Versicherungstarife für besonders bedrohte Unternehmen durch eine nach dem Vorbild des Consorcio aufgebaute Terrorversicherung das ungeschriebene Tatbestandsmerkmal der Belastung eines öffentlichen Haushalts erfüllt. Somit ist auch das Tatbestandsmerkmal einer „aus staatlichen Mitteln gewährten Beihilfe" nach Maßgabe der vom EuGH vorgegebenen engen Auslegung dieses Merkmals zu bejahen.

(cc) Stellungnahme zum Erfordernis staatlicher Herkunft der Mittel

Zweifel an der Rechtsprechung des EuGH zum Tatbestandsmerkmal der staatlichen Herkunft von Beihilfemitteln ergeben sich aus der Zweiteilung der Prüfung.

Ausgangspunkt der Kritik ist die Feststellung, dass Voraussetzung einer Einordnung von Mitteln als „staatliche" nach dem „PreussenElektra vs. Schleswag"–Urteil jedenfalls der Umweg dieser über eine staatliche oder staatlich angewiesene Einrichtung ist[651]. Notwendig ist folgerichtig die Klärung der Frage, welche Merkmale eine Einrichtung auszeichnen, die als in diesem Sinne „staatlich" oder „staatlich angewiesen" gelten kann, weil entscheidend ist, *„wo die Mittel herkommen"*[652].

---

648 KOENIG/KÜHLING in NVwZ 2001, S. 768 (769).

649 EuG „Air France vs. Kommission", Slg. 1996, II-S. 2109 (2131/Rn. 65).

650 Siehe dazu oben, Zweiter Teil, II., 1., h), bb), sowie Zweiter Teil, II., 2., a), bb), (2).

651 KOENIG/KÜHLING in NVwZ 2001, S. 768 (769).

652 BARTOSCH in NVwZ 2001, S. 643 (645).

Nicht nachvollziehbar ist die Rechtsprechung jedoch, wenn es mittels der in den Entscheidungen „Italien vs. Kommission (Familienzulagen im Textilsektor)“[653] und „Air France vs. Kommission“[654] zum Ausdruck gekommenen Anforderungen an staatliche Mittel zu einer „doppelten“ Herkunftsprüfung kommt.

Letztlich sind nämlich alle Mittel, die dem Staat zur Verfügung stehen, privaten Ursprungs. Mittel, die der Staat durch seine Tätigkeit als herkömmlicher Anbieter kommerzieller Waren oder Dienstleistungen vom Bürger als Kunden erwirtschaftet, stammen ebenso aus privaten Quellen wie solche, die der Staat als Steuern oder Gebühren mittels hoheitlichen Zwangs abschöpft.

Ob der Staat die ihm zur Verfügung stehenden Mittel auf die eine oder die andere Art Weise einnimmt, macht aber für die wettbewerbsverzerrende Wirkung der Mittel keinen Unterschied, die durch die Verwendung der als Beihilfe entsteht. Entscheidend kann deshalb nur sein, ob der Staat das Geld ausgibt. Für die Beantwortung dieser Frage kann aber nur die Einordnung der beihilfeleistenden Stelle als „staatlich“ oder „staatlich angewiesen“ entscheidend sein.

Richtigerweise darf die Frage nach der Herkunft der Mittel deshalb nur auf einer Ebene gestellt werden, nämlich bei der Charakterisierung der erforderlichen Zwischeninstanz. Überflüssig ist dagegen die Wiederholung der Herkunftsfrage bezogen auf die Art und Weise der Aquisition der Mittel durch die Zwischeninstanz.

bb) Einsatz staatlicher Mittel durch Verzicht auf Steuereinnahmen

Neben der bisher geprüften, dem Staat zuzurechnenden Finanzierung der Beihilfe durch die Einnahmen des Consorcio bleibt zu untersuchen, ob die abgesenkten Versicherungstarife für die besonders terrorbedrohten Unternehmen nicht auch auf eine Finanzierung durch staatliche Mittel zurückgeführt werden kann, die in einem staatlichen Verzicht auf Steuereinnahmen besteht.

Diese Argumentation, mit deren Grundprinzip sich der EuGH in mehreren Entscheidungen auseinanderzusetzen hatte, beruht auf folgender Überlegung: Zwingt der Staat ein privates Unternehmen zu Ausgaben, etwa durch Ausgleichszahlungen oder ähnliches, dann sinkt infolge dieser Belastungen der Ge-

[653] Siehe dazu oben, Zweiter Teil, II., 3., c), aa), (1), (b), (bb).
[654] Siehe dazu oben, Zweiter Teil, II., 3., c), aa), (3), (b), (bb).

winn des Unternehmens, was wiederum dazu führt, dass das Unternehmen weniger Steuern zahlt[655].

Anerkannt ist, dass auch eine Abgabenentlastung in Form einer Steuerbefreiung eine staatlich zurechenbare Beihilfe darstellen kann[656]. Der Steuerverzicht muss in diesen Fällen allerdings „stoffgleich" mit der Beihilfe sein, der Staat muss sich gerade den Steuerverzicht zum Ziel gesetzt haben.

Eine solche „Stoffgleichheit" liegt im vorliegenden Fall gerade nicht vor. Der Staat ergreift zwar eine Maßnahme, die wohl oder übel zu einer Steuermindereinnahme führt. Das Unternehmen, das weniger Steuern zahlt, ist aber gerade nicht das geförderte. Der Zusammenhang zwischen Steuerverzicht und Beihilfe ist somit allenfalls mittelbar.

Folgerichtig lehnt der EuGH in vergleichbaren Konstellationen eine Zurechenbarkeit der Beihilfe als staatlich aufgrund der Steuermindereinnahmen ab, weil *„... die eventuelle Einbuße an Steuererträgen ... einer solchen Regelung immanent (ist) und ... kein Mittel (darstellt), um den betroffenen Unternehmen einen bestimmten Vorteil zu gewähren"*[657].

In den zu erwartenden Steuermindereinnahmen des Staates ist hier somit keine Beihilfe gemäß Art. 87 I EGV zu sehen.

d) Tatsächliche oder drohende Wettbewerbsverfälschung

Allein das Vorliegen einer staatlich zurechenbaren Beihilfe löst das Beihilfenverbot des Art. 87 I EGV nicht aus. Art. 87 I EGV greift vielmehr nur, wenn die Beihilfen *„den Wettbewerb verfälschen oder zu verfälschen drohen"*.

Eine solche Wettbewerbsverfälschung liegt vor, wenn durch die Beihilfe die Stellung des Begünstigten oder eines Dritten auf dem sachlich, zeitlich und räumlich relevanten Markt zu Lasten bereits tätiger oder potentieller Wettbewerber verbessert wird[658]. Folgerichtig erscheint diese zusätzliche Vorausset-

---

655 So in der Argumentationsstruktur beispielsweise die Kommission, in: EuGH „Sloman Neptun vs. Ziesemer", verb. Rs. C-72/91 und C-73/91, Slg. 1993, I-S. 887 (901).

656 Siehe dazu oben, Zweiter Teil, II., 3., a), aa).

657 EuGH „Sloman Neptun vs. Ziesemer", verb. Rs. C-72/91 und C-73/91, Slg. 1993, I-S. 887 (934/Rn. 21); EuGH „PreussenElektra AG vs. Schleswag", in: EuZW 2001, S. 242 (246/Rn. 62).

658 CREMER, in: CALLIESS/RUFFERT (Hrsg.), EUV/EGV, Art. 87 EGV, Rn. 12.

zung vor dem Hintergrund, dass das Wettbewerbsrecht insgesamt allein die Aufgabe hat, Wettbewerbsverzerrungen zu verhindern[659].

Das Tatbestandsmerkmal der tatsächlichen oder drohenden Wettbewerbsverfälschung begründet allerdings keine allzu hohen Hürden. Ausreichend ist eine potentielle Wettbewerbsverfälschung. Teilweise wird sogar vertreten, dass jeder Beihilfe auch eine Wettbewerbsverfälschung immanent ist[660]. Diese Auslegung, die faktisch einer Abschaffung des Tatbestandsmerkmals gleichkäme, wird vom EuGH jedoch abgelehnt. Die wettbewerbsverfälschenden Umstände müssen also jeweils genannt werden[661].

Die Möglichkeit einer Wettbewerbsverfälschung wird insbesondere abgelehnt, wenn das begünstigte Unternehmen auf dem Gebiet der EU ein Monopol innehat, weil dann möglicherweise benachteiligte Wettbewerber überhaupt nicht existieren[662]. Das Versicherungsangebot des Consorcio gilt jedoch für die in Spanien belegenen Risiken aller Unternehmen, also auch für Nicht-Monopolisten.

Unternehmen, die als besonders terrorgefährdet in den Genuss abgesenkter Versicherungstarife kommen, sind durch die Ersparnis in Höhe der Differenz zwischen den subventionierten und den marktüblichen Prämienhöhen im Wettbewerb bessergestellt als konkurrierende Unternehmen derselben Branche, denen solche subventionierten Tarife nicht offen stehen[663]. Von einer wettbewerbsverzerrenden Wirkung der untersuchten Beihilfen ist deshalb auszugehen.

---

659 MEDERER, in: VON DER GROEBEN/SCHWARZE (Hrsg.), EUV/EGV, Bd. 2, Art. 87 EGV, Rn. 41.

660 So etwa GA Capotorti, in: EuGH „Philip Morris vs. Kommission", Rs. 730/79, Slg. 1980, S. 2671 (2698/Rn. 4); CREMER, in: CALLIESSS/RUFFERT (Hrsg.), EUV/EGV, Art. 87 EGV, Rn. 12.

661 EuGH „Niederlande und Leeuwarder Papierwarenfabrik vs. Kommission", verb. Rs. 296 und 318/82, Slg. 1985, S. 809 (824/Rn. 24).

662 CREMER, in: CALLIESSS/RUFFERT (Hrsg.), EUV/EGV, Art. 87 EGV, Rn. 13.

663 Wegen des Querschnittscharakters des Adressatenkreises der begünstigten Unternehmen ist eine Eingrenzung auf die Verfälschung eines bestimmten relevanten Marktes hier nicht möglich. Als relevante Märkte kommen also alle Märkte in Frage, auf denen Anbieter tätig werden, die in den Genuss abgesenkter Versicherungstarife kommen.

e) Beeinträchtigung des Handels zwischen den Mitgliedsstaaten

Auch eine wettbewerbsverfälschende Beihilfe ist nur verboten, wenn sie zu einer Beeinträchtigung des Handels zwischen den Mitgliedsstaaten führt. Zweck dieser Zwischenstaatlichkeitsklausel[664] ist es, Fälle auszuscheiden, in denen Auswirkungen nur auf den rein innerstaatlichen Handel zu gewärtigen sind[665]. Da der Kreis der durch das Consorcio abgesicherten Unternehmen nicht auf bestimmte Branchen beschränkt ist, ist davon auszugehen, dass unter den Geförderten jedenfalls auch exportierende Unternehmen oder doch jedenfalls solche sind, deren Produkte mit denen von Herstellern aus anderen Mitgliedsstaaten konkurrieren. Marktunübliche Versicherungstarife des Consorcio stellen also auch eine Beeinträchtigung des Handels zwischen den Mitgliedsstaaten dar.

f) Ausnahmsweise Zulässigkeit der Beihilfen gemäß Art. 87 II b) EGV

Um die Unterschiede der skizzierten Modelle staatlicher Beteiligung an einer Terrorversicherung für Wirtschaftsbetriebe vor dem Hintergrund des gemeinschaftlichen Beihilfenrechts unmittelbar gegenüberstellen zu können, wird die Anwendbarkeit der Ausnahmevorschrift Art. 87 II b) EGV für das Consorcio-Modell und eine nach dem Vorbild der deutschen EXTREMUS AG aufgebaute Versicherung gemeinsam erörtert[666].

---

664 Siehe dazu oben, Erster Teil, III., 2.

665 CREMER, in: CALLIESS/RUFFERT (Hrsg.), EUV/EGV, Art. 87 EGV, Rn. 17.

666 Siehe dazu unten, Dritter Teil, II., 3.

DRITTER TEIL:

Nicht-staatseigene Versicherung mit staatlicher Beteiligung – die deutsche EXTREMUS AG

In diesem Abschnitt wird die deutsche Terrorversicherung EXTREMUS AG auf ihre Vereinbarkeit mit dem europäischen Wettbewerbsrecht hin untersucht. Angesichts der Konstruktion der EXTREMUS AG wird sich die Betrachtung auf beihilfenrechtliche Aspekte der EXTREMUS AG konzentrieren.

Während sich die beihilfenrechtliche Untersuchung am Beispiel des Consorcio auf die Frage der Begünstigung der versicherten Unternehmen beschränkte[667], eröffnet die Untersuchung der EXTREMUS AG die Fragestellung einer Beihilfe zugunsten der Versicherung selbst.

I. Darstellung der EXTREMUS AG

1. Geschichte

Anders als das spanische Consorcio oder die britische Pool Re ist die deutsche EXTREMUS AG ein Unternehmen, das unmittelbar als Reaktion auf die Terroranschläge vom 11. September 2001 gegründet wurde[668]. Anlass für erste Überlegungen zur Gründung einer speziellen Terrorversicherung war der Ausschluss von Terrorrisiken in der Sach-, insbesondere der Industrieversicherung, nachdem die Anschläge den Versicherern deutlich vor Augen geführt hatten, welch enorme Schadenssummen der Terrorismus in seiner neuen Form verursachen kann[669].

Obwohl über die Grundzüge der EXTREMUS AG vom Zeitpunkt der ersten Gespräche bis hin zur Aufnahme des Geschäftsbetriebs im wesentlichen Einigkeit herrschte, wurde im Detail hart gerungen.

---

667 Siehe zur Schwerpunktlegung oben, Zweiter Teil, II., 3.

668 EXTREMUS AG - Unternehmen, abrufbar unter: http://www.extremus-online.de/index.html.

669 FROMME in Financial Times Deutschland online vom 14.12.2001.

Die beteiligten Erst- und Rückversicherer tragen das Risiko bis zu einer Schadenshöhe von 1,5 Milliarden Euro. Für weitere 1,5 Milliarden Euro wird Rückversicherungsschutz auf dem Welt-Finanzmarkt erworben. Der Staat springt für Schäden ein, die einen Betrag von 3 Milliarden Euro übersteigen[670].

Streitpunkt war zunächst das Anliegen des Staates, eine Einstandspflicht nicht der Höhe nach unbegrenzt, sondern nur für einen Betrag von bis zu 10 Milliarden Euro zu übernehmen. Strittig war auch die Frage, ob der Staat für die Übernahme der Garantie am Prämienaufkommen beteiligt werden soll[671].

Man einigte sich schließlich auf die erwähnte Begrenzung der Staatsgarantie, die darüber hinaus auf 3 Jahre (bis Ende 2005) befristet ist und nur gegen eine Prämienbeteiligung des Bundes gewährt wird[672]. Für bestimmte Branchen, allen voran die als besonders gefährdet geltende Luftfahrtindustrie, sollte das Angebot von vornherein nicht gelten[673].

Nachdem insoweit eine Einigung erreicht worden war, entbrannte ein Streit über die Frage steuerlicher Begünstigungen der EXTREMUS AG.

Die Versicherungswirtschaft forderte, der EXTREMUS AG die Bildung steuerfreier Rückstellungen zu ermöglichen[674]. Ohne Lösung der genannten steuerlichen Probleme kam es am 3. September 2002 schließlich zur Gründung der EXTREMUS AG mit Sitz in Köln[675]. Seitens der EXTREMUS AG wurde damit gerechnet, dass das ersehnte Steuerprivileg letztlich zumindest als „Gegenleistung“ dafür gewährt würde, dass sich der Staat planmäßig 2005 gänzlich aus der Terrorversicherung zurückziehen will[676].

Nach Abschluss des Genehmigungsverfahrens am 22. Oktober 2002 nahm die Gesellschaft am 1. Januar 2002 offiziell den Geschäftsbetrieb auf[677].

---

670 WOLFF in Berliner Zeitung online vom 22.2.2002.

671 „Accord in Sight on Terror-Risk Insurance, in: Handelsblatt online vom 23.4.2002.

672 DOHMEN in Handelsblatt vom 24.4.2002, S. 30; „Staat haftet für Terrorschäden“, vom 27.4.2002, in: BerlinOnline, Textarchiv der Berliner Zeitung, abrufbar unter: http://www.2.tagesspiegel.de/archiv/2002/04/26/ak-wi-wi-4415752.html.

673 FROMME/EHRLICH in Financial Times Deutschland vom 23.4.2002, S. 19.

674 Siehe dazu unten, Dritter Teil, II., 2.

675 GDV, Versicherungsschutz gegen Terrorschäden – GDV gründet Spezialversicherer Extremus AG, abrufbar unter: http://www.dv.de/presseservice/16748.htm; Extremus AG: Steuerfragen noch ungeklärt, in: Versicherungswirtschaft 2002, S. 1380 (1380 f.).

676 LIER in Versicherungswirtschaft 2002, S. 1622.

677 EXTREMUS AG - Unternehmen, abrufbar unter: ttp://www.extremus-online.de/index.html.

2. *Aufbau der EXTREMUS AG*

Die EXTREMUS AG wurde von den Aktionären[678] als Erstversicherung gegründet, die die Risiken in drei Stufen, sogenannten layers, ein- und verteilt[679]. Die erste der beiden jeweils eine Schadenssumme von 1,5 Milliarden Euro umfassenden Tranchen übernehmen deutsche Versicherer. Der zweite layer wird über den internationalen Rückversicherungsmarkt abgedeckt[680]. Zusammen mit der durch die Staatszusage abgedeckten dritten Tranche in Höhe weiterer 10 Milliarden Euro verfügt die EXTREMUS AG somit über eine Gesamtschadensstrecke von 13 Milliarden Euro[681].

Die Eintrittspflicht des Staates ist auf den Zeitraum eines Jahres bezogen. Der Staat ist also erst zur Zahlung verpflichtet, wenn die Schadenssumme infolge eines Ereignisses oder in einem Jahr insgesamt den Betrag von 3 Milliarden Euro, also die privat abgedeckte Schadenssumme überschreitet[682].

---

678 Aktionäre der EXTREMUS AG sind folgende Versicherungsunternehmen: AIG, Allianz, AMB, Deutsche Rück, DEVK, Gerling, Gothaer, HDI, HUK Coburg, LVM, Münchner Rück, NOVA Allgemeine, R & V, Swiss Re, VHV, Zürich Agrippina, siehe Pressemitteilung des GDV, Versicherungsschutz gegen Terrorschäden – GDV gründet Spezialversicherer Extremus AG, abrufbar unter: http://www.gdv.de/presseservice/16748.html.

679 FROMME in Financial Times Deutschland online vom 21.5.2002.

680 AHLICH/DOHMEN in Handelsblatt online vom 1.8.2003. Neben den Aktionären stellen folgende Versicherungen Rückversicherungskapazitäten zur Verfügung: Alte Leipziger, AXA, Basler, CCR, Concordia, DBV Winterthur, Gothaer Rück, Helvetia, Kölnische Rück, Le MansRe, Lloyds/Frankfurt, Mannheimer, Mecklenburgische, Nürnberger, Scor, SOVAG, Württembergische; über den internationalen Rückversicherungsmarkt erfolgt die Deckung durch weitere 18 Unternehmen, so dass insgesamt über 50 in- und ausländische Versicherer an der von der EXTREMUS AG zur Verfügung gestellten Deckung von Terrorschäden mitwirken, siehe dazu: EXTREMUS AG: Steuerfragen noch ungeklärt, in: Versicherungswirtschaft 2002, S. 1380 (1381); LIER in Versicherungswirtschaft 2002, S. 1622.

681 LIER in Versicherungswirtschaft 2002, S. 1622.

682 „Bund geht bei Großschäden durch Terror ins Risiko“, in: Frankfurter Rundschau online vom 28.11.2002, abrufbar unter: http://www.Fraktuell.de/uebersicht/alle_dossiers/politik_ausland/der_terror_und_die_folgen/wirtschaft_opfer _und_nutznießer/?cnt=30746.

3. Abgedeckte Gefahren und Schäden

Die von der EXTREMUS AG angebotene Terrorversicherung deckt Schäden ab, die durch:

a) „Brand, Explosion,

b) Anprall oder Absturz von Luftfahrtzeugen oder Flugkörpern sowie Fahrzeugen aller Art, ihrer Teile oder Ladung,

c) sonstige mutwillige Beschädigungen, zerstört oder beschädigt werden oder abhanden kommen, sofern die genannten Gefahren durch einen in der Bundesrepublik begangenen Terrorakt verursacht sind“[683].

Der Begriff des Terrorakts wird definiert als:

„(...) jegliche Handlungen von Personen oder Personengruppen zur Erreichung politischer, religiöser, ethnischer oder ideologischer Ziele, die geeignet sind, Angst oder Schrecken in der Bevölkerung oder Teilen der Bevölkerung zu verbreiten und dadurch auf eine Regierung oder staatliche Einrichtungen Einfluss zu nehmen.[684]*“*

Herauszustreichen ist insbesondere, dass auch Betriebsunterbrechungsschäden (sogenannte BU-Schäden) ausgleichsfähig sind[685].

4. Nicht abgedeckte Gefahren und Schäden

Ein Gefahrenausschluss gilt grundsätzlich für Krieg sowie alle Situationen, in denen der Staat sein Gewaltmonopol nicht mehr aufrechterhalten kann[686]. Dazu zählen insbesondere Revolution, Rebellion oder Aufstand. Von der Deckung ausgeschlossen sind außerdem Schäden durch „Verfügung von hoher Hand“, Kernenergie und radioaktive Strahlung, sowie in bestimmten Fällen Schäden durch Kontamination[687]. Datenschäden werden nur ausgeglichen, wenn der Da-

---

683 EXTREMUS AG, Allgemeine Bedingungen für die Terrorversicherung (ATB), A, A 1, 1 abrufbar unter: http://www.extremus-online.de/pdf/atb.pdf.

684 EXTREMUS AG, Allgemeine Bedingungen für die Terrorversicherung (ATB), A, A 1, 2 abrufbar unter: http://www.extremus-online.de/pdf/atb.pdf.

685 EXTREMUS AG, Allgemeine Bedingungen für die Terrorversicherung (ATB), B, abrufbar unter: http://www.extremus-online.de/pdf/atb.pdf.; herauszustreichen ist dies deshalb, weil BU-Schäden vom Consorcio als „indirekte Schäden“ nicht abgedeckt werden.

686 LIER in Versicherungswirtschaft 2002, S. 1622.

687 EXTREMUS AG, Allgemeine Bedingungen für die Terrorversicherung (ATB), A 2, 1 abrufbar unter: http://www.extremus-online.de/pdf/atb.pdf.

tenträger selbst zerstört wird, nicht aber bei Einwirkung von Computerviren oder ähnlichem[688].

5. *Versicherbare Sachen*

Die Terrordeckung der EXTREMUS AG gilt grundsätzlich für bewegliche und unbewegliche Sachen.

Ausnahmeregelungen zeichnen den Ausschluss bestimmter Branchen nach. Da das Versicherungsangebot nicht für Fluggesellschaften gilt, ist der Ausschluss der Versicherung von Flugzeugen ebenso folgerichtig wie der Ausschluss einer Haftung für Schäden an Anlagen[689], die der Kernenergienutzung dienen, da in Deutschland für die Atomhaftung ein gesondertes Haftungsregime gilt.

6. *Räumliche Beschränkungen des Versicherungsschutzes*

Von besonderer Bedeutung für die Tätigkeit der EXTREMUS AG ist, dass, wie im Falle des Consorcio, im Ausland belegene oder sich befindliche Sachen nicht versichert werden. Während also das Consorcio nur Objekte in Spanien versichert[690], beschränkt sich die EXTREMUS AG auf die Versicherung von Objekten in Deutschland[691].

Diese räumliche Beschränkung des Versicherungsschutzes ist einer der Hauptkritikpunkte insbesondere der deutschen Industrie. Über eine Ausweitung der Tätigkeit der EXTREMUS AG wird deshalb momentan intensiv verhandelt. Allerdings steht wohl fest, dass ein solcher Auslandsschutz jedenfalls ohne staatliche Beteiligung konstruiert werden muss, die staatliche Haftungsgarantie in diesem Zusammenhang also nicht gelten wird[692].

---

688 EXTREMUS AG, Allgemeine Bedingungen für die Terrorversicherung (ATB), A 2, 2 und 3, abrufbar unter: http://www.extremus-online.de/pdf/atb.pdf.

689 EXTREMUS AG, Allgemeine Bedingungen für die Terrorversicherung (ATB), A 3, 3 abrufbar unter: http://www.extremus-online.de/pdf/atb.pdf.

690 Siehe dazu oben, Zweiter Teil, II., 1., f).

691 EXTREMUS AG, Allgemeine Bedingungen für die Terrorversicherung (ATB), C, C 1, abrufbar unter: http://www.extremus-online.de/pdf/atb.pdf.; EXTREMUS AG, Info, abrufbar unter: http://www.extremus-online.de/info.html.

692 FROMME in Financial Times Deutschland online vom 9.5.2003.

7. *Haftungsvoraussetzungen*

a) *Mindest-Versicherungssumme*

Eine Versicherung bei der EXTREMUS AG kann nur bezogen werden, wenn die Versicherungssumme 25 Millionen Euro überschreitet. Versicherungssummen bis zu 10 Millionen Euro werden weiterhin von den herkömmlichen Schadensversicherungen abgedeckt. Für Versicherungssummen zwischen 10 und 25 Millionen Euro bedarf es eines ausdrücklichen Einschlusses des Terrorrisikos durch den Sachversicherer.

b) *Anbindung an die Feuerversicherung*

Voraussetzung für die Möglichkeit, sich bei der EXTREMUS AG gegen Terrorschäden zu versichern, ist der Bestand einer Feuerversicherung[693], die in Form einer Sach- und/oder Betriebsunterbrechungspolice abgeschlossen werden kann[694]. Dieses Kriterium dient allerdings schon deshalb nicht dem Ausschluss bestimmter Risiken, weil in Deutschland kaum ein versicherbares gewerbliches Risiko ohne Feuerversicherung existiert[695].

Die Bindung des Terrorversicherungsschutzes an die Feuerversicherung dient in erster Linie der Kostenersparnis, weil sich beispielsweise die Versicherungssumme für die Terrordeckung nach der Feuerversicherungssumme richtet[696].

Anders als im Falle des Consorcio ist die Feuerversicherung also keine für den Versicherungsschutz der EXTREMUS AG unerlässliche Basisversicherung[697].

---

693 Anders als beim Consorcio ist der Bezug der Terrorversicherung jedoch für die Kunden der Erstversicherung nicht obligatorisch, die Kunden haben also die Wahl, ihre Feuerversicherung um die Terrordeckung der EXTREMUS zu ergänzen oder nicht.

694 EXTREMUS AG, Info, abrufbar unter: http://www.extremus-online.de/info.html; LIER in Versicherungswirtschaft 2002, S. 1622.

695 So Dirk Harbrücker, Vorstand der EXTREMUS AG, in persönlichem Gespräch am 2.5.2003.

696 EXTREMUS AG, Info, abrufbar unter: http://www.extremus-online.de/info.html; LIER in Versicherungswirtschaft 2002, S. 1622.

697 Harbrücker (a.a.O.) nennt einen Staudamm als Beispiel eines Risikos, das durchaus bei der EXTREMUS AG versichert werden kann, obwohl möglicherweise keine Feuerversicherung für ein solches Bauwerk existiert.

8. Prämienhöhe und Berechnungsgrundlagen

Anders als in klassischen Versicherungsverträgen hängt die Höhe der Prämien für die von der EXTREMUS AG angebotene Terrorversicherung nicht von der individuellen Gefährdung der jeweiligen versicherten Sache ab. Eine Tarifdifferenzierung nach Art und Lage des Risikos erfolgt nicht. Die Prämienhöhe bestimmt sich vielmehr nach der Versicherungssumme und der vereinbarten Jahreshöchstentschädigung (JHE)[698].

Grund für diese Abkopplung der Prämienhöhe von der individuellen Gefährdung des Versicherungsnehmers ist in erster Linie die geringe Mitarbeiterzahl der EXTREMUS AG, die eine genaue Untersuchung jedes Risikos auf seine individuelle Gefährdung und die entsprechende Ausarbeitung individueller Tarife unmöglich macht[699].

Anzumerken ist, dass diese Vorgehensweise der EXTREMUS AG, wenn auch unfreiwillig, wiederum ein solidarisches Element in die Terrorversicherung einführt[700].

Die Versicherungsnehmer tragen eine Selbstbeteiligung in Höhe von 1 % der vereinbarten Jahreshöchstentschädigung[701].

II. Beihilfenrechtliche Überprüfung der EXTREMUS AG

Das Modell der EXTREMUS AG wird beihilfenrechtlich unter zwei Gesichtspunkten überprüft.

Zunächst stellt sich die Frage nach der Beihilfeneigenschaft der Haftungsgarantie, die der deutsche Staat für Schäden ab einer bestimmten Größenordnung übernommen hat[702]. Eine derartige Staatsbeteiligung ist auch Element anderer, ausländischer Terrorversicherungen, für die die EXTREMUS AG exemplarisch steht. Insbesondere die britische Pool Re, aber auch das Consorcio ähneln darin der deutschen EXTREMUS AG.

---

698 EXTREMUS AG, Info, abrufbar unter: http://www.extremus-online.de/info.html.

699 HARBRÜCKER (a.a.O.), demnach muss die EXTREMUS AG mit nur 10 festen Mitarbeiter auskommen.

700 Siehe dazu oben, Zweiter Teil, I., 2., a), cc), (1), (a).

701 EXTREMUS AG, Allgemeine Bedingungen für die Terrorversicherung (ATB), C, C 2, 3, abrufbar unter: http://www.extremus-online.de/pdf/atb.pdf.

702 Ausführlich dazu unten, Dritter Teil, II., 1.

Eine verbotene Beihilfe zugunsten der EXTREMUS AG ist möglicherweise außerdem darin zu sehen, dass der Versicherung die Bildung steuerfreier Rückstellungen gestattet wird.

1. Die Staatsgarantie

a) Beihilfencharakter der Staatsgarantie

Der Begriff der Beihilfe im Sinne des Art. 87 I EGV ist weit auszulegen[703]. Als Beihilfe kommt jede Vergünstigung in Frage, für die keine marktgerechte Gegenleistung erbracht wird[704]. Während es bei der Untersuchung des Consorcio um ein dreipoliges Verhältnis zwischen Staat, dem Consorcio und den versicherten Unternehmen ging, ist an dieser Stelle das zweipolige Verhältnis Staat – Versicherer (EXTREMUS AG) unter die Lupe zu nehmen.

Der Beihilfencharakter einer staatlichen Garantie ist nicht davon abhängig, dass tatsächlich Zahlungen erfolgen. Die beihilfenspezifische Vergünstigung ist vorgelagert vielmehr schon zu bejahen, wenn die Risikoträgerfunktion des Staates nicht angemessen, also marktgerecht vergütet wird[705].

Somit ist zu überprüfen, ob auch ein marktwirtschaftlich handelnder Geldgeber im Sinne des „private investor's test" der EXTREMUS AG eine Haftungszusage in Höhe von 10 Milliarden Euro zu den ausgehandelten Konditionen gegeben hätte[706].

Die Anwendung des „private investor's test" legt den Versuch nahe, das staatliche Handeln daraufhin zu überprüfen, ob es strukturell bestimmten privatwirtschaftlichen Tätigkeiten ähnelt. Gelingt dies, könnte dadurch die Bildung des für die Anwendung des „private investor's test" erforderlichen Vergleichsmaßstabs erleichtert werden. In der beihilfenrechtlichen Prüfung des Consorcio-Modells ging es um eine Konstellation, die der einer „klassischen" Versicherung ent-

---

703 EuGH „Gezamenlijke Steenkolenmijnen vs. Hohe Behörde", Rs. 30/59, Slg. 1961, S. 1 (42 ff.); CRAIG/DE BÚRCA, S. 1141; KOENIG, in: KOENIG/ROTH/SCHÖN (Hrsg.), Aktuelle Fragen des EG-Beihilfenrechts, S. 9 (10); siehe dazu oben, Zweiter Teil, II., 3., a), aa).

704 KOENIG/HARATSCH, Rn. 847; RENGELING, S. 23 (28); siehe dazu oben, Zweiter Teil, II., 3., a), cc).

705 Mitteilung der Kommission über Beihilfen in Form von Haftungsverpflichtungen und Bürgschaften, in: ABl. EG 2000, S. 14 (15, Rn. 2.1.2.).

706 Zum „private investor's test" siehe oben, Zweiter Teil, B., III., 1., c).

sprach. Fraglich war, ob eine gemäß Art. 87 I EGV verbotene Beihilfe in den abgesenkten Versicherungstarifen des Consorcio zu sehen war.

Hier geht es dagegen darum, ob der Staat in Form der Garantiezusage der EXTREMUS AG, also der Versicherung selbst, eine verbotene Beihilfe zukommen lässt.

Die EXTREMUS AG arbeitet als (Erst-)versicherer, der seine Risiken, nach Schadenssummen aufgeteilt, auf dem Weg der Rückversicherung an andere Gesellschaften weitergibt[707]. Zwischen der privatwirtschaftlichen Rückversicherung insbesondere des zweiten layers auf dem internationalen Rückversicherungsmarkt und der Garantieübernahme des Staates besteht außer der Höhe der rückversicherten Summe (1,5 bzw. 10 Milliarden Euro) kein grundsätzlicher Unterschied. Sowohl der zweite layer als auch die Staatsgarantie als dritter layer ermöglichen die Übertragung des Versicherungsrisikos vom Erstversicherer auf andere Risikoträger und erfüllen somit die klassische Funktion der Rückversicherung[708].

Die Kontrollfrage im Sinne des „private investor's test" lautet somit, ob eine private Rückversicherungsgesellschaft ein Rückversicherungsversprechen über eine Schadenssumme von 10 Milliarden Euro zu den gleichen Konditionen abgegeben hätte wie der Staat.

aa) Ergebnis des „private investor's test" bei gänzlichem Fehlen alternativer Angebote

Angesichts der Größenordnung der staatlichen Haftungszusage stellt sich die Frage, ob vom privaten Markt überhaupt ein alternatives Angebot zur Verfügung gestellt werden könnte. Tatsächlich bestätigen einige der am ersten oder zweiten layer der EXTREMUS AG beteiligten Versicherungen, dass sie unabhängig vom möglichen Entgelt ein Schadensvolumen von 10 Milliarden Euro wegen der absoluten Größe der Summe nicht rückversichern können[709].

---

707 FROMME in Financial Times Deutschland online vom 21.5.2002.

708 Siehe zur Funktion der Rückversicherung CREIFELDS/WEBER (Hrsg.), Rechtswörterbuch, -Rückversicherung-, S. 1159.

709 So am 27.3.2003 auf schriftliche Anfrage Herr Dr. Horster für die Kölnische Rück sowie Herr Richter für die Gothaer Rück.

Andererseits geht der Staat selbst offensichtlich vom Vorliegen einer privaten Alternative aus. Ansonsten wäre nämlich die Planung des für 2005 vorgesehenen Rückzugs des Staates aus der EXTREMUS AG von vornherein obsolet.

Letztlich kann die Verfügbarkeit entsprechender Summen hier jedoch dahingestellt bleiben. Es spricht nämlich nicht gegen den Beihilfencharakter einer staatlichen Risikoübernahme, dass der private Versicherungsmarkt unter keinen Umständen und zu keinen Konditionen vergleichbare Angebote zur Verfügung stellen kann[710]. Selbst wenn man also davon ausgeht, dass private Rückversicherungen eine Summe von 10 Milliarden Euro unter keinen Umständen absichern könnten, würde dies nichts am Beihilfencharakter einer entsprechenden staatlichen Zusage ändern.

bb) Ergebnis des "private investor's test" im konkreten Fall

Der Anteil des Staates am Prämienaufkommen wurde für das Jahr 2002-2003 auf 9 % festgelegt, für 2004 gilt ein Satz von 10,8 %. 2005 hat der Bund schließlich Anspruch auf 12 %[711] der Einnahmen

Angesichts der ursprünglich erwarteten 550 Millionen Euro Prämieneinnahmen hätte dies in 2003 eine Einnahme des Staates in Höhe von 49,5 Millionen Euro bedeutet. Nach Ansicht von Fachleuten entspricht dies betriebswirtschaftlich und risikotheoretisch keinesfalls einem vertretbaren Prämien-Haftungsverhältnis[712]. Selbst bei optimalem Geschäftsverlauf sind die dem Staat zustehenden Entgelte also nicht marktüblich. Die Haftungszusage über 10 Milliarden Euro ist nach dem „private investor´s test" also als Beihilfe einzustufen.

Der tatsächliche Geschäftsverlauf der EXTREMUS AG verstärkt noch einmal den Eindruck, dass die dem Staat zustehenden Prämien für die Staatsgarantie nicht marktüblich sind. Auch die bereits auf 300 Millionen Euro herabgesetzte Einnahmenerwartung erfüllte sich nämlich nicht. Im Geschäftsjahr 2002 wurde ein Beitragsvolumen von 104 Millionen Euro erzielt. Für 2003 wird mit einem

---

710 Siehe dazu oben, Zweiter Teil, II., 3., cc), (2).

711 HARBRÜCKER (a.a.O.).

712 So auf schriftliche Anfrage Herr Richter von der Gothaer Rück am 27.3.2003 sowie Herr Gaßner am 8.4.2003, der insbesondere darauf hinweist, dass der vom Staat ausgehandelte Preis nicht mit den Rückversicherungstarifen für die am freien Markt platzierten Tranchen vergleichbar sei, eben weil der Staat nicht in gleichem Maße betriebswirtschaftlich kalkulieren müsse, er insbesondere nicht die Renditeerwartungen einer privaten Rückversicherung zu erfüllen habe.

Versicherungsbestand gerechnet, der ein Prämienaufkommen von nur 160 bis 190 Millionen Euro bedeutet[713].

Da der Prämienanteil des Staates prozentual berechnet wird, sinkt er deutlich unter die anfangs erwarteten, auch schon marktunüblichen 49,5 Millionen Euro, während das staatlich übernommene Risiko mit 10 Milliarden Euro gleich bleibt.

b) Begünstigung bestimmter Unternehmen oder Produktionszweige

Das Merkmal der Bestimmtheit im Sinne des Art. 87 I EGV ist hier ohne weiteres erfüllt. Die Staatsgarantie wird ausschließlich der EXTREMUS AG gewährt, also einem einzigen, bestimmten Unternehmen.

c) Staatliche oder aus staatlichen Mitteln gewährte Beihilfe

Auch die staatliche Herkunft der als Beihilfe eingesetzten Mittel steht außer Frage, da die Staatsgarantie direkt vom Finanzministerium zugesagt wurde[714] und somit jedenfalls eine Belastung des Staatshaushalts vorliegt[715].

d) Tatsächliche oder drohende Wettbewerbsverfälschung

Die Beihilfe müsste die Stellung des Begünstigten oder eines Dritten auf dem sachlich, zeitlich und räumlich relevanten Markt zu Lasten bereits tätiger oder potentieller Wettbewerber verbessern[716]. Bezogen auf den relevanten Markt der Terrorversicherung für Risiken in Deutschland[717] scheidet eine Wettbewerbsverfälschung nicht schon deshalb aus, weil die EXTREMUS AG auf diesem Markt eine Monopolstellung innehätte.

---

713 FROMME in Financial Times Deutschland vom 1.4.2003, S. 20; „Extremus kommt nur langsam voran“, in: FAZ vom 1.4.2003, S. 16.

714 „Bund geht bei Großschäden durch Terror ins Risiko“, in: Frankfurter Rundschau online, vom 28.11.2002, abrufbar unter: http://www.fr-aktuell-de/uebersicht/alle_dossiers/politik_ ausland/der_terror_und_die_folgen/wirtschaft_opfer_und_nutznießer/?cnt=30746.

715 Siehe dazu oben, Zweiter Teil, II., 3., c).

716 CREMER, in: CALLIESS/RUFFERT (Hrsg.), EUV/EGV, Art. 87 EGV, Rn. 12; ausführlicher zu diesem Tatbestandsmerkmal, siehe dazu oben, Zweiter Teil, II., 3., (d).

717 Zur Eignung des Terrorversicherungsmarktes als wettbewerbsrechtlich relevantem Markt nach den Terroranschlägen vom 11. September 2001 siehe oben, Zweiter Teil, I., 2., d), aa), (1), (a).

Zwar wurde bei Gründung beispielsweise des in Luxemburg ansässigen Spezialversicherers „Special Risk Insurance and Reinsurance S.A. Luxemburg" (SRIR) unterstrichen, dass dieser nicht in Konkurrenz zu Versicherungsangeboten unter staatlicher Beteiligung stehen, sondern diese lediglich ergänzen sollte[718]. Da die SRIR jedoch auch Terrorversicherungen für Risiken in Deutschland anbot, überschnitten sich die Angebote jedenfalls in Teilbereichen durchaus. Die Einstellung des Geschäftsbetriebs der SRIR[719] macht die tatsächliche wettbewerbsverfälschende Wirkung der der EXTREMUS AG gewährten Staatsgarantie und ähnlicher Garantiezusagen im Ausland deutlich, da ein Grund für das Scheitern der SRIR die Konkurrenz staatlich abgesicherter Versicherungsprogramme war[720].

e) Beeinträchtigung des Handels zwischen den Mitgliedsstaaten

Da die SRIR in Luxemburg ansässig war, ihr Angebot sich aber grenzüberschreitend auf Risiken in ganz Europa und darüber hinaus erstreckte, macht ihr Scheitern schließlich auch deutlich, dass staatliche Garantiezusagen für Terrorversicherungen durchaus geeignet sind, den Handel zwischen den Mitgliedsstaaten zu beeinträchtigen.

Bei der der EXTREMUS AG gewährten Staatsgarantie handelt es sich somit um eine gemäß Art. 87 I EGV verbotene staatliche Beihilfe. Gleiches kann für alle ähnlich konzipierten Staatsgarantien in anderen EU-Mitgliedsstaaten abgeleitet werden.

2. Die Bildung von Rückstellungen durch Terrorversicherungsunternehmen

Nachdem im Vorfeld und auch nach der Gründung der EXTREMUS AG zwischen der Versicherungswirtschaft und dem Staat in Gestalt des Bundesfinanzministers und der Länderfinanzminister über die von der Versicherungsseite

---

718 WOLFF in Berliner Zeitung online vom 22.2.2002. Nachvollziehbar erscheint dieser Wunsch nach einem solchen reibungslosen Nebeneinander auch deshalb, weil Versicherungsgesellschaften wie die Allianz oder die Swiss Re sowohl an der SRIR als auch an der EXTREMUS AG beteiligt sind.

719 „Terrorversicherer finden nur wenige Kunden", in: FAZ vom 14.3.2003, S. 23.

720 AHLICH in Handelsblatt online vom 13.3.2003.

geforderten steuerlichen Regelungen gestritten wurde[721], ist es inzwischen über die Berechtigung von Terrorversicherungsunternehmen zur Bildung von Rückstellungen zu einer Einigung gekommen[722].

a) Die Regelung und ihre Auswirkungen

Die Einigung zwischen der Versicherungswirtschaft und den zuständigen Finanzministern hat dadurch Gestalt angenommen, dass die Verordnung über die Rechnungslegung von Versicherungsunternehmen[723] durch die Erste Verordnung zur Änderung der Verordnung über die Rechnungslegung von Versicherungsunternehmen[724] um die Rückstellungsverpflichtungen von Terrorversicherungsunternehmen ergänzt wurde.

Die Formulierung des neuen § 30 II a) Versicherungsunternehmens-Rechnungslegungsverordnung stellt klar, dass die Rückstellungsverpflichtungen Primärversicherer von Terrorrisiken ebenso treffen wie Rückversicherer von Terrorrisiken[725], wobei letzteres in erster Linie auf die Unternehmen zugeschnitten ist, die die Rückdeckung der von der EXTREMUS AG versicherten Terrorrisiken übernehmen.

aa) Rückstellungen allgemein – Bilanzrechtliche Bedeutung

Rückstellungen wirken in der Bilanz des jeweiligen Unternehmens als Passivposten. Sie dienen dazu, Aufwendungen, deren Existenz oder Höhe am bilanzrechtlichen Abschlussstichtag noch nicht sicher sind und die erst später zu einer Auszahlung führen, der Periode der Verursachung zuzurechnen[726].

Die Pflicht oder die Möglichkeit zur Bildung von Rückstellungen ist Ausfluss der grundsätzlichen handelsrechtlichen Verpflichtung zur vorsichtigen Bewer-

---

721 Siehe dazu oben, Dritter Teil, I., 1.

722 FROMME in Financial Times Deutschland vom 1.4.2003, S. 20.

723 Im Folgenden „Versicherungsunternehmens-Rechnungslegungsverordnung".

724 Im Folgenden „Änderungsverordnung zur Versicherungsunternehmens-Rechnungslegungsverordnung".

725 Begründung, Besonderer Teil, zu Nummer 2, Bundesrats-Drucksache 293/03, S. 4 f.

726 MERKT, in: BAUMBACH/HOPT, Handelsgesetzbuch, § 249, Rn. 1; BAETGE/KIRSCH/THIELE, S. 355.

tung der Erträge eines Unternehmens[727]. Es soll nur der Ertrag ausgewiesen werden, der auch problemlos ausgeschüttet werden kann[728].

Abgesehen davon, dass Rückstellungen für ganz verschiedene Fälle begründet werden können, ist eine Einteilung danach vorzunehmen, ob Rückstellungen gebildet werden müssen oder nur gebildet werden können, ob mit anderen Worten eine handelsrechtliche Passivierungspflicht oder ein handelsrechtliches Passivierungswahlrecht vorliegt[729].

bb) Versicherungstechnische Rückstellungen im Sinne des § 341 h HGB[730]

Gemäß § 30 II a) der geänderten Versicherungsunternehmens-Rechnungslegungsverordnung handelt es sich bei den Rückstellungen, die Terrorversicherungsunternehmen zu bilden haben, nach § 341 h II HGB um Rückstellungen, die Schwankungsrückstellungen ähnlich sind.

Der Wortlaut sowohl des § 30 II a) der Versicherungsunternehmens-Rechnungslegungsverordnung als auch des § 341 h II HGB (*Für Risiken ... ist eine Rückstellung zu bilden*) macht deutlich, dass bezüglich der besagten Rückstellungen kein Passivierungswahlrecht, sondern eine Passivierungspflicht gilt.

Eine Passivierungspflicht entspricht auch den allgemeinen Regelungen. Terroranschläge, für deren Eintritt die Rückstellungen gebildet werden, sind ungewisse Ereignisse. Bei den aus Terroranschlägen resultierenden Zahlungsverpflichtungen handelt es sich deshalb um ungewisse Verbindlichkeiten. Bezüglich der Rückstellungen für ungewisse Verbindlichkeiten wird gemäß § 249 I 1. Alternative HGB eine Passivierungspflicht angenommen[731].

---

727 BALLWIESER, in: SCHMIDT (Hrsg.), MüKo zum HGB, Bd. 4, § 252, Rn. 56; HERMES in ZNER 1999, S. 156 (164 f.).

728 HERMES in ZNER 1999, S. 156 (165); bei der wettbewerbsrechtlichen Beurteilung der Rückstellungen wird in weiten Teilen auf die Literatur zurückgegriffen, die die wettbewerbsrechtliche Problematik von Rückstellungen angesichts der Rückstellungen behandelt, die deutsche Kernkraftanlagenbetreiber für die Entsorgung und Stilllegung der Atomanlagen bilden dürfen; die Auseinandersetzungen um die Rechtmäßigkeit dieser Rückstellungen begannen schon vor einigen Jahren, sind jedoch noch immer aktuell, siehe dazu beispielsweise „In der EU beginnt der Abschied von den Energiemonopolen", in: FAZ vom 5.6.2003, S. 13.

729 MERKT, in: BAUMBACH/HOPT, Handelsgesetzbuch, § 249, Rn. 1.

730 Handelsgesetzbuch, Gesetz vom 10. Mai 1897 (RGBl. 1897, S. 219); zuletzt geändert durch Gesetz vom 24. August 2002 (BGBl. I 2002, S. 3412).

731 MERKT, in: BAUMBACH/HOPT, Handelsgesetzbuch, § 249, Rn. 4.

cc) Rückstellungen gemäß § 30 der geänderten Versicherungsunternehmens-Rechnungslegungsverordnung

Die Rückstellungen, deren Bildung in § 30 der geänderten Versicherungsunternehmens-Rechnungslegungsverordnung angeordnet wird, zeichnen sich durch den besonderen Charakter der Ereignisse aus, für deren Eintritt sie gebildet werden.

Außer für Terrorrisiken sind Versicherungsunternehmen gemäß § 30 der Versicherungsunternehmens-Rechnungslegungsverordnung zur Bildung von Rückstellungen verpflichtet, wenn sie Produkthaftpflicht-Versicherungen für Pharmarisiken (Abs. I) oder Sach- und Haftpflichtversicherungen für Atomenergieanlagen (Abs. II) anbieten.

Sowohl die Versicherung von Pharma- und Kernenergierisiken als auch die Deckung von Terrorschäden unterscheiden sich dadurch von anderen Versicherungen, dass Risiken abgedeckt werden, *„deren mögliche Höchstschäden infolge einer Konzentration hoher Werte oder des Kumuls verschiedener Gefahren des gleichen Risikoobjekts mit großem Schadensmaximum (mpl = maximum possible loss) außergewöhnlich groß sind, während die Zahl der Risiken gering ist“*[732].

Bevor die Versicherungsunternehmens-Rechnungslegungsverordnung 1994 in Kraft trat, stützte sich die Bildung der Rückstellungen für solche damals sogenannten „Großrisiken“ ebenso wie ihre steuerliche Anerkennung auf Schreiben des damaligen Bundesaufsichtsamts für das Versicherungswesen[733].

dd) Steuerrechtliche Auswirkungen der Terrorrisiken-Rückstellungen – der Maßgeblichkeitsgrundsatz

Bei Versicherungsunternehmen handelt es sich in der Regel um Aktiengesellschaften. Gemäß § 1 I des Körperschaftsteuergesetzes[734] sind Aktiengesellschaften unbeschränkt zur Entrichtung der Körperschaftssteuer verpflichtet. § 7 I des Körperschaftsteuergesetzes legt fest, dass sich die Höhe der zu zahlenden Kör-

---

[732] GEIB/HORBACH, in: WELZEL/MANNEWITZ/OOS/REUFFURTH (Hrsg.), KoRVU-Kommentar, J, Rn. 296; SCHINZLER in Verlagsbeilage der FAZ vom 13.11.2002, S. 1.

[733] FRICKE, Rn. 13; GEIB/HORBACH, in: WELZEL/MANNEWITZ/OOS/REUFFURTH (Hrsg.), KoRVU-Kommentar, J, Rn. 297; der Begriff „Großrisiko“ wird in diesem Zusammenhang wegen seiner Verwendung an anderer Stelle nicht mehr gebraucht, siehe dazu SCHRÖER, in: ENSTHALER (Hrsg.), GK zum Handelsgesetzbuch, § 341 h), Rn. 5.

[734] In der Fassung der Bekantmachung vom 22. April 1999, in: BGBl. I 1999, S. 817 ff.

perschaftssteuer nach dem zu versteuernden Einkommen richtet. § 8 I des Körperschaftsteuergesetzes verweist für die Berechnung des für die Körperschaftssteuer maßgeblichen Einkommens auf die Vorschriften des Einkommensteuergesetzes[735] in Verbindung mit den einschlägigen Regelungen des Körperschaftsteuergesetzes.

Die Bedeutung der handelsrechtlich angeordneten Rückstellungen beziehungsweise der Rückstellungen, die in Wahrnehmung einer handelsrechtlich verankerten Regelungsermächtigung angeordnet werden[736], ergibt sich aus dem sogenannten Maßgeblichkeitsgrundsatz. Danach ist gemäß § 5 I in Verbindung mit § 4 I des Einkommensteuergesetzes die handelsrechtliche Bilanz auch maßgeblich für die Steuerbilanz, sofern nicht spezielle steuerrechtliche Regelungen entgegenstehen[737].

Der Maßgeblichkeitsgrundsatz gilt bezüglich der steuerrechtlichen Behandlung von Rückstellungen insbesondere deshalb, weil das Einkommensteuergesetz keine Vorschrift enthält, die sich wie § 249 HGB generell mit der Bewertung von Rückstellungen auseinandersetzt[738]. Generell wirken Rückstellungen deshalb gewinnmindernd und senken folglich die Steuerlast des rückstellenden Unternehmens[739].

Als entgegenstehende steuerrechtliche Spezialregelungen wirken im Bereich der Rückstellungen vor allem die Absätze IIa, III, IV, IVa und IVb des § 5 Einkommensteuergesetz[740]. Da die genannten Spezialvorschriften für Rückstellungen, die Schwankungsrückstellungen ähnlich sind, keine Abweichungen vom Maßgeblichkeitsgrundsatz vorsehen, wirken die den Terrorversicherern vorgeschriebenen Rückstellungen einkommens- und damit auch körperschaftssteuermindernd.

---

735 In der Neufassung vom 16. April 1997 (BStBl. I 1997, S. 921 ff.); zuletzt geändert durch Gesetz vom 24. März 1999 (BGBl. I 1999, S. 402 ff.).

736 Zur letzteren Gruppe gehören auch die von den Terrorversicherern nach der geänderten Versicherungsunternehmens-Rechnungslegungsverordnung zu bildenden Rückstellungen, da die Versicherungsunternehmens-Rechnungslegungsverordnung auf der Verordnungsermächtigung des § 330 I, III und IV HGB beruht.

737 MERKT, in: BAUMBACH/HOPT, Handelsgesetzbuch, § 242, Rn. 4; CREZELIUS in DB 1992, S. 1353 (1353 f.); HERMES in ZNER 1999, S. 156 (158).

738 FEDERMANN, S. 405; TIPKE/LANG/SEER, Rn. 347.

739 DAUB, S. 48.

740 CREZELIUS, in: KIRCHHOF (Hrsg.), Einkommensteuergesetz, § 5, Rn. 12.

Die Geltung des Maßgeblichkeitsgrundsatzes für den Bereich der Schwankungsrückstellungen und den Schwankungsrückstellungen ähnlichen Rückstellungen bestätigt die Begründung zum Erlass des § 341 h HGB (ehemals § 341 g HGB), derzufolge die Sicherstellung der *„Kongruenz zwischen Handelsbilanz und Steuerbilanz"* einer der Beweggründe für die Aufnahme der genannten Vorschrift in das Handelsgesetzbuch war[741].

Der nach den Vorschriften des Einkommen- und des Körperschaftsteuergesetzes ermittelte Gewinn, ist gemäß § 7 in Verbindung mit § 6 des Gewerbesteuergesetzes[742] außerdem Grundlage für die Berechnung der Gewerbesteuer[743]. Die handelsrechtlich passivierungspflichtigen Terrorversicherungsrückstellungen führen deshalb mittelbar auch zu einer Minderung der Gewerbesteuerverpflichtungen der Terrorversicherer.

b) Beihilfenrechtliche Beurteilung der Rückstellungen

Der Beihilfenbegriff des Gemeinschaftsrechts ist weit auszulegen[744]. Neben den herkömmlichen Leistungssubventionen umfasst er auch Verschonungen in Form von Steuer- und Abgabenerleichterungen oder Sondertarifen[745].

Eine Methode staatlicher Beihilfengewährung ist die Verminderung der Steuerbemessungsgrundlage, die unter anderem durch die Erlaubnis zur Bildung von Rücklagen in den Bilanzen erfolgen kann[746].

Bei den Steuerersparnissen, in deren Genuss die Versicherungsunternehmen infolge der Rückstellungsbildung kommen, könnte es sich also um Vergünstigungen und somit um gemäß Art. 87 I EGV verbotene Beihilfen handeln.

---

741 BT-Drucksache zu § 341g HGB, 12. Wahlperiode, Nr. 5587, S. 28.

742 In der Neufassung vom 19. Mai 1999 (BGBl. I 1999, S. 1010, ber. BGBl I 1999, S. 1491; zuletzt geändert durch Gesetz vom 19. Januar 2000 (BGBl. I 2000, S. 1790).

743 WÜSTENHÖFER, Rn. 1.

744 Siehe dazu oben, Zweiter Teil, II., 3., a), aa).

745 EuGH "Banco Experior de España SA vs. Ayuntamiento de Valencia", Rs. C-387/92, Slg. 1994, I-S. 877, (907 f./Rn. 13 ff.); CREMER, in: CALLIESS/RUFFERT (Hrsg.), EUV/EGV, Art. 87 EGV, Rn. 7.

746 Mitteilung der Kommission über die Anwendung der Vorschriften über staatliche Beihilfen auf Maßnahmen im Bereich der direkten Unternehmensbesteuerung (98/C 384/03), in: ABl. EG 1998, C, Nr. 384, S. 3 (4/Rn. 9); im Folgenden: „Kommissionsmitteilung zur Unternehmensbesteuerung".

aa) Beihilfencharakter der Rückstellungen

(1) Verpflichtung zur Rückstellungsauflösung – keine Vergünstigung in Gestalt endgültigen Steuerverzichts

Rückstellungen müssen zu einem bestimmten Zeitpunkt wieder aufgelöst werden. Stellt sich etwa heraus, dass eine ungewisse Verbindlichkeit, für deren Eintritt eine Rückstellung gebildet wurde, nicht besteht, wird die entsprechende Rückstellung aufgelöst. Der zurückgestellte Betrag wird dann als Aktivposten bilanziert.

In zwei Fällen kommt es auch zu einer Auflösung der Terrorrisiken-Rückstellungen.

Die Bildung von Rückstellungen hängt gemäß § 30 IIa, Satz 1 der geänderten Versicherungsunternehmens-Rechnungslegungsverordnung vom Abschluss einer Versicherung von Terrorrisiken ab. Bei Ablauf des der Rückstellung zugrundeliegenden Versicherungsvertrags müssen die Rückstellungen im Umkehrschluss deshalb wieder aufgelöst werden.

§ 30 II a, Nr. 3 der geänderten Versicherungsunternehmens-Rechnungslegungsverordnung ordnet außerdem an, dass die Rückstellungen in dem Maße aufzulösen sind, in dem die aufgelaufenen Summen einen bestimmten Betrag überschreiten.

Im Zeitpunkt ihrer Auflösung müssen Rückstellungen ertragssteigernd in die Bilanz eingestellt werden. Für den Bilanzzeitraum, in den die Auflösung fällt, erhöht sich die Steuerbemessungsgrundlage und somit die Steuerschuld des rückstellenden Unternehmens deshalb in dem Maße, wie sie vorher durch die Rückstellungsbildung vermindert wurde.

Die Bildung von Rückstellungen führt also nicht zu einer Vergünstigung in Gestalt endgültigen Steuerverzichts des Staates. Es kommt vielmehr nur zu einem Zahlungsaufschub, einer Stundung der Steuerzahlungspflicht[747].

---

[747] FRICK, S. 48; HERZIG in DB 1990, S. 1341 (1341); KOSCHYK, S. 134.

(2) Zins- und Liquiditätsgewinne – Vergünstigung trotz Auflösungsverpflichtung

Es würde dem Regelungszweck des gemeinschaftsrechtlichen Beihilfenverbots widersprechen, eine Beihilfe nur in Fällen endgültigen Steuerverzichts anzunehmen. Die Gefahr einer Wettbewerbsbeeinträchtigung durch staatlich gewährte Vergünstigungen besteht nämlich nicht nur, wenn ein Unternehmen in der Gesamtabrechnung weniger Steuern zahlt als ein Konkurrent. Eine Wettbewerbsverfälschung droht vielmehr schon dann, wenn ein Unternehmen zwar letztlich den gleichen Betrag wie ein Konkurrent zahlen muss, es jedoch in einem bestimmten Zeitraum weniger belastet wird.

(a) Vergünstigung durch Liquiditätsgewinn

Rückstellungen stehen den bilanzierenden Unternehmen nach deutschem Recht zur freien Verfügung. Die Unternehmen sind bei der Verwendung der Rückstellungssummen also an keine besonderen gesetzlichen Vorgaben gebunden[748].

Mit den steuerfreien Rückstellungen können die Unternehmen deshalb bis zum Zeitpunkt der Auflösung Investitionen tätigen und sich im Zeitraum bis zur Auflösung der Rückstellungen gegenüber ihren Konkurrenten in eine vorteilhafte Position bringen[749], es kommt also zu einem Liquiditätsgewinn[750].

(b) Vergünstigung durch Zinsgewinne

Neben der Vergünstigung, die in der Möglichkeit liegt, die ersparten Aufwendungen für Steuerzahlungen anderweitig zu investieren, tritt als weiterer Vorteil das Recht der rückstellenden Unternehmen, etwaige Zinsgewinne zu behalten[751].

---

748 HERMES in ZNER 1999, S. 156 (167); KÜHLING in RdE 2001, S. 93 (101); PELZER, in: LUKES, RUDOLF/BIRKHOFER, ADOLF (Hrsg.), Neuntes Deutsches Atomrechts-Symposium, Köln/Berlin/Bonn/München 1991, S. 145 (157), anlässlich der Kontroverse um die Stilllegungsrückstellungen deutscher Kernkraftwerksbetreiber.

749 Die wettbewerbsrechtlichen Probleme solche Investitionsreserven treten wiederum besonders bei der Diskussion um die Stilllegungsrückstellungen deutscher Kernkraftwerksbetreiber zutage, die mit Hilfe der Rückstellungssummen „einen wettbewerbswidrigen Feldzug auf den Märkten der kommunalen Energiewirtschaft, der Mineralöl-, Bau und Abfallwirtschaft sowie dem neu entstehenden Markt der Telekommunikation führen“, siehe HERMES in ZNER 1999, S. 156 (167).

750 FRICK, S. 48.

751 FRICK, S. 48; KOSCHYK, S. 134.

Die Stundung einer Steuerschuld kann also ebenso wie ein Steuerverzicht eine Beihilfe im Sinne des Art. 87 I EGV darstellen[752]. Ein endgültiger Steuerverzicht des Staates ist nicht Voraussetzung einer Beihilfe.

(3) Fehlen einer marktgerechten Gegenleistung

Die Anwendung des private investor´s test bereitet im Bereich der Beihilfen in Form von Steuererleichterungen grundsätzlich Schwierigkeiten, weil die Steuerzahlungspflicht in keinem synallagmatischen Austauschverhältnis steht. Das Unternehmen zahlt seine Steuern also nicht im Gegenzug für den Erhalt bestimmter Leistungen durch den Staat[753]. Im Bereich der Steuererleichterungen fällt es deshalb schwer, die für die Anwendung des private investor's test erforderlichen Vergleichsgrößen von Leistung und Gegenleistung auszumachen.

Auch im vorliegenden Fall ist eine marktgerechte Gegenleistung für die Steuervorteile, die den betroffenen Versicherungen aus der ihnen auferlegten Pflicht zur Rückstellungsbildung entstehen, nicht ersichtlich.

bb) „Staatliche“ oder „aus staatlichen Mitteln gewährte“ Beihilfe im Sinne des Art. 87 I EGV

Da eine Steuervergünstigung zwangsläufig einen Verzicht des Staates auf Einnahmen bedeutet, ist die Einordnung einer Beihilfe in Form einer Steuervergünstigung als „staatlich“ unzweifelhaft[754]. Dies gilt auch für etwaige Zinsgewinne der begünstigten Unternehmen. Denn auch diese „Früchte“ der in Rede stehenden Mittel stehen eigentlich dem Staat zu.

Zu beachten ist, dass die Rückstellungen nicht in ihrer gesamten Höhe als Beihilfe einzuordnen sind. Die Rückstellungen werden aus Einnahmen des Unternehmens gespeist, die diesen auch ohne die Rückstellungsbildung zur Verfügung stünden. Eine Beihilfe liegt deshalb nur in Höhe des Betrags vor, den die

---

752 EuGH „Déménagements-Manutention Transport SA (DMT)“, Rs. C-256/97, Slg. 1999, I-S. 2913 (3933/Rn. 19).

753 In diesen Fällen so genannter einseitiger Vorteilsgewährung ist der Begünstigungscharakter ohne weiteres anzunehmen, siehe KOENIG/HARATSCH, Rn. 849; etwas anderes könnte sich beispielsweise bei der Entrichtung von Gebühren daraus ergeben, dass etwa ein Unternehmen Leistungen des Staates, die durch die Gebührenzahlung abgegolten werden, nicht oder nicht in vollem Umfang in Anspruch nimmt.

754 FRICK, S. 23.

Unternehmen dadurch sparen, dass sie auf ihre Gewinne keine Steuern zahlen müssen[755].

cc) Tatsächliche oder drohende Wettbewerbsverfälschung

Eine gemäß Art. 87 I EGV tatbestandsmäßige Wettbewerbsverfälschung setzt voraus, dass durch die Beihilfe in ein tatsächliches oder potentielles Wettbewerbsverhältnis eingegriffen und dadurch der Ablauf des Wettbewerbs verändert wird[756].

Eine Verfälschung scheidet insbesondere aus, wenn sich das begünstigte Unternehmen auf dem relevanten Markt entweder überhaupt keinem Wettbewerber gegenübersieht oder die Vergünstigungen allen Wettbewerbern in gleichem Maße offenstehen[757].

Die Verpflichtung zur Bildung von Rückstellungen trifft sowohl die Erst- als auch die Rückversicherer von Terrorrisiken[758]. Die Frage nach einer möglichen Wettbewerbsverfälschung stellt sich deshalb auch bezogen auf beide Gruppen von Unternehmen.

(1) Wettbewerbsverfälschung auf dem Markt der Erstversicherung von Terrorrisiken

(a) Keine Monopolstellung der EXTREMUS AG

Eine Wettbewerbsverfälschung auf dem Markt der Erstversicherung von Terrorrisiken scheidet nicht schon wegen einer Monopolstellung der EXTREMUS AG aus. Vielmehr macht das Beispiel der inzwischen geschlossenen SRIR deutlich, dass staatliche Beihilfen den Eintritt von Wettbewerbern insbesondere aus anderen EU-Ländern erschweren oder gar verhindern können.

Angesichts der Vielzahl nationaler Terrorversicherungslösungen ist nicht auszuschließen, dass in Zukunft weitere Unternehmen[759] aus anderen EU-Ländern

---

[755] Insofern ist es ungenau, wenn moniert wird, dass die begünstigten Unternehmen mit „den Rückstellungen" Investitionen tätigen und sich dadurch Vorteile verschaffen können, so beispielsweise HERMES in ZNER 1999, S. 156 (156).

[756] KOENIG/HARATSCH, Rn. 860.

[757] CREMER, in: CALLIESS/RUFFERT (Hrsg.), EUV/EGV, Art. 87 EGV, Rn. 13.

[758] Siehe dazu oben, Dritter Teil, II., 2., a).

[759] Hingewiesen sei hier nur auf das spanische Consorcio und die britische Pool Re.

versuchen werden, auf dem Markt der Terrorversicherung in Deutschland Fuß zu fassen.

(b) Keine gleichartige Begünstigung aller Wettbewerber

Die Vergünstigung durch Rückstellungen kommt nur in Deutschland ansässigen Versicherungsunternehmen zugute. Potentiellen Wettbewerbern aus anderen EU-Staaten kommt die in Rede stehende Beihilfe also nicht in gleichem Maße zugute.

Es besteht somit jedenfalls die Gefahr einer Benachteiligung potentieller Wettbewerber auf dem Markt der Erstversicherung von Terrorrisiken durch die Rückstellungsbildung nach der geänderten Versicherungsunternehmens-Rechnungslegungsverordnung. Damit ist eine Wettbewerbsverfälschung im Sinne des Art. 87 I EGV gegeben.

(2) Wettbewerbsverfälschung auf dem Markt der Rückversicherung von Terrorrisiken

Die Gefahr einer Wettbewerbsverfälschung durch die Rückstellungsbildung erscheint an dieser Stelle, bezogen auf die deutschen Rückversicherer gering, weil die überwiegende Mehrheit dieser Unternehmen an der Rückdeckung von Terrorrisiken über die EXTREMUS AG beteiligt ist[760] und somit gleichermaßen in den Genuss der fraglichen Beihilfeleistung kommt.

Es ist aber nicht auszuschließen, dass sich in Zukunft auch Rückversicherer aus anderen EU-Staaten an der Rückdeckung von Terrorrisiken beteiligen werden. Diese Unternehmen kämen nicht in den Genuss der deutschen Rückstellungsregelung. Eine Wettbewerbsverfälschung gemäß Art. 87 I EGV ist deshalb durchaus denkbar.

(3) Wettbewerbsverfälschung auf anderen als dem Terrorversicherungsmarkt

Abgesehen von den möglichen Wettbewerbsverfälschungen auf dem abgegrenzten Markt der Terrorversicherungen besteht infolge der Rückstellungsregelung

---

760 Siehe dazu oben, Dritter Teil, I., 2.

auch die Gefahr, dass es durch Quersubventionierungen zu Wettbewerbsverfälschungen auf anderen Märkten kommt[761].

Eine Wettbewerbsverfälschung könnte beispielsweise dadurch entstehen, dass die im Terrorversicherungsgeschäft tätigen Unternehmen die dort unter anderem aufgrund der Rückstellungsregelung verdienten Mittel dazu nutzen, anderen Unternehmen auf ganz anderen Märkten, etwa dem der allgemeinen industriellen Sachversicherung Konkurrenz zu machen[762].

dd) Beeinträchtigung des Handels zwischen den Mitgliedsstaaten

Nachteilige Auswirkungen staatlicher Beihilfen auf den zwischenstaatlichen Handel können nur ausgeschlossen werden, soweit es um innerstaatliche, insbesondere lokale Wirtschaftstätigkeiten geht[763].

Es besteht durchaus die Möglichkeit, dass in Zukunft Unternehmen aus anderen EU-Staaten versuchen werden, auf dem deutschen Markt für Terrorversicherungen Fuß zu fassen. Eine Beeinträchtigung des zwischenstaatlichen Handels im Sinne des Art. 87 I EGV ist deshalb nicht auszuschließen.

ee) Begünstigung bestimmter Unternehmen oder Produktionszweige

Zweifel an der Anwendbarkeit des Art. 87 I EGV auf die Rückstellungen der Terrorversicherer ergeben sich in erster Linie aus der Frage, ob es sich bei den Rückstellungen um Beihilfen handelt, die ausreichend bestimmt oder spezifisch sind[764].

Normalerweise ist eine solche Spezialität zu bejahen, wenn ein bestimmtes Unternehmen oder ein bestimmter Produktionszweig gefördert werden.

---

761 Ähnliches gilt auch im Fall der Rückstellungsbildung durch Kernanlagenbetreiber für deren Stilllegungsverpflichtungen, wenn dort moniert wird, dass die fraglichen Mittel zur Expansion der Stromerzeuger und damit zu einer Wettbewerbsverfälschung auf ganz anderen Märkten als dem der Stromversorgung genutzt werden.

762 Für den Fall der EXTREMUS AG erscheint diese Gefahr deshalb gering, weil die EXTREMUS AG von den maßgeblichen deutschen Versicherungen getragen wird (siehe dazu oben, Dritter Teil, I., 2.) und diese sich deshalb durch eine solche Geschäftsausweitung der EXTREMUS AG gewissermaßen selbst Konkurrenz machen würden.

763 KOENIG/HARATSCH, Rn. 861; STREINZ, Rn. 850.

764 PECHSTEIN in EuZW 2001, S. 307 (311), hier bezogen auf die Problematik der Stilllegungsrückstellungen für Kernkraftwerke.

Die Rückstellungen begünstigen nur Versicherungen, die sich der Absicherung von Terrorrisiken widmen. Danach wäre die Bestimmtheit der Beihilfe zu bejahen. Bezogen auf den Markt der Erstversicherung von Terrorrisiken ab einer bestimmten Größenordnung gilt darüber hinaus, dass die EXTREMUS AG in Deutschland momentan der einzige Anbieter ist, die Vergünstigung also nur einem einzigen Unternehmen zugute kommt.

Besonderheiten ergeben sich für die Frage nach dem spezifischen Charakter der Beihilfe jedoch daraus, dass es sich dabei um eine steuerliche Maßnahme handelt.

Für den Bereich steuerlicher Beihilfen hat die Kommission herausgearbeitet, dass die Spezialität einer Beihilfe nur zu bejahen ist, wenn die Beihilfe einen Bruch mit dem jeweils geltenden Steuersystem darstellt[765].

Eine Steuererleichterung stellt also nur dann eine spezifisch wirkende Beihilfe dar, wenn die Erleichterung nicht durch die Natur oder den inneren Aufbau des jeweiligen Steuersystems gerechtfertigt ist[766]. Bei der Beihilfe muß es sich um eine Ausnahme zum allgemeinen Steuersystem handeln[767].

(1) Rückstellungen generell

§ 249 I 1. Alternative HGB eröffnet grundsätzlich allen Kaufleuten die Möglichkeit der Rückstellungsbildung für ungewisse Verbindlichkeiten. Diese Möglichkeit oder Pflicht zur Bildung von Rückstellungen ist ein Teil des umfassenden Ertragssteuersystems, der nach dem Vorsichtsprinzip[768] den Ausweis zu hoher Erträge verhindern soll.

Die Befugnis zur Rückstellungsbildung generell ist als steuerpolitische Entscheidung des deutschen Staates somit mangels ausreichender Bestimmtheit nicht als Beihilfe im Sinne des Art. 87 I EGV einzustufen.

---

765 KOENIG/KÜHLING/RITTER, S. 81 f.

766 EuGH „Italien vs. Kommission (Familienzulagen im Textilsektor)", Rs. 173/73, Slg. 1974, S. 709 (719, Rn. 30/35); Kommissionsmitteilung zur Unternehmensbesteuerung, in: ABl. EG 1998, C, Nr. 384, S. 3 (5/Rn. 15).

767 HERMES in ZNER 1999, S. 156 (163).

768 Siehe dazu oben, Dritter Teil, II., 2., a).

(2) Freie Verfügbarkeit der Rückstellungen

Ein Bruch mit den allgemeinen Grundsätzen des Steuersystems wird weiterhin darin gesehen, dass die zurückgestellten Summen nach deutschem Recht den Unternehmen weiterhin zu ihrer freien Verfügung stehen. Dies bedeute gerade eine Verletzung des Vorsichtsprinzips, das der Rückstellungsbildung ja gerade zugrunde liegt. Angesichts der freien Verfügbarkeit ist nämlich gerade nicht gewährleistet, dass die zurückgestellten Mittel tatsächlich zur Verfügung stehen, wenn sie zur Begleichung der jeweiligen Verbindlichkeit gebraucht werden[769].

Man kann die freie Verfügbarkeit der Rückstellungen als politische Fehlentscheidung kritisieren, weil tatsächlich die Gefahr besteht, dass die Mittel zur Erfüllung bestimmter Verbindlichkeiten letztlich trotz der Rückstellungen nicht vorhanden sind[770].

Das bedeutet aber nicht, dass in der freien Verfügbarkeit eine Ausnahme zum geltenden Steuersystem zu sehen ist. Das Vorsichtsprinzip gilt gemäß § 252 I Nr. 4 HGB nämlich nur für die Bilanzierung von Verbindlichkeiten. Das Vorsichtsprinzip verlangt dagegen nicht das tatsächliche Vorhalten bestimmter Geldsummen[771].

Selbst wenn das Vorsichtsprinzip aber die Bereithaltung bestimmter Geldsummen verlangte, wäre damit noch nichts über den Beihilfecharakter der Terrorrisiken-Rückstellungen gesagt. Der Grundsatz der freien Verfügbarkeit gilt nämlich für alle Rückstellungen. Ein Ausnahmecharakter der Terrorrisiken-Rückstellungen wäre gemessen an der generellen Ausformung der Rückstellungen deshalb abzulehnen.

(3) Voraussetzungen einer Rückstellung für ungewisse Verbindlichkeiten

Nach der Rechtsprechung des Bundesfinanzhofs sind Rückstellungen für ungewisse Verbindlichkeiten nur unter bestimmten Voraussetzungen zulässig. Möglicherweise könnte in der Anordnung zur Bildung der Terrorrisiken-Rückstel-

---

769 HERMES in ZNER 1999, S. 156 (167).

770 Konsequenz ist zumindest bei vielen öffentlich-rechtlichen Verbindlichkeiten wie allen voran der zum Rückbau von Atomanlagen, dass die Kosten letztlich dem Steuerzahler aufgebürdet werden; ähnliches ist durchaus im Bereich von Terrorrisiken denkbar, vor allem, wenn schwere Anschläge notstandsähnliche Zustände hervorrufen sollten.

771 KÜHLING in RdE 2001, S. 93 (101).

lungen ein Systembruch gesehen werden, wenn sie trotz des Erlasses in Verordnungsform diesen Voraussetzungen nicht genügt.

Die Verpflichtungen, die die Bildung der Terrorrisiken-Rückstellungen erforderlich machen, gründen auf privatrechtlich begründeten Versicherungsverträgen. Die vom Bundesfinanzhof herausgearbeiteten Kriterien für auf öffentlich-rechtliche Verbindlichkeiten bezogene Rückstellungen kommen hier deshalb nicht zur Anwendung.

Die Zulässigkeit von Rückstellungen setzt zunächst das Bestehen oder die Wahrscheinlichkeit des künftigen Entstehens einer Verbindlichkeit dem Grunde und/oder der Höhe nach voraus[772]. Mit Abschluss des Versicherungsvertrags ist die Verbindlichkeit der Versicherungsunternehmen, deren Begleichung nur noch unter dem Vorbehalt eines Schadenseintritts steht, dem Grunde nach gegeben. Da in die Verträge eine Haftungshöchstsumme eingetragen wird, ist die Verbindlichkeit jedenfalls der Höchstsumme nach bestimmt.

Die wirtschaftliche Verursachung der Verbindlichkeit muss außerdem in der Zeit vor dem Bilanzstichtag erfolgen[773]. Da die Verbindlichkeit mit dem Abschluss des Versicherungsvertrags entsteht, ist auch diese Voraussetzung hier erfüllt.

Schließlich muss der Schuldner mit einer Inanspruchnahme ernsthaft rechnen, die bloße Möglichkeit des Bestehens oder Entstehens der Verbindlichkeit reicht nicht aus[774]. Durch den Abschluss des Versicherungsvertrags besteht die Verpflichtung zum Schadensausgleich.

Die Rückstellungsbildung für Terrorrisiken entspricht somit den allgemeinen Voraussetzungen der Bildung von Rückstellungen für ungewisse Verbindlichkeiten. Auch insofern kann nicht von einem Bruch mit dem geltenden Steuersystem die Rede sein.

---

772 BFH, in: BFHE 172, S. 456 (458).
773 BFH, in: BFHE 172, S. 456 (458).
774 BFH, in: BFHE 172, S. 456 (458).

(4) Höhe der Terrorrisiken-Rückstellungen

Schließlich stellt sich die Frage, ob die Höhe der Rückstellungen einen Ausnahmecharakter der Terrorrisiken-Rückstellungen im geltenden Steuersystem begründen kann[775].

Die Höhe von Rückstellungen für ungewisse Verbindlichkeiten ist naturgemäß Gegenstand einer Prognoseentscheidung. Außerdem richtet sich der Rückstellungsbetrag maßgeblich nach der Höhe der jeweils abgesicherten Verbindlichkeiten. Für mutmaßlich besonders große Verpflichtungen müssen also auch besonders große Rückstellungen gebildet werden[776]. Der Ausnahmecharakter einer Rückstellung kann deshalb nur bejaht werden, wenn die Rückstellungen eine Höhe erreichen, die ein Umschlagen in eine qualitative Unvergleichbarkeit mit anderen Rückstellungen bedeutet[777].

Für in Rückdeckung abgesicherte Terrorrisiken bindet § 30 IIa, Nr. 1 der geänderten Versicherungsunternehmens-Rechnungslegungsverordnung den Höchstbetrag der Rückstellungen unmittelbar an die Haftungshöchstsumme des übernommenen Risikos. Die Rückstellungshöhe ist also nicht von der Verbindlichkeit abgekoppelt. Sie widerspricht deshalb nicht dem allgemeinen System der Rückstellungen.

Eine direkte Anbindung der Rückstellungshöhe an die eventuell entstehende Verbindlichkeit fehlt für Unternehmen, die Terrorrisiken als Erstversicherer decken, ohne sie in Rückdeckung weiterzugeben. Stattdessen wird die zulässige Rückstellungshöhe auf das 15fache der verdienten Beträge des Geschäftsjahrs begrenzt. Auch wenn diese Grenze hoch angesetzt erscheinen mag, so kann doch angesichts der potentiell enormen Schadenspotentiale nicht von einem qualitativen Ausnahmecharakter der Vorschrift ausgegangen werden. Dies muss jedenfalls so lange gelten, wie nicht statistische Beobachtungen über einen längeren Zeitraum etwas anderes ergeben.

Die Anordnung zur Rückstellungsbildung von Versicherungen, die an der Deckung von Terrorrisiken beteiligt sind, stellt somit keinen Bruch mit dem gel-

---

775 Auch diese wird für die Frage der Stilllegungsrückstellungen der Atomanlagenbetreiber vertreten, siehe HERMES in ZNER 1999, S. 156 (166 f.).

776 Entscheidung der Kommission C (2001) 3967fin, „Staatliche Beihilfe Nr. NN. 137/01 – Deutschland/Rückstellungen für die Entsorgung und Stilllegung von Kernkraftwerken", S. 7, abrufbar unter: http://europa.eu.int/comm/secretariat_general/sgb/state_aids/industrie-/n137-01.pdf.

777 KÜHLING in RdE 2001, S. 93 (101).

tenden deutschen Ertragssteuersystem dar. Bei dem auf der Rückstellungsbildung beruhenden Steuerverzicht des Staates handelt es sich deshalb nicht um eine im Sinne des Art. 87 I EGV spezifische Beihilfe. Eine Anwendung des Art. 87 I EGV scheidet aus.

3. *Ausnahmsweise Zulässigkeit der Beihilfen gemäß Art. 87 II b) EGV*

An dieser Stelle wird die Anwendbarkeit der Ausnahmevorschrift des Art. 87 II b) EGV sowohl für staatliche Beihilfen an Versicherungsnehmer in Gestalt abgesenkter Versicherungsprämien[778] als auch für Beihilfen in Form von staatlichen Vergünstigungen an die Versicherung selbst[779] untersucht.

Für die Auslegung und Anwendung des Art. 87 II b) EGV steht relativ wenig Anschauungsmaterial zur Verfügung. Umso wichtiger sind die zahlreichen Mitteilungen und Äußerungen der EU-Kommission im Anschluss an die Attentate vom 11. September 2001, insbesondere angesichts des Auslegungsspielraums, der der Kommission bezüglich der Tatbestandsvoraussetzungen des Art. 87 II b) EGV zugebilligt wird[780].

a) *Außergewöhnliche Ereignisse im Sinne des Art. 87 II b) EGV*

Terroranschläge fallen unter den Begriff der außergewöhnlichen Ereignisse im Sinne des Art. 87 II b) EGV[781].

Bei Naturkatastrophen, die den außergewöhnlichen Ereignissen in Art. 87 II b) EGV gleichgestellt sind, wird außerdem verlangt, dass es sich um nicht-versicherbare Ereignisse handelt[782].

Die Kommission macht in ihren Äußerungen bezüglich der Problematik von Drittschadensversicherungen für Fluggesellschaften nach den Anschlägen vom 11. September 2001 deutlich, dass sie die Anwendbarkeit des Art. 87 II b) EGV nicht auf Fälle unversicherbarer Ereignisse beschränkt.

---

778 So im oben dargestellten Fall einer nach dem Consorcio gestalteten Versicherung, siehe dazu oben, Zweiter Teil, II., 3.

779 Wie dies für den Fall der EXTREMUS AG exemplarisch festgestellt wurde.

780 Siehe dazu oben, Erster Teil, III., 5., b).

781 Siehe dazu oben, Erster Teil, III., 5., b).

782 MEDERER, in: VON DER GROEBEN/SCHWARZE (Hrsg.), EUV/EGV, Art. 87 EGV, Rn. 131.

Von einer Nicht-Versicherbarkeit der Drittschadensrisiken konnte nämlich nur unmittelbar nach den Anschlägen die Rede sein, als die Versicherer die Drittschadensversicherungsverträge der Fluggesellschaften ersatzlos kündigten.

Kurz darauf standen private Angebote jedoch wieder zur Verfügung, allerdings zu extrem erhöhten Preisen[783]. Trotz dieser bestehenden privaten Angebote erklärte die Kommission die den Fluggesellschaften gewährten Staatsgarantien für mit Art. 87 II b) EGV vereinbar[784].

b) *Unmittelbarkeit der auszugleichenden Schäden*

Nach dem Wortlaut des Art. 87 II b) EGV sind Beihilfen nur *„zur Beseitigung von Schäden, die durch Naturkatastrophen oder sonstige außergewöhnliche Ereignisse entstanden sind*" gestattet. Angesichts dieser Wortwahl wird zum Teil ein Tatbestandsmerkmal der „Unmittelbarkeit" aus der Norm abgelesen. Danach ist nur der Ausgleich unmittelbarer Folgen zulässig[785]. Eine solche Unmittelbarkeit ist beispielsweise zu bejahen, wenn Hochwasserschäden ausgeglichen werden[786].

aa) *Unmittelbarkeit einer Versicherung von Betrieben*

Generell stellt sich die Frage, ob Beihilfen in Form von Versicherungen dem Erfordernis der Unmittelbarkeit im Sinne des Art. 87 II b) EGV genügen. Dagegen spricht zum einen, dass Versicherungen in der Regel vor einem Schadensereignis abgeschlossen werden. Sie gleichen also gerade nicht Schäden aus, die durch das Ereignis schon entstanden sind.

Zum anderen basieren Versicherungen auf der Absicherung einer Vielzahl von Versicherungsnehmern. Die Mehrheit der Versicherungsnehmer wird nicht Opfer eines Schadensereignisses, sondern befürchtet dies nur.

---

783 Mitteilung der Kommission COM (2001) 574 final, The repercussions of the terrorist attacks in the United States on the air transport industry, S. 5/Rn. 23, abrufbar unter: http://europa.eu.int/eur-lex/en/com/cnc/20001/com20001_0574en01.pdf. („The airlines' cover is being restored, although the financial conditions are extremely onerous.")

784 Mitteilung der Kommission COM (2001) 574 final, The repercussions of the terrorist attacks in the United States on the air transport industry, S. 7/Rn. 33, abrufbar unter: http://europa.eu.int/eur-lex/en/com/cnc/20001/com20001_0574en01.pdf.

785 Rawlinson, in: Lenz (Hrsg.), EGV, Art. 87 EGV, Rn. 24.

786 Siehe den XXIV. Wettbewerbsbericht der Kommission (1994), S. 531.

Auch diese Beobachtungen werden durch die Reaktionen auf die Anschläge vom 11. September 2001 bestätigt, in die ja kein einziges europäisches Flugzeug involviert war, ohne dass dies die europäischen Fluggesellschaften vor der Kündigung ihrer Versicherungen bewahrt hätte.

Die Subsumtion der die Versicherungen ersetzenden Staatsgarantien zugunsten der Fluggesellschaften unter Art. 87 II b) EGV durch die Kommission verdeutlicht, dass der Unmittelbarkeitszusammenhang zwischen Schaden und Beihilfe nicht so eng ist wie es der Wortlaut der Norm andeutet. Jedenfalls die Versicherung terrorgefährdeter Betriebe fällt somit unter Art. 87 II b) EGV.

bb) Unmittelbarkeit einer Beihilfe zugunsten einer Versicherung

Der Unmittelbarkeitszusammenhang zwischen dem eingetretenen Schaden und der Beihilfe erscheint noch zweifelhafter, soweit es um die Freistellung einer Versicherung durch Staatsgarantien ab einem bestimmten Schadensaufkommen geht.

So sind nämlich zwar alle Fluggesellschaften wenigstens potentiell direkte Opfer von Anschlägen wie denen vom 11. September 2001. Für die Versicherungen der Fluglinien gilt dies aber nicht. Die schädigende Wirkung der Anschläge besteht hier allein darin, dass gewissermaßen die versicherungsmathematischen Berechnungen der Versicherer zunichte gemacht werden.

Trotzdem ordnet die Kommission auch staatliche Garantien für Versicherungen als ein Instrument ein, mittels dessen die Mitgliedsstaaten im Einklang mit Art. 87 II b) EGV auf die Bedrohung von Wirtschaftsbetrieben durch Terroranschläge reagieren können[787].

Auch Staatsgarantien, wie sie der EXTREMUS AG zur Verfügung gestellt werden, können deshalb als Katastrophenbeihilfen gemäß Art. 87 II b) EGV mit dem europäischen Wettbewerbsrecht vereinbar sein.

---

787 Mitteilung der Kommission COM (2001) 574 final, The repercussions of the terrorist attacks in the United States on the air transport industry, S. 9/Rn. 40, abrufbar unter: http://europa.eu.int/eur-lex/en/com/cnc/20001/com20001_0574en01.pdf.

c) *Sonstige Anforderungen der Kommission an eine Beihilfe im Sinne des Art. 87 II b) EGV*

Angelehnt an die Stellungnahme des ECOFIN-Rates erarbeitet die Kommission im Zusammenhang mit den Folgen der Anschläge in Amerika weitere Kriterien, denen staatliche Hilfen entsprechen müssen, um unter den Ausnahmetatbestand des Art. 87 II b) EGV zu fallen.

aa) *Angemessenes Entgelt*

Eine staatliche Risikoübernahme darf nur gegen einen vertretbaren Preis erfolgen, keinesfalls also völlig ohne Gegenleistung[788]. Da Kennzeichen einer Beihilfe das Fehlen einer marktüblichen Gegenleistung ist, dürfte die Ermittlung eines angemessenen Preises schwierig und in gewissen Grenzen dem Ermessen anheim gestellt sein.

Die zugunsten des Consorcio abgegebene Haftungsgarantie des spanischen Staates ist somit mit den Anforderungen an eine Katastrophenbeihilfe gemäß Art. 87 II b) EGV unvereinbar, weil sie kostenlos gewährt wird. Zumindest denkbar ist dagegen, dass die an den Bund abzuführenden Entgelte für die zugunsten der EXTREMUS AG übernommene Garantie den Anforderungen der Kommission genügen.

bb) *Gleichbehandlung auf Ebene des jeweiligen Mitgliedsstaats*

Eine staatliche Deckung gegen Terrorrisiken muss nach Ansicht der Kommission für alle Unternehmen einer Branche (hier der Luftfahrtindustrie) gleichermaßen übernommen werden[789].

Sowohl das Angebot des Consorcio als das der EXTREMUS AG stehen prinzipiell jedem an einer Versicherung interessierten Unternehmen offen. Der Ausschluss bestimmter Branchen, allen voran der Luftfahrt und der Atomenergieerzeuger sprechen nicht gegen die Universalität der Angebote, da für diese Branchen eigene Haftungsregelungen geschaffen wurden.

---

788 Mitteilung der Kommission COM (2001) 574 final, The repercussions of the terrorist attacks in the United States on the air transport industry, S. 8 f./Rn. 37, 40, abrufbar unter: http://europa.eu.int/eur-lex/en/com/cnc/20001/com20001_0574en01.pdf.

789 Mitteilung der Kommission COM (2001) 574 final, The repercussions of the terrorist attacks in the United States on the air transport industry, S. 9/Rn. 38, abrufbar unter: http://europa.eu.int/eur-lex/en/com/cnc/20001/com20001_0574en01.pdf.

cc) Zeitliche Begrenzung und Auslaufen bei privatwirtschaftlicher Alternative

Die Funktion von Katastrophenbeihilfen im Sinne des Art. 87 II b) EGV als Überbrückung außergewöhnlicher Notlagen wird von der Kommission dadurch verdeutlicht, dass sie für die Anwendung der Vorschrift die zeitliche Begrenzung der staatlichen Intervention voraussetzt[790].

Eine zeitliche Begrenzung ist insbesondere deshalb zu begrüßen, weil die Kommission Beihilfen im Sinne des Art. 87 II b) EGV auch dann als gegeben ansieht, wenn Versicherungen nur teurer werden, obwohl eine solche Teuerung doch normales Ergebnis einer Risiko-Neubewertung durch gewerbliche Versicherer in einer Marktwirtschaft ist[791].

Die Forderung der Kommission nach einer zeitlichen Begrenzung von Beihilfen im Sinne des Art. 87 II b) EGV kann außerdem nicht getrennt von einer weiteren Anforderung gesehen werden, die die Kommission für solche Beihilfen formuliert.

Danach sollen Beihilfen im Sinne des Art. 87 II b) EGV immer nur eine Übergangslösung bis zu dem Zeitpunkt darstellen, in dem der private Versicherungsmarkt wieder Angebote offeriert[792]. Die zeitliche Begrenzung staatlicher Deckungsübernahmen ist erforderlich, um solche privaten Angebote überhaupt erst wieder zu ermöglichen beziehungsweise die Marktteilnehmer zu entsprechenden Angeboten zu animieren[793].

---

790 Mitteilung der Kommission COM (2001) 574 final, The repercussions of the terrorist attacks in the United States on the air transport industry, S. 8 f./Rn. 37, 38, 40, abrufbar unter: http://europa.eu.int/eur-lex/en/com/cnc/20001/com20001_0574en01.pdf. im konkreten Fall der Staatsgarantien zugunsten der europäischen Fluggesellschaften gestattete die Kommission die Beihilfen immer nur für einen Zeitraum von einem Monat.

791 Mitteilung der Kommission KOM (2002) 320 endg., über die Versicherung im Luftverkehr nach den Terroranschlägen vom 11. September 2001 in den USA, S. 8/Rn. 33, abrufbar unter: http://www.europarl.eu.int/meetdocs/committees/rett/20020909/com(02)0320.de.pdf.

792 Die Rückkehr zu einer Lösung allein über den gewerblichen Versicherungsmarkt wird von der Kommission als besonders wünschenswert erachtet, auch wenn die Gangbarkeit dieses Wegs zumindest in Frage gestellt wird, Mitteilung der Kommission KOM (2002) 320 endg., über die Versicherung im Luftverkehr nach den Terroranschlägen vom 11. September 2001 in den USA, S. 5/Rn. 17, 20, S. 8/ Rn. 31 ff., abrufbar unter: http://www.europarl-.eu.int/meetdocs/committees/rett/20020909/com(02)0320.de.pdf.

793 Mitteilung der Kommission COM (2001) 574 final, The repercussions of the terrorist attacks in the United States on the air transport industry, S. 8/Rn. 37, abrufbar unter: http://europa.eu.int/eur-lex/en/com/cnc/20001/com20001_0574en01.pdf.

Das Consorcio genügt auch den letztgenannten Anforderungen an Beihilfen im Sinne des Art. 87 II b) EGV nicht. Eine zeitliche Begrenzung der Beihilfen in Form abgesenkter Versicherungstarife ist nicht vorgesehen. Terrorversicherungsangebote, die auf dem gewerblichen Markt basieren, entstehen deshalb gar nicht erst. Von einem Überbrückungscharakter der staatlichen Intervention kann also nicht die Rede sein.

Für die EXTREMUS AG gilt jedenfalls offiziell etwas anderes. Die Gültigkeit der Staatsgarantie zugunsten der EXTREMUS AG ist danach auf 3 Jahre, bis 2005, begrenzt und soll dann von einer rein privatwirtschaftlichen Lösung ersetzt werden. Obwohl die staatliche Beihilfe also für einen wesentlich längeren Zeitraum als die Haftungsgarantien für die Fluggesellschaften zugesagt wurde, ist das Bemühen erkennbar, die staatliche Intervention nur als Überbrückungslösung aufrecht zu erhalten.

Nach den Maßstäben, die die Kommission aufgestellt hat, könnte die Staatsgarantie zugunsten der EXTREMUS AG also als Beihilfe im Sinne des Art. 87 II b) EGV zulässig sein.

VIERTER TEIL:

Fazit und Ausblick

I. Fazit

Jedes der drei untersuchten Modelle einer Terrorversicherung mit staatlicher Beteiligung birgt Probleme hinsichtlich der Vereinbarkeit mit dem primären Gemeinschaftsrecht, insbesondere dem primären europäischen Wettbewerbsrecht.

Für das Modell der staatlichen Monopolversicherung gilt zwar, dass staatliche Monopole nicht grundsätzlich gegen das primäre europäische Wettbewerbsrecht verstoßen.

Staatliche Monopole entsprechen jedoch nicht den Grundprinzipien einer freien Marktwirtschaft. Sie stehen somit im Widerspruch zur Maßgabe des EGV, einen Binnenmarkt zu schaffen, der nach den Regeln einer freien Marktwirtschaft funktioniert.

Eine staatseigene Monopolversicherung stellt aus gemeinschaftsrechtlicher Sicht deshalb nicht die Ideallösung einer Versicherung mit staatlicher Beteiligung dar.

Das Consorcio-Modell erscheint zunächst vorteilhaft, weil das Problem der negativen Selektion gelöst wird, ohne dass es zur Begründung eines rechtlichen Monopols kommt.

Die nähere Untersuchung hat jedoch gezeigt, dass es dem spanischen Staat mittels der gesetzlichen Zuschlags-Regelung gelungen ist, die Monopolstellung des Consorcio faktisch aufrecht zu erhalten. Potentielle Wettbewerber werden vom Markt für Terrorversicherungen ferngehalten, worin der staatlich induzierte Missbrauch einer marktbeherrschenden Stellung zu sehen ist.

Sowohl das Modell einer staatlichen Monopolversicherung als auch eine nach Maßgabe des Consorcio gestaltete Versicherungslösung bringen außerdem die Gefahr mit sich, dass es mittels der zwangsweise erhobenen Prämien zu einer Subventionierung besonders terrorgefährdeter Unternehmen durch andere Versicherte kommt. Daher kommt es jedenfalls dann zu einer Wettbewerbsverfälschung, wenn Unternehmen beider Gruppen auf einem Markt miteinander konkurrieren.

Das Modell einer an der EXTREMUS AG orientierten Terrorversicherung beinhaltet diese Gefahr nicht, weil die Versicherung freiwillig ist.

Wettbewerbsrechtlich bestehen jedoch auch hinsichtlich der EXTREMUS AG Bedenken, die sich insbesondere an der Staatsgarantie festmachen lassen. Obwohl diese Staatsgarantie begrenzt, kostenpflichtig und im europäischen Vergleich deshalb die relativ marktnächste Variante einer Staatsgarantie darstellt, ist die staatliche Risikoübernahme geeignet, privaten Wettbewerbern der EXTREMUS AG den Zugang zum Terrorversicherungsmarkt zu verwehren.

II. Ausblick

Angesichts der Nachteile aller vorgestellten Versicherungsmodelle stellt sich die Frage, in welcher Form das Problem einer ausreichenden Terrorversicherung für die Wirtschaft gelöst werden sollte.

Vor der Abgabe einer entsprechenden Empfehlung sollte analysiert werden, welchen Anforderungen und Leitlinien eine solche Terrorversicherungskonstruktion genügen muss.

1. Notwendigkeit staatlicher Beteiligung

Der besondere Charakter des Terrorrisikos wirft die Frage nach seiner Versicherbarkeit auf[794]. Vor allem die potentiell astronomische Höhe der abzudeckenden Schäden und eine empirische Datenlage, die wegen der Unregelmäßigkeit und der Unberechenbarkeit terroristischer Anschläge versicherungsmathematische Berechnungen zumindest erschweren, lassen Zweifel an der Versicherbarkeit von Terrorschäden aufkommen[795].

Angesichts der Besonderheiten des Terrorrisikos stellt sich nicht die Frage nach dem „ob“ staatlicher Beteiligung, sondern nur danach, ab welcher Grenze und in welcher Form es zu einer staatlichen Risikoübernahme kommt.

Der Vergleich mit der Haftpflichtversicherung für Kernkraftwerke macht nämlich deutlich, dass eine staatliche Risiko- beziehungsweise Schadensübernahme

---

794 LIEDTKE/COURBAGE, S. 227 ff.; insbesondere erneute Anschläge in der Größenordnung der Attacken vom 11. September 2001 könnten die Kapazitäten der privaten Versicherungswirtschaft durchaus überfordern, dazu etwa STEWART, S. 235 (239).

795 LIEDTKE/COURBAGE, S. 227 (227); WILLIAMS, S. 189 (194).

ohnehin dann erfolgt, wenn der Schadensfall die Dimensionen eines nationalen Notstands erreicht[796].

Im Angesicht potentiell katastrophaler Schadensereignisse stellt sich demnach insbesondere die Frage, bis zu welcher Grenze man für Schäden versicherungstechnische Lösungen konstruiert und ab wann der Staat die Schäden gewissermaßen außergesetzlich ohnehin übernimmt.

2. Für und Wider eines Versicherungszwangs

Der in Gestalt der SRIR gescheiterte Versuch, eine rein privatwirtschaftlich organisierte Terrorversicherung zu etablieren und der bisher enttäuschende Geschäftsverlauf der EXTREMUS AG verdeutlichen, dass Terrorversicherungsangebote nur zögerlich in Anspruch genommen werden und deshalb nur mit Mühe ein ausreichendes Prämienaufkommen generiert werden kann.

Diese Beobachtung steht in engem Zusammenhang mit dem Problem der negativen Selektion, das die Anbieter von Terrorversicherungen besonders hart trifft.

Als Mittel zur Überwindung der negativen Selektion und zur Gewährleistung eines ausreichenden Prämienaufkommens bietet sich die Einführung eines Versicherungszwangs an[797]. Ein Versicherungszwang bringt jedoch, abgesehen von grundsätzlichen Bedenken gegen Zwangsmaßnahmen in einer freien Marktwirtschaft, die Gefahr mit sich, dass besonders gefährdete Unternehmen von anderen subventioniert werden[798]. Solange nicht zweifelsfrei erwiesen ist, dass freiwillige Angebote wie das der EXTREMUS AG keinesfalls gewinnbringend am Markt zu platzieren sind, sollte deshalb von der Einführung eines Versicherungszwangs abgesehen werden.

---

796 Siehe zu den Grenzen zivilrechtlicher Haftungssysteme am Beispiel der Atomhaftung beispielsweise LOPUSKI, S. 107 (112); PELZER in atw 1998, S. 391 (396).

797 Nach Ansicht von Hern Baumgartner von der SRIR ist ein Versicherungszwang der einzige Weg, eine rentabel arbeitende Terrorversicherung zu ermöglichen.

798 Siehe dazu oben, Zweiter Teil, II., 3.

3. Leitlinien einer Versicherungslösung

Aus den Erörterungen der Kommission zur Absicherung der Fluggesellschaften gegen Terrorrisiken lassen sich einige Maximen ablesen, nach denen eine Terrorversicherungslösung mit staatlicher Beteiligung konstruiert werden sollte.

a) Größtmögliche Marktnähe

Angesichts der grundsätzlichen Problematik staatlicher Risikoübernahme[799] und der Gefahr von Wettbewerbsverzerrungen infolge staatlicher Eingriffe in den Versicherungsmarkt stellt die ausschließlich privatwirtschaftliche Deckung von Terrorrisiken die bestmögliche Lösung dar[800].

Da eine ausschließlich privatwirtschaftliche Lösung aber kein gangbarer Weg ist, muss bei der Erörterung verschiedener Modelle staatlicher Beteiligung dem Ideal des privatwirtschaftlichen Modells wenigstens soweit wie möglich entsprochen werden[801].

b) Möglichst weitgehende Gleichbehandlung der Versicherten

Um einer Wettbewerbsverzerrung entgegenzuwirken, sollte eine staatliche Deckung allen Unternehmen eines Mitgliedsstaates offenstehen[802]. Diesem Gedanken entsprechend ist außerdem eine Lösung zu bevorzugen, die Wettbewerbsverzerrungen auf Ebene der Gemeinschaft durch gemeinschaftsweit einheitliche Lösungen verhindert[803].

---

799 Siehe dazu oben, Erster Teil, II., 2.

800 Mitteilung der Kommission KOM (2002) 320 endg., über die Versicherung im Luftverkehr nach den Terroranschlägen vom 11. September 2001 in den USA, S. 5/Rn. 17, 20, S. 8/ Rn. 31 ff., abrufbar unter: http://www.europarl.eu.int/meetdocs/committees/rett/20020909/com(02)0320.de.pdf.

801 Etwa dadurch, dass für Staatsgarantien Entgelte verlangt werden, die einer marktüblichen Gegenleistung wenigstens so nahe wie möglich kommen, siehe dazu oben, Dritter Teil, II., 3., c), aa).

802 Mitteilung der Kommission COM (2001) 574 final, The repercussions of the terrorist attacks in the United States on the air transport industry, S. 9/Rn. 38, abrufbar unter: http://europa.eu.int/eur-lex/en/com/cnc/20001/com20001_0574en01.pdf.

803 Mitteilung der Kommission COM (2001) 574 final, The repercussions of the terrorist attacks in the United States on the air transport industry, S. 7/Rn. 28, abrufbar unter: http://europa.eu.int/eur-lex/en/com/cnc/20001/com20001_0574en01.pdf.

c) *Vor- und Nachteile von Fondslösungen*

Die Kommission sieht zwei grundsätzliche Möglichkeiten einer staatlichen Beteiligung an einer Terrordeckung: Die direkte staatliche Versicherung solcher Risiken und die staatliche Unterstützug privater Versicherungsunternehmen, die ihrerseits die Terrordeckung übernehmen[804].

Hinzu kommen insbesondere für den Bereich der Luftfahrtversicherung zahlreiche Initiativen verschiedener Organisationen, die darauf abzielen, die Terrorversicherungsproblematik mittels brancheninterner Fondslösungen zu bewältigen. Die Vorschläge „Equitime" der US-amerikanischen ATA, der Ansatz der ICAO und das von der AEA ausgearbeitete Modell „Eurotime" beruhen auf dem Aufbau von Fonds, die durch Zahlungen der Luftfahrtunternehmen gespeist werden und durch Garantien der teilnehmenden Staaten unterstützt werden[805].

Der weltweit konzipierte Vorschlag der ICAO bestiecht dadurch, dass die Bedingungen staatlicher Risikoübernahme jedenfalls für die Unternehmen der jeweiligen Branche gleich sind.

Zweifel bestehen jedoch hinsichtlich der von der Kommission für die Terrorversicherung eingeforderten Marktnähe. Es besteht die Gefahr, dass gewerblichen Versicherern der Marktzugang erschwert oder sogar gänzlich verwehrt wird, wenn sich die Unternehmen durch solche Fonds gewissermaßen selbst versichern.

Obwohl beispielsweise der Vorschlag der ICAO vorsieht, dass der geplante Fonds die Deckung erst ab einem bestimmten Betrag übernimmt[806], würde die

---

804 Mitteilung der Kommission COM (2001) 574 final, The repercussions of the terrorist attacks in the United States on the air transport industry, S. 9/Rn. 40, abrufbar unter: http://europa.eu.int/eur-lex/en/com/cnc/20001/com20001_0574en01.pdf.

805 Siehe zu den zitierten Vorschlägen umfassend: Mitteilung der Kommission KOM (2002) 320 endg., über die Versicherung im Luftverkehr nach den Terroranschlägen vom 11. September 2001 in den USA, S. 6 f./Rn. 21 ff., abrufbar unter: http://www.europarl.eu.int/meetdocs/committees/rett/20020909/com(02)0320.de.pdf; insbesondere zu „Eurotime", siehe AEA; zu der ICAO-Lösung: ICAO (CGWI), Council Study Group on Aviation War Risk Insurance –First Meeting-.

806 Der Vorschlag sieht eine Pflicht der Luftfahrtunternehmen vor, Versicherungsschutz bis zu 50 Millionen US-Dollar auf dem privaten Versicherungsmarkt zu beziehen, siehe ICAO, Council Study Group on Aviation War Risk Insurance –First Meeting-, S. 3/ Rn. 2.4.1.

Einrichtung der Fonds die Möglichkeiten gewerblicher Versicherer auf den betroffenen Märkten wesentlich beeinträchtigen, selbst wenn den Fonds keine besonderen oder ausschließlichen Rechte im Sinne des Art. 87 I EGV gewährt werden[807].

d) Schlussfolgerungen

Eine staatliche Mitwirkung an der Absicherung von Terrorrisiken ist für absehbare Zeit unabdingbar.

Es sollten jedoch keine eigenen staatlichen Versicherungsangebote etabliert werden. Eine idealerweise gemeinschaftsweite Lösung sollte stattdessen auf den Angeboten privater Versicherungen beruhen.

Es empfiehlt sich, die Angebote gewerblicher Versicherer zu ergänzen beziehungsweise durch Garantien abzusichern. Eine staatliche Deckung darf nur in Betracht kommen, wenn privaten Versicherern eine Deckung nicht oder nicht zu vertretbaren Preisen möglich ist.

Problematisch bleibt die Festlegung der Preise, die den Versicherungskunden noch zumutbar sind. Denn die Prämienhöhe wird eben nicht mehr allein nach dem Prinzip von Angebot und Nachfrage ermittelt, sondern aufgrund letztlich politischer Entscheidung darüber, welche Kosten der private Unternehmer und welche Kosten das Gemeinwesen zu übernehmen hat[808].

Es besteht außerdem die Gefahr, dass die Versicherer das ihrem Geschäft immanente Risiko von Schadenshöhen, die das Prämienaufkommen übersteigen, externalisieren, indem sie eine Unversicherbarkeit schon für Schadenshöhen behaupten, für die dies nicht zutrifft.

Sie könnten also risikofrei und damit ebenfalls den Grundsätzen der Marktwirtschaft widersprechend Gewinne erwirtschaften.

Diese Probleme fehlerhafter Allokation haften jedoch in verschiedener Form einer staatlichen Risikoübernahme zwangsläufig an.

---

807 Mitteilung der Kommission KOM (2002) 320 endg., über die Versicherung im Luftverkehr nach den Terroranschlägen vom 11. September 2001 in den USA, S. 11 f./ Rn. 51, abrufbar unter: http://www.europarl.eu.int/meetdocs/committees/rett/20020909/com(02)0320.de.pdf.

808 „Der Bürge“, in FAZ vom 27.4.2002, S. 17.

Von den verschiedenen Modellen staatlicher Beteiligung an einer Terrorabsicherung von Wirtschaftsbetrieben besticht die skizzierte Lösung aber dadurch, dass sie nicht auf einen Versicherungszwang angewiesen ist.

Hinzu kommt, dass es nicht zu einer wettbewerbsverzerrenden Bevorzugung einzelner Versicherungsunternehmen dadurch kommt, dass nur bestimmte Versicherungen in den Genuss von Staatsgarantien kommen. Vielmehr steht die Möglichkeit der Inanspruchname der Garantien allen interessierten Versicherungsunternehmen in gleichem Maße offen.

Der Wettbewerb zwischen den Versicherungsunternehmen bleibt also im Grunde unangetastet, weil die Kostenvorteile infolge der staatlichen Garantien für alle gleich sind. Wettbewerbsvorteile sind also nur in herkömmlicher Weise, etwa durch besonders effiziente Verwaltung zu erzielen.

Ein System von Staatsgarantien, das die Angebote privater Versicherungen nur ergänzt, nutzt außerdem die Möglichkeiten der privaten Versicherungswirtschaft bestmöglich aus. Denn die Grenze, ab der die staatliche Deckung greift, kann immer wieder neu festgelegt und an der Schadensentwicklung beziehungsweise der Risikoeinschätzung ausgerichtet werden. Es wird gewissermaßen ein „atmendes“ System etabliert, das ohne großen Verwaltungsaufwand die staatliche Mitwirkung an der Terrordeckung auf das absolut erforderliche Maß beschränkt.

Literaturverzeichnis

AEA:
Open Letter by the European Aviation Industry to the Governments of EU/EEA States.

Ahlich, Holger:
„Terror-Versicherer gibt mangels Nachfrage auf", in: Handelsblatt online, vom 13.3.2003, abrufbar unter: http://www.handelsblatt.com/hbiwwwangebot/fn/relhbi/sfn/cn_artik...

Ahlich, Holger / Dohmen, Caspar:
„Angebote für Terror-Versicherung reichen nicht aus", in: Handelsblatt online, vom 1.8.2002, abrufbar unter: http://www.handelsblatt.c...9/docid/551965/SH/0/depot/0/index/html.

Bach, Albrecht:
Wettbewerbsrechtliche Schranken für staatliche Maßnahmen nach europäischem Gemeinschaftsrecht, Tübingen 1992.

Badura, Peter:
„Dienste von allgemeinem wirtschaftlichen Interesse" unter der Aufsicht der Europäischen Gemeinschaft, in: Classen, Claus Dieter / Dittmann, Armin / Fechner, Frank / Gassner, Ulrich M. / Kilian, Michael (Hrsg.), In einem vereinten Europa dem Frieden der Welt zu dienen – Liber amicorum Oppermann, Berlin 2001, S. 571 ff.

Badura, Peter:
Wirtschaftliche Betätigung der öffentlichen Hand zur Gewährleistung von Daseinsvorsorge, in: Schwarze, Jürgen (Hrsg.), Daseinsvorsorge im Lichte des Wettbewerbsrechts, Baden-Baden 2001, S. 25 ff.

Baetge, Jörg / Kirsch, Hans-Jürgen / Thiele, Stefan:
Bilanzen, 6. Aufl., Düsseldorf 2002.

Bailey, William E.:
The Impact of 9/11 on the United States Insurance Industry´s Business Interruption Underwriting, in: Liedtke, Patrick M. / Courbage, Christophe (Hrsg.), Insurance and September 11 one year after – Impact, Lessons and Unresolved Issues, Genf 2002, S. 151 ff.

Ballwieser, Wolfgang:
Kommentierung zu § 252 HGB, in: Schmidt, Karsten (Hrsg.), Münchener Kommentar zum Handelsgesetzbuch, Bd. 4 (§§ 238-342a), München 2001.

Banz, Oliver:
Rechtsprobleme der Allfinanz unter besonderer Berücksichtigung des Alternativen Risiko Transfers (ART), Zürich 1999.

Bartosch, Andreas:
Das Risikopotenzial der Beihilferechtswidrigkeit staatlicher Bürgschaften für den Kreditgeber, in: EuZW 2001, S. 650 ff.

Bartosch, Andreas:
Neues zum Tatbestandsmerkmal der "Belastung des Staatshaushalts" i.S. des Art. 87 I EG, in: NVwZ 2001, S. 643 ff.

Bartosch, Andreas:
The Liberalisation of European Telecommunications and Broadcasting Markets – The Road from Monopolies to Competition and Universal Service, in: Koenig, Christian / Bartosch, Andreas / Braun, Jens-Daniel (Hrsg.), EC Competition and Telecommunications Law, Den Haag/London/New York 2002, S. 71 ff.

Bary, Gottfried von:
Das Missbrauchsverbot des Art. 86 EWGV – Die Leitlinien der deutschen Rechtsprechung zum Behinderungs- und Diskriminierungsverbot des § 26 Abs. 2 GWB als Grundlage einer verstärkten Anwendung des Art. 86 EWGV durch den Europäischen Gerichtshof, die Kommission der Europäischen Gemeinschaften und die nationalen Gerichte der Mitgliedsstaaten der EG -, München 1986.

Basedow, Jürgen:
Europarechtliche Grenzen des Postmonopols – Zur Öffnung des Marktes für Massensendungen, in: EuZW 1994, S. 359 ff.

Basedow, Jürgen / Jung, Christian:
Das Postmonopol – Ökonomische Zwecke und europarechtliche Grenzen, in: Basedow, Jürgen (Hrsg.), Das neue Wirtschaftsrecht der Postdienste – Postagenturen, Postmärkte und Postmonopol in deutscher und europäischer Perspektive, Heidelberg 1995, S. 179 ff.

Bauer, Hartmut:
Privatisierung von Staatsaufgaben, in: VVDStRL. 54 (1995), S. 243 ff.

Baumann, Horst:
Versicherungs-, verfassungs-, und europarechtliche Probleme monopolistischer Entschädigungsfonds – Dargestellt anhand des gesetzlichen Klärschlamm-Entschädigungsfonds, Karlsruhe 1998.

Bell, Geoffrey:
Challenges to Financial Stability, in: Liedtke, Patrick M. / Courbage, Christophe (Hrsg.), Insurance and September 11 one year after – Impact, Lessons and Unresolved Issues, Genf 2002, S. 208 ff.

Benesch, Rudolf:
Die Kompetenzen der EG-Kommission aus Art. 90 Abs. 3 EWG-V, Köln/Berlin/Bonn/München 1993.

Benicke, Christoph:
Die Bedeutung des EG-Rechts für gemeinnützige Einrichtungen, in: EuZW 1996, S. 165 ff.

Berg, Werner:
Neue Entscheidungen des EuGH zur Anwendung des EG-Kartellrechts im Bereich der sozialen Sicherheit, in: EuZW 2000, S. 170 ff.

Bieback, Karl-Jürgen:
Die Kranken- und Pflegeversicherung im Wettbewerbsrecht der EG, in: EWS 1999, S. 361 ff.

Blaurock, Uwe:
Daseinsvorsorge im Bereich der Bankdienstleistungen, in: Schwarze, Jürgen (Hrsg.), Daseinsvorsorge im Lichte des Wettbewerbsrechts, Baden-Baden 2001, S. 113 ff.

Bleckmann, Albert / Koch, Tanja:
Staatliche Beihilfen, in: Bleckmann, Albert, Europarecht – Das Recht der Europäischen Union und der Europäischen Gemeinschaften, 6. Aufl., Köln/Berlin/Bonn/ München 1997, Rn. 2048 ff.

Bogs, Harald:
Chancen und Grenzen produktiver, staatsentlastender Schadensverhütung bei Privat- und Sozialversicherung, in: Schmidt, Reimer / Sieg, Karl (Hrsg.), Grundprobleme des Versicherungsrechts - Festgabe für Hans Möller, Karlsruhe 1972, S. 57 ff.

Bosco, Alessandra:
Auf dem Weg einer Infragestellung der nationalen Systeme des sozialen Schutzes? – Beobachtungen zur jüngsten Rechtsprechung des Europäischen Gerichtshofes, Europäische Problemkreise Nr. 7, Groupment D'Ètudes et De Recherches-Notre Europe (Hrsg.), Paris, Juli 2000, abrufbar unter: http://www.notre-europe.asso.fr/fichiers/ Probl7-de.pdf.

Braess, Paul:
Versicherung und Risiko, Wiesbaden, 1960.

Braunberger, Gerald:
„Herkulesarbeit – Soziale Sicherheit im Umbruch: Frankreich", in: FAZ vom 17.2.2003, S. 7.

Bunte, Hermann-Josef:
Kartellrecht mit neuem Vergaberecht, München 2003.

Burgi, Martin:
Freier Personenverkehr in Europa und nationale Verwaltung, in: JuS 1996, S. 958 ff.

Burkert, Thomas O.J.:
Die Zulässigkeit von Koppelungsgeschäften aus wettbewerbsrechtlicher Sicht, Baden-Baden 1992.

Caspari, Manfred:
Die Beihilferegeln des EWG-Vertrags und ihre Anwendung, in: Mestmäcker, Ernst-Joachim / Möller, Hans / Schwarz, Hans-Peter (Hrsg.), Eine Ordnungspolitik für Europa – Festschrift für Hans von der Groeben zu seinem 80. Geburtstag, Baden-Baden 1987, S. 69 ff.

CEEP:
Impact on the Economy, abrufbar unter: http://www.ceep.org/en/impact.htm.

Cluff, Lawrence D. / Jonkman, Stefanie:
Terrorism Insurance Post 9/11: Principles for Designing Private/Public Programs, in: Liedtke, Patrick M. / Courbage, Christophe (Hrsg.), Insurance and September 11 one year after – Impact, Lessons and Unresolved Issues, Genf 2002, S. 215 ff.

Consorcio de Compensación de Seguros:
The „Consorcio de Compensación de Seguros". The Extraordinary Risks Coverage, abrufbar unter: http://www.conseguros.es/extra/ingles/friskcoverage.cfm?vol=0.

Consorcio de Compensación de Seguros:
El recargo del Consorcio. La Tarifa, abrufbar unter: http://www.consorseguros.es/extra/ftarifa.htm.

Consorcio de Compensación de Seguros:
Presentación y trayectoria histórica, abrufbar unter: http://www.conseguros.es/marco/fmarco.htm.

Consorcio de Compensación de Seguros:
Naturaleza jurídica, marco legal y patrimonio, abrufbar unter: http://www.consorseguros.es/marco/natu.htm.

Consorcio de Compensación de Seguros:
Informe anual ejercicio 2001, abrufbar unter: http://www.consorseguros.es/datos/Primera_parte.pdf.

Consorcio de Compensación de Seguros:
Provisión de Estabilización y garantía del estado, abrufbar unter: http://www.consorseguros.es/extra/fprovision.htm.

Consorcio de Compensación de Seguros:
Requisitos para la cobertura del Consorcio, abrufbar unter: http://www.consorseguros.es/extra/frequisitos.htm.

Consorcio de Compensación de Seguros:
Seguro de Crédito a la Exportación, abrufbar unter: http://www.consorseguros.es/fnaseg/exporta.htm.

Consorcio de Compensación de Seguros:
Estadística Riesgos Extraordinarios 1971-2001, S. 12, abrufbar unter: http://www.consorseguros.es/datos/fextra.cfm.

Consorcio de Compensación de Seguros:
Las Catastrofes naturales y su cobertura aseguradora –un estudio comparativo-, Madrid 1999.

Craig, Paul / De Burca, Gráinne:
EU-Law, Third Edition, Oxford 2003.

Creifelds, Carl / Weber, Klaus:
Rechtswörterbuch, 16. Aufl., München 2000.

Cremer, Wolfram:
Kommentierung zu Art. 87 EGV, in: Calliess, Christian / Ruffert, Matthias (Hrsg.), Kommentar zu EU-Vertrag und EG-Vertrag, 2. Aufl., Neuwied/Kriftel 2002.

Crezelius, Georg:
Zur Bildung von Rückstellungen für Umweltschutzmaßnahmen, in: DB 1992, S. 1353 ff.

Crezelius, Georg:
Kommentierung zu § 5 Einkommenssteuergesetz, in: Kirchhof, Paul (Hrsg.), Kompakt-Kommentar zum Einkommenssteuergesetz, 3. Aufl., Heidelberg 2003.

Cuntze, Albert:
Kapazität für Terrorrisiken – Rückversicherungsverein ersetzt übertriebene Staatshilfe, in: Versicherungswirtschaft 2002, Heft 5, S. 316 ff.

Daub, Sebastian:
Rückstellungen nach HGB, US GAAP und IAS, Baden-Baden, 2000.

Decker, Eric:
Das Europäische Missbrauchsverbot im Verhältnis zu den Immaterialgüterrechten, Dresden 2000.

Degenhart, Christoph:
Anmerkung zum Urteil des EuGH „ERT", in: JZ 1992, S. 685 ff.

Dirksen:
Kommentierung zu Art.82 EGV, in: Langen, Eugen / Bunte, Hermann-Josef (Hrsg.), Kommentar zum deutschen und europäischen Kartellrecht, Bd. 1, 9. Aufl., Neuwied/ Kriftel/Berlin 2001.

Dohmen, Caspar:
„Einigung bei Terrorhaftung in Sicht", in: Handelsblatt vom 24.4.2002, S. 30.

Dohms, Christian Rüdiger:
Die Bedeutung des Art. 86 n.F. (=Art. 90 a.F.) EGV für die wettbewerbsrelevanten Vorschriften des EG-Vertrages, Brüssel 2001.

Dohms, Christian Rüdiger:
Die Vorstellungen der Kommission zur Daseinsvorsorge, in: Schwarze, Jürgen (Hrsg.), Daseinsvorsorge im Lichte des Wettbewerbsrechts, Baden-Baden 2001, S. 41 ff.

Dreher, Meinrad:
Die staatliche Eigenkapitalzufuhr an Gesellschaften als Beihilfe im Sinne des EG-Vertrags, in: Schön, Wolfgang (Hrsg.), Gedächtnisschrift für Knobbe-Keuk, Köln 1997, S. 583 ff.

Edward, David / Hoskins, Mark:
Art. 90: Deregulation and EC Law. Reflections arising from the XVI. FIDE Conference, in: Common market law review (CML Rev.) 1995, S. 157 ff.

Ehlermann, Claus-Dieter:
Managing Monopolies: The Role of the State in Controlling Market Dominance in the European Community, in: ECLR 1993, S. 61 ff.

Ehricke, Ulrich:
Der Art. 90 EWGV – eine Neubetrachtung, in: EuZW 1993, S. 211 ff.

Ehricke, Ulrich:
Staatliche Eingriffe in den Wettbewerb - Kontrolle durch Gemeinschaftsrecht – Ein rechtsvergleichender Beitrag zu den Grenzen staatlicher Wirtschaftslenkungsmaßnahmen im Gemeinschaftsrecht und im US-amerikanischen Recht –, Baden-Baden 1994.

Ehricke, Ulrich:
Staatliche Handelsmonopole im Recht der EU – Art. 37 EG-Vertrag: Bestandsaufnahme und Perspektiven, in: WuW 1995, S. 691 ff.

Eichenhofer, Eberhard:
Sozialrecht der Europäischen Union, Berlin 2001.

Elsmore, Matt:
Legal Liability for Aviation Disasters – including Terrorist Acts, abrufbar unter: http://solent.ac.uk/law/public.html.

Emmerich, Volker:
Kartellrecht – Art. 81 und 82 EGV, in: Dauses, Manfred A. (Hrsg.), Handbuch des EU-Wirtschaftsrechts, Loseblattsammlung, Bd. 2, H. I., § 1, München 2003.

Emmerich, Volker:
Monopole und öffentliche Unternehmen, in: Dauses, Manfred A. (Hrsg.), Handbuch des EU-Wirtschaftrechts, Loseblattsammlung, Bd. 2, H. II., München 2003.

Emmert, Frank:
Europarecht, München 1996.

Epiney, Astrid:
Kommentierung zu Art. 31 EGV, in: Calliess, Christian / Ruffert, Matthias (Hrsg.), Kommentar zu EU-Vertrag und EG-Vertrag, 2. Aufl., Neuwied/Kriftel 2002.

Europäische Kommission -Generaldirektion IV/Wettbewerb-:
Die Anwendung der Artikel 85 und 86 des EG-Vertrages durch die Gerichte der Mitgliedsstaaten Brüssel, 1997, abrufbar unter: http://europa.eu.int/comm/competition/publications/art8586_de.pdf.
(zit.: Europäische Kommission, Die Anwendung der Artikel 85 und 86 des EGV, S.../Rn....).

Europäische Kommission:
Mitteilung 2001/C 17/04, „Leistungen der Daseinsvorsorge in Europa“, in: ABl. EG Nr. C 17, S. 4 ff, vom 19.1.2001.

Europäische Kommission:
Mitteilung KOM (2000) 580 endg., „Leistungen der Daseinsvorsorge in Europa“, vom 20.9.2000, abrufbar unter: http://europa.eu.int/comm/consumers/cons_int/serv_gen/serv _gen_int05_en.pdf.

Europäische Kommission:
Entscheidung C (2001) 3967fin, „Staatliche Beihilfe Nr. NN. 137/01 – Deutschland/Rückstellungen für die Entsorgung und Stilllegung von Kernkraftwerken", abrufbar unter: http://europa.eu.int/comm/secretariat_general/sgb/state_aids/industrie/n137-01.pdf.

Europäische Kommission:
Bekanntmachung 97/C 372/03, „Über die Definition des relevanten Marktes i.S.d. Wettbewerbsrechts der Gemeinschaft", vom 9.12.97, in: ABl. EG 1997 C 372, S. 5 ff. (zit.: Kommission zum relevanten Markt).

Europäische Kommission:
Mitteilung 2000/C 71/07, „Über die Anwendung der Art. 87 und 88 EG-Vertrag auf staatliche Beihilfen in Form von Haftungsverpflichtungen und Bürgschaften", in: ABl. EG 2000, Nr. C 71/ S. 14 ff.
(zit.: Mitteilung der Kommission über Beihilfen in Form von Haftungsverpflichtungen und Bürgschaften).

Europäische Kommission:
Mitteilung 98/C 384/03, „Über die Anwendung der Vorschriften über staatliche Beihilfen auf Maßnahmen im Bereich der direkten Unternehmensbesteuerung", in: ABl. EG 1998, C, Nr. 384, S. 3 ff.
(zit.: Kommissionsmitteilung zur Unternehmensbesteuerung).

Europäische Kommission:
Entscheidung 73/109/EWG, „betreffend eine Verfahren nach den Artikeln 85 und 86 des EWG-Vertrags (Europäische Zuckerindustrie)", vom 2.1.1973, in: ABl. EG 1973, Nr. L 140/S. 17ff.

Europäische Kommission:
XXIV. Bericht über die Wettbewerbspolitik 1994, Brüssel, 1995.

Europäische Kommission:
Communication (Mitteilung) COM (2001) 574 final., „The repercussions of the terrorist attacks in the United States on the air transport industry", vom 10.10.2001, abrufbar unter: http://europa.eu.int/eur-lex/en/com/cnc/2001/com2001_0574en01.pdf.

Europäische Kommission:
Mitteilung KOM (2002) 320 endgültig, „Über die Versicherung im Luftverkehr nach den Terroranschlägen vom 11. September 2001 in den USA", abrufbar unter: http://www.europarl.eu.int/meetdocs/committees/rett/20020909/com(02)0320_de.pdf.

EXTREMUS AG:
Allgemeine Bedingungen für die Terrorversicherung (ATB), abrufbar unter: http://www.extremus-online.de/pdf/atb.pdf.

EXTREMUS AG:
Info, abrufbar unter: http://www.extremus-online.de/info.html.

EXTREMUS AG:
Unternehmen, abrufbar unter: http://www.extremus-online.de/index.html.

Fahr, Ulrich:
Alte und neue Grenzfälle der Versicherungsaufsicht, in: Hopp, Franz Wilhelm / Mehl, Georg (Hrsg.), Versicherungen in Europa heute und morgen - Geburtstagsschrift für Georg Büchner, Karlsruhe 1991, S. 367 ff..

Federmann, Rudolf:
Bilanzierung nach Handelsrecht und Steuerrecht –Gemeinsamkeiten, Unterschiede und Abhängigkeiten von Handels- und Steuerbilanz unter Berücksichtigung internationaler Rechnungslegungsstandards, 11. Aufl., Berlin 2000.

Fesenmair, Joseph:
Öffentliche Dienstleistungsmonopole im europäischen Recht –Eine juristisch-ökonomische Analyse unter besonderer Berücksichtigung der Theorie der natürlichen Monopole-, Baden-Baden 1996.

Fikentscher, Wolfgang:
Systemfragen im europäischen Recht der Wettbewerbsbeschränkungen, in: Coing, Helmut / Kronstein, Heinrich / Mestmäcker, Ernst Joachim (Hrsg.), Wirtschaftsordnung und Rechtsordnung - Festschrift für Franz Böhm, Karlsruhe 1965, S. 261 ff.

Fischer, Hans Georg:
Europarecht – Grundlagen des Europäischen Gemeinschaftsrechts in Verbindung mit deutschem Staats- und Verwaltungsrecht, 3. Aufl., München 2001.

FIW (Hrsg.):
Wettbewerbsordnung im Spannungsfeld von Wirtschafts- und Rechtswissenschaft – Festschrift für Gunther Hartmann-, Köln/Berlin/Bonn/München, 1976.

Flesch, Carl F.:
London nach dem 11. September, in: Versicherungswirtschaft 2001, Heft 19, S. 1580.

Frazer, Tim:
Monopoly, Competition and the Law –The regulation of business activity in Britain, Europe and America, 2. Aufl., New York/London/Toronto/Sydney/Tokyo/Singapore 1992.

Frick, Karl Alois:
Einkommenssteuerliche Steuervergünstigungen und Beihilfeverbot nach dem EG-Vertrag, Sinzheim 1994.

Fricke, Friedrich:
Sonderfragen der Besteuerung von Versicherungsunternehmen, in: IdW (Hrsg.), Rechnungslegung und Prüfung der Versicherungsunternehmen, 3. Aufl., Düsseldorf 1989, Abschnitt J, S. 631 ff.

Frömke, Peter:
Die Stellung der Kreditinstitute im Wettbewerbsrecht der Europäischen Wirtschaftsgemeinschaft nach Art. 90 Abs. 2 EWGV, Baden-Baden, 1987.

Fromme, Herbert:
„Versicherer: Verzweifelter Ruf nach dem Staat“, in: Financial Times Deutschland online vom 27.12.2001, abrufbar unter: http://www.ftd.de/ub/fi/7242611.html.

Fromme, Herbert:
„Versicherungswirtschaft: Die Versicherer lernen ihre Lektion", in: Financial Times Deutschland online vom 14.12.2001, abrufbar unter: http://www.ftd.de/ub/fi/4872183.html.

Fromme, Herbert:
„Steuerpläne verärgern Terrorversicherer", in: Financial Times Deutschland online vom 21.5.2002, abrufbar unter: http://www.ftd.de/ub/fi/1014399114825.html.

Fromme, Herbert:
„Irak-Krieg hilft Terrorversicherer Extremus kaum", in: Financial Times Deutschland vom 1.4.2003, S. 20.

Fromme, Herbert:
„Extremus bietet Terrorschutz im Ausland", in: Financial Times Deutschland online vom 9.5.2003, abrufbar unter: http://www.ftd.de/cgi-bin/gx.cgi/AppLogic+FTContent Server?pag...

Fromme, Herbert / Ehrlich, Peter:
„Berlin stimmt Terrordeckung zu", in: Financial Times Deutschland vom 23.4.2002, S. 19.

Gabler, Th. / Koch, Peter / Weiss, Wieland (Hrsg.):
Versicherungslexikon, Wiesbaden, 1994.

GDV (Pressemitteilung):
Versicherungsschutz gegen Terrorschäden – GDV gründet Spezialversicherer Extremus AG, abrufbar unter: http://www.gdv.de/presseservice/16748.html.

Geib, Gerd / Horbach, Lothar:
Besonderheiten der Rechnungslegung der Schaden- Unfall- sowie der Rückversicherungsunternehmen, in: Welzel, Hans-Joachim / Mannewitz, Rudolf / Oos, Johannes / Reuffurth, Wolfram (Hrsg.), Kommentar zu den Rechnungslegungsvorschriften für Versicherungsunternehmen, S. 465 ff., Karlsruhe 1991.

Geiger, Rudolf:
Kommentar zu EUV/EGV, 3. Aufl., München 2000.

Giesen, Richard:
Sozialversicherungsmonopol und EG-Vertrag: eine Untersuchung am Beispiel der gesetzlichen Unfallversicherung in der Bundesrepublik Deutschland, Baden-Baden 1995.

Gleiss, Alfred / Hirsch, Martin / Burkert, Thomas:
Kommentar zum EG-Kartellrecht, Bd. 1, Art. 85 und Gruppenfreistellungverordnungen, 4. Aufl., Heidelberg 1993.

Götz, Volkmar:
Die Betrauung mit Dienstleistungen von allgemeinem wirtschaftlichem Interesse (Art. 86 Abs. 2 EG) als Akt der öffentlichen Gewalt, in: Geis, Max-Emanuel / Lorenz, Dieter (Hrsg.), Staat, Kirche, Verwaltung, Festschrift für Hartmut Maurer, München 2001, S. 921 ff.

Gramm, Christof:
Privatisierung und notwendige Staatsaufgaben, Berlin 2001.

Grill, Gerhard:
Kommentierung zu Art. 82 EGV, in: Lenz, Carl-Otto (Hrsg.), Kommentar zu dem Vertrag zur Gründung der Europäischen Gemeinschaften, in der durch den Amsterdamer Vertrag geänderten Fassung, 2. Aufl., Köln/Basel/Genf/München/Wien 1999.

Gusy, Christoph:
Rechtsgüterschutz als Staatsaufgabe – Verfassungsfragen der „Staatsaufgabe Sicherheit", in: DÖV 1996, S. 573 ff.

Habersack, Matthias:
Staatsbürgschaften und EG-vertragliches Beihilfeverbot – Zur Frage der Anwendbarkeit der Art. 92, 93 EGV auf das Bürgschaftsverhältnis zwischen Mitgliedsstaat und Bank, in: ZHR 159 (1995), S. 663 ff.

Hagendorf, Wolfgang:
Der Instrumentaleinsatz öffentlicher Unternehmen im Wettbewerbssystem des Gemeinsamen Marktes – unter besonderer Berücksichtigung der Ausnahmebereiche des GWB, Berlin 1984.

Hailbronner, Kay:
Rechtsstellung und Tätigkeitsbereich der öffentlich-rechtlichen Pflicht- und Monopolversicherungsanstalten in der Europäischen Gemeinschaft – unter besonderer Berücksichtigung der Dienstleistungsfreiheit im Versicherungswesen-, Baden-Baden 1991.

Hailbronner, Kay:
Öffentliches Recht und EG-Freizügigkeit, in: VBlBW 2000, S. 129 ff.

Haller, Matthias:
Sicherheit durch Versicherung? – Gedanken zur künftigen Rolle der Versicherung, Bern/Frankfurt am Main 1975.

Hasselmann, Anja:
Die Ausschlusstatbestände für den Beihilfebegriff des Art. 87 EGV am Beispiel von Anstaltslast und Gewährträgerhaftung im öffentlich-rechtlichen Bankensystem der Bundesrepublik Deutschland, Frankfurt am Main/Berlin/Bern/Brüssel/New York/Oxford/Wien 2001.

Hein, Christoph:
„Nach dem Terror kommt der Bankrott", in: FAZ vom 24.11.2002, S. 40.

Heinemann, Andreas:
Grenzen staatlicher Monopole im EG-Vertrag, München 1996.

Herdegen, Matthias:
Europarecht, 4. Aufl., München 2002.

Hermann, Rainer:
„Lauter Autonome – Al Quaida ändert ihre Strategie-", in: FAZ vom 17.11.2002, S.12.

Hermes, Georg:
Rückstellungen für die Entsorgung und Stilllegung von Kernkraftwerken und EG-Beihilferecht, in: ZNER 1999, S. 156 ff.

Herzig, Norbert:
Rückstellungen wegen öffentlich-rechtlicher Verpflichtungen, insbesondere Umweltschutz, in: DB 1990, S. 1341 ff.

Heskamp, Dieter:
Die Vereinbarkeit allgemeiner und horizontaler Beihilfen und Beihilferegelungen mit Art. 87 EGV, Münster 2001.

Hochbaum, Winfried A. / Klotz, Robert:
Kommentierung zu Art. 86 EGV, in: Groeben, Hans von der / Schwarze, Jürgen (Hrsg.), Kommentar zum Vertrag über die Europäische Union und zur Gründung der Europäischen Gemeinschaft, Bd. 2 (Art. 81-97 EGV), Baden-Baden 2003.

Hoischen, Stefan:
Die Beihilferegelung in Art. 92 EWGV, Köln/Berlin/Bonn/München 1989.

Hübner, Ulrich / Matusche-Beckmann, Annemarie:
Auswirkungen des Gemeinschaftsrechts auf das Versicherungsrecht, in: EuZW 1995, S. 263 ff.

ICAO:
Council Study Group on Aviation War Risk Insurance –First Meeting–

Ipsen, Hans-Peter / Nicolaysen, Gert:
Öffentliche Unternehmen im Gemeinsamen Markt und Bericht über die aktuelle Entwicklung des Gemeinschaftsrechts, in: NJW 1964, S. 2336 ff.

Isensee, Josef:
Soziale Sicherheit im europäischen Markt, in: VSSR 1996, S. 169 ff.

Jung, Christian:
Kommentierung zu Art. 86 EGV, in: Calliess, Christian / Ruffert, Matthias (Hrsg.), Kommentar zu EU-Vertrag und EG-Vertrag, 2. Aufl., Neuwied/Kriftel 2002.

Jungbluth:
Kommentierung zu Art.86 EGV, in: Langen, Eugen / Bunte, Hermann-Josef (Hrsg.), Kommentar zum deutschen und europäischen Kartellrecht, Bd. 1, 9. Aufl., Neuwied/Kriftel/Berlin 2001.

Kämmerer, Jörn Axel:
Europäisierung des öffentlichen Dienstrechts, in: EuR 2001, S. 27 ff.

Karpenstein, Peter:
Zur Tragweite des Art. 48 Abs. 4 EWG-Vertrag, in: Lüke, Gerhard / Ress, Georg / Will, Michael R. (Hrsg.), Rechtsvergleichung, Europarecht und Staatenintegration - Gedächtnisschrift für Léontin-Jean Constantinesco, Köln/Berlin/Bonn/München 1983, S. 377 ff.

Kingreen, Thomas:
Kommentierung zu Art. 295 EGV, in: Calliess, Christian / Ruffert, Matthias (Hrsg.), Kommentar zu EU-Vertrag und EG-Vertrag, 2. Aufl., Neuwied/Kriftel 2002.

Kinzl, Ulrich-Peter:
Anstaltslast und Gewährträgerhaftung – Unbegrenzte staatliche Einstandspflicht für öffentliche Banken unter dem Beihilfe- und Durchführungsverbot des EG-Vertrages, Baden-Baden 2000.

Kluth, Winfried:
Kommentierung zu Art. 50 EGV, in: Calliess, Christian / Ruffert, Matthias (Hrsg.), Kommentar zu EU-Vertrag und EG-Vertrag, 2. Aufl., Neuwied/Kriftel 2002.

Koch, Peter:
Versicherungswirtschaft – ein einführender Überblick-, 5. Aufl., Karlsruhe 1998.

Koenig, Christian:
Öffentlich-rechtliche Anstaltslast und Gewährträgerhaftung als staatliche Beihilfen gem. Art. 92 EGV?, in: EuZW 1995, S. 595 ff.

Koenig, Christian:
Zur Anwendbarkeit der Ultra-vires-Lehre im Falle des Überschreitens der gesetzlich begrenzten Aufgaben öffentlicher Kreditanstalten am Beispiel einer Landesbank, in: WM 1995, S. 317 ff.

Koenig, Christian:
Weichenstellung im EG-Beihilfentatbestand: „Market Economy Investor"-Test und Marktabgrenzung, in: Koenig, Christian / Roth, Wulf-Henning / Schön, Wolfgang (Hrsg.), Aktuelle Fragen des EG-Beihilfenrechts, Heidelberg 2001, S. 9 ff.

Koenig, Christian / Haratsch, Andreas:
Europarecht, 3. Aufl., Tübingen 2000.

Koenig, Christian / Kühling, Jürgen:
Reform des EG-Beihilfenrechts aus der Perspektive des mitgliedsstaatlichen Systemwettbewerbs, in: EuZW 1999, S. 517 ff.

Koenig, Christian / Kühling, Jürgen:
Grundfragen des EG-Beihilfenrechts, in: NJW 2000, S. 1065 ff.

Koenig, Christian / Kühling, Jürgen:
Das PreussenElektra-Urteil des EuGH: Freibrief für Abnahme- und Vergütungspflichten in der Energiewirtschaft, in: NVwZ 2001, S. 768 ff.

Koenig, Christian / Kühling, Jürgen / Ritter, Nicolai:
EG-Beihilfenrecht, Heidelberg 2002.

Koenig, Christian / Sander, Claude:
Zur Vereinbarkeit des Festbetragssystems für Arzneimittel mit dem EG-Wettbewerbsrecht, in: WuW 2000, S. 975 ff.

Koschyk, Mirko M.:
Steuervergünstigungen als Beihilfen nach Artikel 92 EG-Vertrag – Grundsätze zur Beurteilung steuerlicher Beihilfen, Baden-Baden 1999.

Kovar, Robert:
Droit communitaire et service public: esprit d´orthodoxie ou pensée laïcisée, in: RTD eur. 32 (2) (1996), S. 215 ff.

Kühling, Jürgen:
Von den Vergütungspflichten des Energieeinspeisungsgesetzes bis zur Deckungsvorsorge des Atomgesetzes: Die deutsche Energierechtsordnung im Koordinatensystem des Europäischen Beihilfenrechts, in: RdE 2001, S. 93 ff.

Kulas, Axel:
Privatisierung hoheitlicher Verwaltung – Zur Zulässigkeit privater Strafvollzugsanstalten, Darmstadt 1996.

Liedtke, Patrick M. / Courbage, Christophe:
September 11: Might of the Moment – Enduring Effects, in: Liedtke, Patrick M. / Courbage, Christophe (Hrsg.), Insurance and September 11 one year after – Impact, Lessons and Unresolved Issues, Genf 2002, S. 1 ff.

Liedtke, Patrick M. / Courbage, Christophe:
On insurability and its limits, in: Liedtke, Patrick M./Courbage, Christophe (Hrsg.), Insurance and September 11 one year after – Impact, Lessons and Unresolved Issues, Genf 2002, S. 227 ff.

Lier, Monika:
Extremus geht optimistisch an den Start, in: Versicherungswirtschaft 2002, S. 1622.

Livonius , Hilger von:
Öffentlich-rechtliche Kreditinstitute und EU-Beihilfenregime –eine Betrachtung aus deutscher Sicht-, Frankfurt am Main, Berlin, Bern, Brüssel, New York, Oxford, Wien 2001.

Lopuski, Jan:
International Law on Nuclear Liability – a critical approach, in: Pelzer, Norbert (Hrsg), Neues Atomenergierecht – Nationale und Internationale Entwicklungen – Tagungsbericht der AIDN/INLA-Regionaltagung in Landshut 1994, Baden-Baden 1995, S. 107 ff.

Louis, Hans-Walter:
Die Besteuerung der öffentlichen Unternehmen und Einrichtungen der Daseinsvorsorge, Göttingen 1981.

Lübbig, Thomas:
Anmerkung zu EuGH „INAIL", Rs C-218/00, in: EuZW 2002, S. 149 f.

Magiera, Siegfried:
Gefährdung der öffentlichen Daseinsvorsorge durch das EG-Beihilfenrecht?, in: Ipsen, Jörn / Schmidt-Jortzig, Edzard (Hrsg.), Recht – Staat – Gemeinwohl, Festschrift für Dietrich Rauschning, Köln/Berlin/Bonn/München 2001. S. 269 ff.

Mahr, Werner:
Einführung in die Versicherungswirtschaft, Berlin 1951.

Markert, Kurt:
Die Anwendung des US-amerikanischen Monopolisierungsverbots auf Verweigerungen des Zugangs zu „wesentlichen Einrichtungen", in: Immenga, Ulrich / Möschel, Werner / Reuter, Dieter (Hrsg.), Festschrift für Ernst-Joachim Mestmäcker: zum siebzigsten Geburtstag, Baden-Baden 1996, S. 661 ff.

Marsaud, Jean-Louis:
Cover for Terrorist Acts in Europe after 11 September, in: Liedtke, Patrick M. / Courbage, Christophe (Hrsg.), Insurance and September 11 one year after – Impact, Lessons and Unresolved Issues, Genf 2002, S. 43 ff.

Mederer, Wolfgang:
Kommentierung zu Art. 87 EGV, in: Groeben, Hans von der / Schwarze, Jürgen (Hrsg.), Kommentar zum Vertrag über die Europäische Union und zur Gründung der Europäischen Gemeinschaft, Bd. 2 (Art. 81-97 EGV), Baden-Baden 2003.

Meier, Werner:
The Effects on Business Interruption and Important Trends in the Future, in: Liedtke, Patrick M. / Courbage, Christophe (Hrsg.), Insurance and September 11 one year after – Impact, Lessons and Unresolved Issues, Genf 2002, S. 171 ff.

Merkt, Hanno:
Kommentierung zu § 242 HGB, in: Baumbach, Adolf / Hopt, Klaus J., Handelsgesetzbuch-Kommentar, 31. Aufl., München 2003.

Mestmäcker, Ernst-Joachim:
Offene Märkte im System unverfälschten Wettbewerbs in der europäischen Wirtschaftsgemeinschaft, in: Coing, Helmut / Kronstein, Heinrich / Mestmäcker, Ernst-Joachim (Hrsg.), Wirtschaftsordnung und Rechtsordnung – Festschrift für Böhm. Karlsruhe 1965, S. 345 ff.

Mestmäcker, Ernst-Joachim:
Der verwaltete Wettbewerb – eine vergleichende Untersuchung über den Schutz von Freiheit und Lauterkeit im Wettbewerbsrecht, Tübingen 1984.

Mestmäcker, Ernst-Joachim:
Gemeinschaftsrechtliche Schranken für die Begründung und Ausübung besonderer oder ausschließlicher Rechte nach Art. 90 Abs. 1 EWG-Vertrag, in: Everling, Ulrich / Narjes, Karl-Heinz / Sedemund, Joachim (Hrsg.), Europarecht, Kartellrecht, Wirtschaftsrecht, Festschrift für Arved Deringer, Baden-Baden 1993, S. 79 ff.

Mestmäcker, Ernst-Joachim:
Kommentierung zu Art. 37 und Art. 90 EGV (XII. Abschnitt), in: Immenga, Ulrich / Mestmäcker, Ernst-Joachim (Hrsg.), Kommentar zum EG-Wettbewerbsrecht, Bd. II, München 1997.

Mestmäcker, Ernst-Joachim:
Daseinsvorsorge und Universaldienst im europäischen Kontext – Ein Beitrag zur Funktion von Art. 90 Abs. 2 EGV, in: Ruland, Franz / Maydell, Bernd Baron von / Papier, Hans-Jürgen (Hrsg.), Verfassung, Theorie und Praxis des Sozialstaats, Festschrift für Hans F. Zacher, Heidelberg 1998, S. 635 ff.

Meyer, Dirk:
Die volkswirtschaftliche Bedeutung des Versicherungswesens mit besonderem Bezug zur Risikoallokation, in: Zeitschrift für die gesamte Versicherungswissenschaft, Bd. 78 (1989), S. 191 ff.

Ministerio de Economía:
El Consorcio de Compensación de Seguros cifra en mas de 20 millones de Euros el importe de los siniestros de Tenerife, Pressemitteilung des spanischen Wirtschaftsministeriums vom 3.4.2002 (Gabinete de Prensa del Ministerio de Economía del 3 de abril 2002).

Möschel, Wernhard:
Hoheitliche Maßnahmen und die Wettbewerbsvorschriften des Gemeinschaftsrechts, in: FIW (Hrsg.), Weiterentwicklung der Europäischen Gemeinschaften und der Marktwirtschaft, Schriftenreihe Heft 148, Köln 1992, S. 89 ff.

Möschel, Wernhard:
Neuere Entwicklungen im europäischen Wettbewerbsrecht, in: Everling, Ulrich / Narjes, Karl-Heinz / Sedemund, Joachim (Hrsg.), Europarecht, Kartellrecht, Wirtschaftsrecht, Festschrift für Deringer, Baden-Baden 1993, S. 328 ff.

Möschel, Wernhard:
Kommentierung zu Art. 86 EGV (VI. Abschnitt), in: Immenga, Ulrich / Mestmäcker, Ernst-Joachim (Hrsg.), Kommentar zum EG-Wettbewerbsrecht, Bd. II, München 1997.

Müller, Helmut:
Versicherungsbinnenmarkt – Die europäische Integration im Versicherungswesen, München 1995.

Müller-Gotthard, Edgar:
Terrorpool, Staatshaftung, Captives & Co., in: Versicherungswirtschaft 2002, Heft 7, S. 466.

Müller-Graff, Peter-Christian:
Die Erscheinungsformen der Leistungssubventionstatbestände aus wirtschaftsrechtlicher Sicht, in: ZHR 152 (1988), S. 403 ff.

Münch, Maximilian von:
Der US-amerikanische Terrorism Risk Insurance Act 2002, in: Versicherungswirtschaft 2003, S. 16 ff.

Münchener Rück:
11. September 2001, München 2001.

Münkler, Herfried:
„Grammatik der Gewalt – Über den Strategiewandel des Terrorismus“, in: FAZ vom 16.10.2002, S. 8.

Nájera Ibañez, Alfonso:
Las catástrofes naturales. Una perspectiva aseguradora española, abrufbar unter: http://proteccioncivil.org/ceise/ceisevirtual/ceisecv2000_p05-14.htm.

Nell, Martin:
Staatshaftung für Terrorrisiken, Working Papers in Risk and Insurance No 4, Hamburg University, December 2001, abrufbar unter: http://www.rrz.uni-hamburg.de/IfVBL/WP_R&I_4.pdf.

Nettesheim, Martin:
Mitgliedsstaatliche Daseinsvorsorge im Spannungsfeld zwischen Wettbewerbskonformität und Gemeinwohlverantwortung Daseinsvorsorge, in: Hrbek, Rudolf / Nettesheim, Martin (Hrsg.), Europäische Union und mitgliedsstaatliche Daseinsvorsorge, Baden-Baden 2002, S. 39 ff.

Nicolaysen, Gert:
Europarecht I – Die europäische Integrationsverfassung, 2. Aufl., Baden-Baden 2002.

Niejahr, Elisabeth:
„Gesundheit – Die Lüge von der Solidarität", in: Die Zeit, März 2003, abrufbar unter: http://zeus.zeit.de/text/200/03/Gesundheit_2fEigen.

Nöhrbass, Geraldine:
WTC - Der Schock, der den Versicherungsmarkt verändern wird, in: Versicherungswirtschaft 2001, Heft 19, S. 1572 ff.

OECD – Directorate for financial, Fiscal and enterprise affairs (Insurance Committee):
DAFFE/AS/WD(2002)5, Comparative tables on the impacts of 11th September on insurance and reinsurance markets in OECD countries.

Oppermann, Thomas:
Europarecht, 2. Aufl., München 1999.

Ossenbühl, Fritz:
Daseinsvorsorge und Verwaltungsprivatrecht, in: DÖV 1971, S. 513 ff.

o. Verf.:
„Deutsche Flugzeuge nicht mehr versichert?", in: Spiegel online vom 20.9.2001, abrufbar unter: http://www.spiegel.de/wirtschaft/0,1518,158475,00.html.

o. Verf.:
„Der Versicherungsschutz wird für viele Unternehmen teurer", in: FAZ vom 22.9.2001, S. 17.

o. Verf.:
„Versicherungen halten Staatsgarantien für unerlässlich", in: FAZ vom 25.9.2001, S. 17.

o. Verf.:
„Versicherungen – Rechnung mit vielen Unbekannten", in: Spiegel online vom 25. September 2001, abrufbar unter: http://www.spiegel.de/wirtschaft/0,1518,159119,00.html.

o. Verf.:
Kosten des Terrors in New York, in: Versicherungswirtschaft 2001, S. 1538 ff.

o. Verf.
Extremus AG: Steuerfragen noch ungeklärt, in: Versicherungswirtschaft 2002, S. 1380 ff.

o. Verf.:
„Drei Milliarden Euro Privatdeckung für Risiken aus Terror“, in: FAZ vom 21.2.2002, S. 18.

o. Verf.:
„Die meisten Industrieunternehmen sind nicht mehr gegen Terror versichert“, in: FAZ vom 22.2.2002, S. 21.

o. Verf.:
„Der Bürge“, in: FAZ vom 27.4.2002, S. 17.

o. Verf.:
„Allianz versichert Flugzeuge gegen Terror“, in: FAZ vom 16.3.2002, S. 14.

o. Verf.:
„Gesundheitswesen – in der Systemfalle“, in: FAZ.NET vom 16.4.2002, abrufbar unter: http://www.faz.net/s/RUB9E7BDDB7469E11D4AE7B0008C7F3...

o. Verf.:
„Staat haftet für Terrorschäden“, vom 27.4.2002, in: BerlinOnline, Textarchiv der Berliner Zeitung, abrufbar unter: http://www.2.tagesspiegel.de/archiv/2002/04/26/ak-wi-wi-4415752.html.

o. Verf.:
„Piratenüberfälle dienen als Vorbild“, in: FAZ vom 4.5.2002, S. 14.

o. Verf.:
„Angebote für Terror-Versicherung reichen nicht aus“, in: Handelsblatt online vom August 2002, abrufbar unter: http://www.handelsblatt.c...9/docid/551965/SH/0/depot /0/index.html.

o. Verf.:
„Bund geht bei Großschäden durch Terror ins Risiko“, in: Frankfurter Rundschau online vom 28.11.2002, abrufbar unter: http://www.Fraktuell.de/uebersicht/alle_dossiers/politik_ausland/der_terror_und_die_folgen/wirtschaft_opfer_und_nutznießer/ ?cnt =30746.

o. Verf.:
„Rückschlag für Allianz im Streit um World Trade Center“, in: FAZ vom 31.1.2003, S. 16.

o. Verf.:
„Tops & Flops“, in: FAZ vom 9.2.2003, S. 43.

o. Verf.:
„Terrorversicherer finden nur wenige Kunden“, in: FAZ vom 14.3.2003, S. 23.

o. Verf.:
„Extremus kommt nur langsam voran“, in: FAZ vom 1.4.2003, S. 16.

o. Verf.:
„In der EU beginnt der Abschied von den Energiemonopolen“, in: FAZ vom 5.6.2003. S. 13.

Pechstein, Matthias:
Elektrizitätsbinnenmarkt und Beihilfenkontrolle im Anwendungsbereich des Euratom-Vertrags, in: EuZW 2001, S. 307 ff.

Pelzer, Norbert:
Regelung von Haftung, Deckung und Stilllegungsfinanzierung, in: Lukes, Rudolf / Birkhofer, Adolf (Hrsg.), Neuntes Deutsches Atomrechts-Symposium, Köln/Berlin/Bonn/München 1991, S. 145 ff.

Pelzer, Norbert:
Neues internationales Nuklear-Entschädigungssystem, in: atw 1998, S. 391 ff.

Pitschas, Rainer:
Gefahrenabwehr durch private Sicherheitsdienste? – Zur gesetzlichen Neuregelung der Beziehungen zwischen Polizei und Sicherheitsgewerbe, in: DÖV 1997, S. 393 ff.

Püttner, Günter:
Daseinsvorsorge und service public im Vergleich, in: Cox, Helmut (Hrsg.), Daseinsvorsorge und öffentliche Dienstleistungen in der EU: zum Widerstreit zwischen freiem Wettbewerb und Allgemeininteresse, Baden-Baden 2000, S. 45 ff.

Quandt, Willi:
Sozialversicherung in der Marktwirtschaft – Ordnungspolitische Aspekte staatlich organisierter Zwangsvorsorge, Münster 1992.

Quinto, Cornel:
Staatliche Versicherung gegen Elementarschäden in der EU und der Schweiz- Vereinbarkeit mit dem EU-Recht, Bern 2000.

Rawlinson, Francis (Hrsg.):
Kommentierung zu Art. 86 EGV, in: Lenz, Carl-Otto (Hrsg.), Kommentar zu dem Vertrag zur Gründung der Europäischen Gemeinschaften, in der durch den Amsterdamer Vertrag geänderten Fassung, 2. Aufl., Köln/Basel/Genf/München/Wien 1999.

Rehmann, Jürgen:
Alternative Deckungsmodelle für die Nuklearhaftung?, in: Pelzer, Norbert (Hrsg.), Neues Atomenergierecht – Nationale und Internationale Entwicklungen – Tagungsbericht der AIDN/INLA-Regionaltagung in Landshut 1994, Baden-Baden 1995, S. 187 ff.

Rengeling, Hans-Werner:
Das Beihilferecht der Europäischen Gemeinschaften, in: Börner, Bodo / Neundörfer, Konrad (Hrsg.), Recht und Praxis der Beihilfen im Gemeinsamen Markt, Köln/Berlin/Bonn/München 1984, S. 23 ff.

Rodriguez, Enrique-Barrero:
El Consorcio de Compensación de Seguros, Valencia 2000.

Roth, Wulf-Henning:
Grundlagen des gemeinsamen europäischen Versicherungsmarktes, in: RabelsZ 54 (1990), S. 63 ff.

Roth, Wulf-Henning:
Versicherungsmonopole und EWG-Vertrag, in: Baur, Jürgen F. / Hopt,Klaus J. / Mailänder, Peter K. (Hrsg.), Festschrift für Steindorff zum 70. Geburtstag am 13. März 1990, Berlin/New York 1990, S. 1313 ff.

Roth, Wulf-Henning:
Die Vollendung des europäischen Binnenmarktes für Versicherungen, in: NJW 1993, S. 3028 ff.

Roth, Wulf-Henning:
Kreditsicherung und EG-Beihilfenrecht, in: Koenig, Christian / Roth, Wulf-Henning / Schön, Wolfgang (Hrsg.), Aktuelle Fragen des EG-Beihilfenrechts, Heidelberg 2001, S. 163 ff.

Ruge, Reinhard:
Anmerkung zu „PreussenElektra", in: EuZW 2001, S. 242 ff.

Schaal, Christoph:
Pflicht der Geschäftsleitung zum Abschluss einer Terrorversicherung? Teil I und II, in: Versicherungswirtschaft 2002, S. 1468 ff., 1579 ff.

Schierenbeck, Henner (Hrsg.):
Bank- und Versicherungslexikon, 2. Aufl., München 1994.

Scheen, Thomas:
„Söldnerfirmen für Friedenseinsätze – wo sich militärische Gewalt und Gewinninteressen vermengen", in: FAZ vom 27.3.2002, S. 12.

Schinzler, Hans-Jürgen:
„Die Folgen des Terrors – Die Herausforderung wachsender Kumulrisiken", in: FAZ vom 13.11.2002, Verlagsbeilage „Versicherungen – Private Vermögensanlage", S. 1.

Schmidt, Dirk:
Zur erwerbswirtschaftlichen Tätigkeit der Sparkassen, in: Zeitschrift für das gesamte Kreditwesen, 1989, S. 48 ff.

Schmidt, Reimer:
Kommentierung zu § 1 Versicherungsaufsichtsgesetz, in: Prölls, Erich R. / Schmidt, Reimer (Hrsg.), Kommentar zum Versicherungsaufsichtsgesetz – mit Europäischem Gemeinschaftsrecht und Recht der Bundesländer, 11. Aufl., München 1997.

Schneider, Hannes / Busch, Torsten:
Anstaltslast und Gewährträgerhaftung als Beihilfen im Sinne von Art. 92 EGV?, in: EuZW 1995, S. 602 ff.

Schön, Wolfgang:
Steuerliche Beihilfen, in: Koenig, Christian / Roth, Wulf-Henning / Schön, Wolfgang (Hrsg.), Aktuelle Fragen des EG-Beihilfenrechts, Heidelberg 2001, S. 106 ff.

Schollmeier, Andres / Krimphove, Dieter:
Das Wettbewerbsrecht der EG, in: Bleckmann, Albert, Europarecht – Das Recht der Europäischen Union und der Europäischen Gemeinschaften, 6. Aufl., Köln/Berlin/Bonn/München 1997, Rn. 1784 ff.

Schoppmann, Henning:
Die Position der öffentlichen Banken, in: Schwarze, Jürgen (Hrsg.): Daseinsvorsorge im Lichte des Wettbewerbsrechts, Baden-Baden 2001, S. 137 ff.

Schröer, Henning:
Kommentierung zu § 341 h) HGB, in: Ensthaler, Jürgen (Hrsg.), Gemeinschaftskommentar zum Handelsgesetzbuch, 6. Aufl., Neuwied/Kriftel/Berlin 1999.

Schröter, Helmuth:
Kommentierung zu Art. 82 EGV, in: Groeben, Hans von der / Schwarze, Jürgen (Hrsg.), Vertrag über die Europäische Union und Vertrag zur Gründung der Europäischen Gemeinschaft, Bd. 2 (Art. 81-97 EGV), 6. Aufl., Baden-Baden 2003.

Schulte, Bernd:
Kommentierung zu Art. 118 EGV, in: Groeben, Hans von der / Thiesing, Jochen / Ehlermann, Claus-Dieter (Hrsg.), Kommentar zum EU-/EG-Vertrag, Bd. 3 (Art. 102a-136a), Baden-Baden 1999.

Schuppert, Gunnar Folke:
Die öffentliche Aufgabe als Schlüsselbegriff der Verwaltungswissenschaft, in: Verwaltungsarchiv 71 (1980), S. 309 ff.

Schütte, Michael / Kirchhoff, Wolfgang:
Staatliche Bürgschaften und EG-Beihilferecht, in: EWS 1996, S. 189 ff.

Schwarze, Jürgen:
Einführung: Daseinsvorsorge im Lichte des Wettbewerbsrechts, in: Schwarze, Jürgen (Hrsg.): Daseinsvorsorge im Lichte des Wettbewerbsrechts, Baden-Baden 2001, S.9 ff.

Schwarze, Jürgen:
Daseinsvorsorge im Lichte des europäischen Wettbewerbsrechts, in: EuZW 2001, S. 334 ff.

Schweitzer, Michael / Hummer, Waldemar:
Europarecht, 5. Aufl., Neuwied/Kriftel/Berlin 1996.

Schwintowski, Hans-Peter:
Der Begriff des Unternehmens im europäischen Wettbewerbsrecht, in: ZeuP 1994, S. 294 ff.

Seidel, Martin:
Grundfragen des Beihilfenaufsichtsrechts der Europäischen Gemeinschaften, in: Börner, Bodo / Neundörfer, Konrad (Hrsg.), Recht und Praxis der Beihilfen im Gemeinsamen Markt, Köln/Berlin/Bonn/München 1984 S. 55 ff.

Sinn, Hans-Werner:
Gedanken zur volkswirtschaftlichen Bedeutung des Versicherungswesens, in: Zeitschrift für die gesamte Versicherungswissenschaft, Bd. 77 (1988), S. 1 ff.

Skowronek, Peter-Christoph:
Die europäischen Sparkassensysteme und das Wettbewerbsrecht der EU: subventionsrechtliche Probleme im europäischen Sparkassenrecht, Frankfurt am Main 2001.

Slot, Piet Jan:
The concept of undertaking in EC Competition Law, in: Due, Ole/Lutter, Marcus / Schwarze, Jürgen (Hrsg.), Festschrift für Ulrich Everling, Band II, Baden-Baden 1995, S. 1413 ff.

Slotboom, Marco M.:
State aid in Community law: a broad or narrow definition?, in: ELR 1995, S. 289 ff.

Söllner, Renate:
Art. 5 EWG-Vertrag in der Rechtsprechung des Europäischen Gerichtshofes, München 1985.

Soltész, Ulrich:
Die „Belastung des Staatshaushalts" als Tatbestandsmerkmal einer Beihilfe i.S.d. Art. 92 I EGV, in: EuZW 1998, S. 747 ff.

Steinberger, Daniela:
Staatliche Wirtschaftsinterventionen als Verstoß gegen die Wettbewerbsregeln des EG-Vertrages, Köln/Berlin/Bonn/München 1994.

Stewart, Gordon:
The Public Role of Insurers in Man-Made Catastrophes, in: Liedtke, Patrick M. / Courbage, Christophe (Hrsg.), Insurance and September 11 one year after – Impact, Lessons and Unresolved Issues, Genf 2002, S. 235 ff.

Stewing, Clemens:
Staatliche Ausfuhrkreditversicherung im Europäischen Binnenmarkt – nicht marktgängige Risiken, in: EWS 1993, S. 237 ff.

Stöppel, Heinz:
Feuer-Betriebsunterbrechungsversicherung, in: Gabler, Thomas / Große, Walter / Müller-Lutz, Heinz-Leo/Schmidt, Reimer (Hrsg.), Versicherungsenzyklopädie, Band 4, 4. Aufl., Wiesbaden 1991.

Straubhaar, Thomas:
Die Weltwirtschaft nach dem 11. September: Mehr Regulierung oder mehr Markt?, in: Zeitschrift für Politikwissenschaft (Journal of political science), Jg. 13 (2003), Heft 1, S. 123 ff.

Streinz, Rudolf:
Europarecht, 5. Aufl., Heidelberg 2001.

Streinz, Rudolf:
Deutsches Stromeinspeisungsgesetz keine Beihilferegelung, in: JuS 2001, S. 596 ff.

Thiesing, Jochen:
Die Abgrenzung des relevanten Marktes in der Rechtsprechung des Europäischen Gerichtshofes zu Art. 85 und 86 EWGV, in: FIW (Hrsg.), Wettbewerbsordnung im Spannungsfeld von Wirtschafts- und Rechtswissenschaft - Festschrift für Gunther Hartmann, Köln/Berlin/Bonn/München 1976, S. 355 ff.

Tipke, Klaus / Lang, Joachim / Seer, Roman:
Steuerrecht, 17. Aufl., Köln 2002.

Tränkle, Claudia:
Die „essential facilities"-Doktrin im europäischen Wettbewerbsrecht – Eine rechtsvergleichende Untersuchung der „essentail facilites"-Doktrin im Rahmen der Rechtsprechung zu Art. 82 (ex-Art. 86) EGV und § 19 IV Nr. 4 GWB unter Berücksichtigung der Rechtsprechung zu Section 2 Sherman Act im US-amerikanischen Recht, Tübingen 2001.

Trautwein, Thomas:
Art. 87 I EG: Begriff der Beihilfe, in: JA 2001, S. 929 ff.

Troberg, Peter:
Kommentierung zu Art. 60 EGV, in: Groeben, Hans von der /Thiesing, Jochen / Ehlermann, Claus-Dieter (Hrsg.), Kommentar zum EU-/EG-Vertrag, Bd. 1 (Art. A-F EUV, Art. 1-84 EGV, 5. Aufl., Baden-Baden 1997.

Tyran, Jean-Robert:
Das Modell ERICAM: Ein Vorschlag zur Verbesserung der Kernenergiehaftpflicht aus ökonomischer Sicht, in: Pelzer, Norbert (Hrsg.), Neues Atomenergierecht – Nationale und Internationale Entwicklungen – Tagungsbericht der AIDN/INLA-Regionaltagung in Landshut 1994, Baden-Baden 1995, S. 163 ff.

UNESPA:
El seguro de incendios, abrufbar unter: http://www.unespa.es/danos/5_3_danos.cfm.

Ungern-Sternberg, Thomas von:
Die Katastrophen-Versicherung in Spanien, abrufbar unter: http://www.irv.ch/http/publikationen/documents/spanien_d.pdf.

Waldherr, Markus:
Die Rule of Reason im europäischen und US-amerikanischen Wettbewerbsrecht, Wien 2001.

Wecker, Johannes:
Ein liberales Programm, abrufbar unter: http://www.uni-saarland.de/fak1/fr12/welcker/l-programm.html.

Weiß, Wolfgang:
Nationales Steuerrecht und Niederlassungsfreiheit, in: EuZW 1999, S. 493 ff.

Weiß, Wolfgang:
Privatisierung und Staatsaufgaben – Privatisierungsentscheidungen im Lichte einer grundrechtlichen Staatsaufgabenlehre unter dem Grundgesetz, Tübingen 2002.

Weiß, Wolfgang:
Kommentierung zu Art. 82 EGV, in: Calliess, Christian / Ruffert, Matthias (Hrsg.), Kommentar zu EU-Vertrag und EG-Vertrag, 2. Aufl., Neuwied/Kriftel 2002.

Williams, Colin:
Aviation Insurance – One Year after WTC, in: Liedtke, Patrick M. / Courbage, Christophe (Hrsg.), Insurance and September 11 one year after – Impact, Lessons and Unresolved Issues, Genf 2002, S. 189 ff.

Wilms, Günter:
Das Europäische Gemeinschaftsrecht und die öffentlichen Unternehmen – Die Kompetenz der Kommission aus Art. 90 Abs. 3 EG-Vertrag und ihre Anwendung auf die Elektrizitätswirtschaft, Berlin 1996.

Wise, Michael:
The Role of Competiton Policy in Regulatory Reforms, in: OECD (Hrsg.), Journal of Competition Law and Policy, Volume 1, No. 1, Paris 1999.

Wolff, Sebastian:
„Versicherung gegen das Unfassbare", vom 22.2.2002, in: BerlinOnline, Textarchiv der Berliner Zeitung, abrufbar unter: http.//www.BerlinOnline.de/wissen/berliner_zeitung/archiv/2002/0222/wirtschaft/0025/.

Wolgast, Michael:
The Implications of 11 September for the German Insurance Industry, in: Liedtke, Patrick M. / Courbage, Christophe (Hrsg.), Insurance and September 11 one year after – Impact, Lessons and Unresolved Issues, Genf 2002, S. 70 ff.

Wolgast, Michael:
Global terrorism and the insurance industry: New challenges and policy responses, in: Liedtke, Patrick M. / Courbage, Christophe (Hrsg.), Insurance and September 11 one year after – Impact, Lessons and Unresolved Issues, Genf 2002, S. 243 ff.

Woude, Marc van der:
Article 90: „Competing for Competence", in: EL Rev. 1992, Competition Law Checklist 1991, S. 60 ff.

Wüstenhöfer, Ulrich:
Gewerbesteuer, 5. Aufl., München 2001.

Zäch, Roger:
Wettbewerbsrecht der Europäischen Union – Praxis von Kommission und Gerichtshof, Bern/München 1994.

Gesetze

Europäisches Recht:

Erste Richtlinie des Rates 73/239/EWG, „zur Koordinierung der Rechts- und Verwaltungsvorschriften betreffend die Aufnahme und Ausübung der Tätigkeit der Direktversicherung (mit Ausnahme der Lebensversicherung), vom 24.7.1973, in: ABl. EG 1973, Nr. L 228/3ff.
(zit.: Erste Richtlinie Schadensversicherung).

Zweite Richtlinie des Rates 88/357/EWG, „zur Koordinierung der Rechts- und Verwaltungsvorschriften für die Direktversicherung (mit Ausnahme der Lebensversicherung) und zur Erleichterung des freien Dienstleistungsverkehrs sowie zur Änderung der Richtlinie 73/239/EWG, vom 18.6.1992, in: ABl. EG 1988, Nr. L 172/1ff.
(zit.: Zweite Richtlinie Schadensversicherung).

Richtlinie des Rates 92/49/EWG, „zur Koordinierung der Rechts- und Verwaltungsvorschriften für die Direktversicherung (mit Ausnahme der Lebensversicherung) sowie zur Änderung der Richtlinien 73/239/EWG und 88/357/EWG, vom 18.6.1992, in: ABl. EG Nr. L 228/1ff.
(zit.: Dritte Richtlinie Schadensversicherung).

Richtlinie der Kommission 80/723/EWG, „über die Transparenz der finanziellen Beziehungen zwischen den Mitgliedsstaaten und den öffentlichen Unternehmen, vom 25.6.1980, in: ABl. EG 1980 Nr. L 195/35
(zit.: Transparenzrichtlinie).

Konsolidierte Fassung der Verordnung (EWG) Nr. 1408/71 des Rates vom 14. 6. 1971 zur Anwendung der Systeme der sozialen Sicherheit auf Arbeitnehmer, Selbständige und deren Familienangehörige, die innerhalb der Gemeinschaft zu- und abwandern, 92/C 325/01, vom 10.12.1992, in: ABl. EG Nr. C 325, S. 1ff.

Richtlinie 90/388/EWG über den Wettbewerb auf dem Markt für Telekommunikationsdienste, in: ABl. EG Nr. L 192/S. 10ff.

Materialien

Europäische Kommission:

Vorschlag 66/543/EWG, „für eine erste Richtlinie des Rates zur Koordinierung der die Aufnahme und Ausübung der Direktversicherung (außer Lebensversicherung) betreffenden Rechts- und Verwaltungsvorschriften“, in: ABl. Nr. 175, S. 3056ff./66, vom 3.10.1966.
(zit.: Vorschlag für die Erste Richtlinie Schadensversicherung).

Wirtschafts- und Sozialausschuss der Europäischen Gemeinschaften:

Stellungnahme zu dem „Vorschlag für eine erste Richtlinie des Rates zur Koordinierung der die Aufnahme und Ausübung der Direktversicherung (außer Lebensversicherung) betreffenden Rechts- und Verwaltungsvorschriften, in: ABl. EG Nr. 158, S. 1 ff., vom 18.7.1967
(zit.: Wirtschaftsausschuss zum Vorschlag für die Erste Richtlinie Schadensversicherung).

Europäische Kommission:

Vorschlag 90/C 244/02, „Für eine dritte Richtlinie des Rates zur Koordinierung der Rechts- und Verwaltungsvorschriften für die Direktversicherung (mit Ausnahme der Lebensversicherung) sowie zur Änderung der Richtlinien 73/239/EWG und 88/357/EWG, vom 27.7.1990, in: ABl. EG 1990, Nr. C 244, S. 28ff.
(zit.: Entwurf zur Dritten Richtlinie Schadensversicherung).

Deutsches Recht:

Verordnung über die Rechnungslegung von Versicherungsunternehmen, vom 8. November 1994, in: BGBl. 1994, Teil I, S. 3378 ff.
(zit.: Versicherungsunternehmens-Rechnungslegungsverordnung bzw. Geänderte Versicherungsunternehmens-Rechnungslegungsverordnung).

Erste Verordnung zur Änderung der Verordnung über die Rechnungslegung von Versicherungsunternehmen, inkl. Begründung und Zustimmung des Bundesrats am 23.5.2003, in Kraft getreten am 24.5.2003, abgedruckt als Bundesrats-Drucksache 293/03 vom 30.4.03
(zit.: Änderungsverordnung zur Versicherungsunternehmens-Rechnungslegungsverordnung).

Spanisches Recht:

Estatuto Legal del Consorcio de Compensación de Seguros,
abrufbar in inoffizieller Form unter: http://www.consorseguros.es/normativa/general/estatuto.htm, offiziell: Art. 4 de la Ley de 19 de Diciembre, in: Boletín Oficial del Estado (BOE), Nr. 304, de 20 de Diciembre de 1990
(zit.: Estatuto Legal)

Reglamento de Riesgos Extraordinarios sobre personas y los bienes,
abrufbar in inoffizieller Form unter: http://www.consorseguros.es/normativa/riesgextra/reglamento.htm, offiziell: Real Decreto 2022/1986, de 29 de agosto, por el que se aprueba el Reglamento de Riesgos Extraordinarios sobre las Personas y los Bienes, in: Boletín Oficial del Estado (BOE), Nr. 235, de 1 de octubre
(zit.: Reglamento de Riesgos Extraordinarios).

Orden de 28 de Noviembre de 1986,
abrufbar in inoffizieller Form unter: http://www.consorseguros.es/normativa/riesgextra/reglamento.htm, offiziell: Orden de 28 de Noviembre de 1986, por la que se desarrolla el Real Decreto 2022/1986, de 29 de Agosto, aprobando el Reglamento de Riesgos Extraordinarioa sobre las Personas y los Bienes, in: Boletín Oficial del Estado (BOE), Nr. 298, de 13 de diciembre
(zit.: Orden de 28.11.1986).

Regulación de 22 de Julio de 1996,
abrufbar in inoffizieller Form unter: http://www.consorseguros.es/normativa/riesgextra/triesgextra.htm, offiziell: Resolucón de 22 de Julio de 1996, de la Dirección General de Seguros, por la que se aprueban los recargos en favor del Consorcio de Compensación de Seguros para el ejercicio de sus funciones en materia de seguro de riesgos extraordianrios, a satisfacer obligatoriamente por los asegurados, la cláusula de cobertura a insertar en las pólizas de seguro ordinario y la información a facilitar por las entidades aseguradoras relativa a las pólizas inclufdas en el régimen de cobertura de los riesgos extraordinarios, in: Boletín Oficial del Estado (BOE), Nr. 185, de 1 de agosto
(zit.: Regulación de 22.7.1996).

Regulación de las Provisiones técnicas,
abrufbar in inoffizieller Form unter: http://www.consorseguros.es/normativa/general/provisiones.htm, offiziell: Real Decreto 2013/1997, de 26 de Diciembre, de Regulación de las Provisiones técnicas a dotar por el Consorcio de Compensació de Seguros, in: Boletín Oficial del Estado (BOE), Nr. 310, de 27 de Diciembre de 1997
(zit.: Regulación de Provisiones técnicas).

Convenio de Reaseguro de Pérdida de Beneficios para el Riesgo de Terrorismo
firmado, de una parte, por la Unión Española de Entidades Aseguradoras y Reaseguradoras (UNESPA) y, de otra, por el Consorcio de Compensación de Seguros, con fecha 31 de Enero de 2002, abrufbar unter: www.consorseguros.com/terrorismo/fterro.htm
(zit.: Convenio de Reaseguro de Pérdida de Beneficios).

Ley sobre Responsabilidad civil y Seguro en la Circulación de Vehículos a Motor,
abrufbar in inoffizieller Form unter: http://www.consoseguros.es/normativa/autos/rc.htm, offiziell in: Boletín Oficial del Estado (BOE), Nr. 268, de noviembre de 1995.

Ley de Organización y Funcionamiento de la Administración general del Estado,
abrufbar in inoffizieller Form unter: http://www.lexureditorial.com/leyes/loae0691.htm, offiziell in: Boletín Oficial del Estado (BOE), Nr. 90, de 15 de abril de 1997
(zit.: Ley de la Administración general).

Schriften zum internationalen und zum öffentlichen Recht

Herausgegeben von Gilbert Gornig

Band 1 Michael Waldstein: Das Asylgrundrecht im europäischen Kontext. Wege einer europäischen Harmonisierung des Asyl- und Flüchtlingsrechts. 1993.

Band 2 Axel Linneweber: Einführung in das US-amerikanische Verwaltungsrecht. Kompetenzen, Funktionen und Strukturen der "Agencies" im US-amerikanischen Verwaltungsrecht. 1994.

Band 3 Tai-Nam Chi: Das Herrschaftssystem Nordkoreas unter besonderer Berücksichtigung der Wiedervereinigungsproblematik. 1994.

Band 4 Jörg Rösing: Beamtenstatut und Europäische Gemeinschaften. Eine Untersuchung zu den gemeinschaftsrechtlichen Anforderungen an die Freizügigkeit der Arbeitnehmer im Bereich des öffentlichen Dienstes. 1994.

Band 5 Wolfgang Wegel: Presse und Rundfunk im Datenschutzrecht. Zur Regelung des journalistischen Umgangs mit personenbezogenen Daten. 1994.

Band 6 Sven Brandt: Eigentumsschutz in europäischen Völkerrechtsvereinbarungen. EMRK, Europäisches Gemeinschaftsrecht, KSZE – unter Berücksichtigung der historischen Entwicklung. 1995.

Band 7 Alejandro Alvarez: Die verfassunggebende Gewalt des Volkes unter besonderer Berücksichtigung des deutschen und chilenischen Grundgesetzes. 1995.

Band 8 Martin Thies: Zur Situation der gemeindlichen Selbstverwaltung im europäischen Einigungsprozeß. Unter besonderer Berücksichtigung der Vorschriften des EG-Vertrages über staatliche Beihilfen und der EG-Umweltpolitik. 1995.

Band 9 Rolf-Oliver Schwemer: Die Bindung des Gemeinschaftsgesetzgebers an die Grundfreiheiten. 1995.

Band 10 Holger Kremser: "Soft Law" der UNESCO und Grundgesetz. Dargestellt am Beispiel der Mediendeklaration. 1996.

Band 11 Michael Silagi: Staatsuntergang und Staatennachfolge: mit besonderer Berücksichtigung des Endes der DDR. 1996.

Band 12 Reinhard Franke: Der gerichtliche Vergleich im Verwaltungsprozeß. Auch ein Beitrag zum verwaltungsrechtlichen Vertrag. 1996.

Band 13 Christoph Eichhorn: Altlasten im Konkurs. 1996.

Band 14 Dietrich Ostertun: Gewohnheitsrecht in der Europäischen Union. Eine Untersuchung der normativen Geltung und der Funktion von Gewohnheitsrecht im Recht der Europäischen Union. 1996.

Band 15 Ulrike Pieper: Neutralität von Staaten. 1997.

Band 16 Harald Endemann: Kollektive Zwangsmaßnahmen zur Durchsetzung humanitärer Normen. Ein Beitrag zum Recht der humanitären Intervention. 1997.

Band 17 Jochen Anweiler: Die Auslegungsmethoden des Gerichtshofs der Europäischen Gemeinschaften. 1997.

Band 18 Henrik Ahlers: Grenzbereich zwischen Gefahrenabwehr und Strafverfolgung. 1998.

Band 19 Heinrich Hahn: Der italienische Verwaltungsakt im Lichte des Verwaltungsverfahrensgesetzes vom 7. August 1990 (Nr. 241/90). Eine rechtsvergleichende Darstellung. 1998.

Band 20 Christoph Deutsch: Elektromagnetische Strahlung und Öffentliches Recht. 1998.

Band 21 Cordula Fitzpatrick: Künstliche Inseln und Anlagen auf See. Der völkerrechtliche Rahmen für die Errichtung und den Betrieb künstlicher Inseln und Anlagen. 1998.

Band 22 Hans-Tjabert Conring: Korporative Religionsfreiheit in Europa. Eine rechtsvergleichende Betrachtung. Zugleich ein Beitrag zu Art. 9 EMRK. 1998.

Band 23 Jörg Karenfort: Die Hilfsorganisation im bewaffneten Konflikt. Rolle und Status unparteiischer humanitärer Organisationen im humanitären Völkerrecht. 1999.

Band 24 Matthias Schote: Die Rundfunkkompetenz des Bundes als Beispiel bundesstaatlicher Kulturkompetenz in der Bundesrepublik Deutschland. Eine Untersuchung unter besonderer Berücksichtigung natürlicher Kompetenzen und der neueren Entwicklung im Recht der Europäischen Union. 1999.

Band 25 Hermann Rothfuchs: Die traditionellen Personenverkehrsfreiheiten des EG-Vertrages und das Aufenthaltsrecht der Unionsbürger. Eine Gegenüberstellung der vertraglichen Gewährleistungen. 1999.

Band 26 Frank Alpert: Zur Beteiligung am Verwaltungsverfahren nach dem Verwaltungsverfahrensgesetz des Bundes. Die Beteiligtenstellung des § 13 Abs. 1 VwVfG. 1999.

Band 27 Matthias Reichart: Umweltschutz durch völkerrechtliches Strafrecht. 1999.

Band 28 Nikolas von Wrangell: Globalisierungstendenzen im internationalen Luftverkehr. Entwicklung der Regulierung und Liberalisierung unter Berücksichtigung strategischer Allianzen und des Code-Sharing. 1999.

Band 29 Marietta Hovehne: Ein demokratisches Verfahren für die Wahlen zum Europäischen Parlament. Legitimation gemeinschaftlicher Entscheidungsstrukturen im europäischen Integrationsprozeß. 1999.

Band 30 Nina Kaden: Der amerikanische Clean Air Act und das deutsche Luftreinhalterecht. Eine rechtsvergleichende Untersuchung. 1999.

Band 31 Brigitte Daum: Grenzverletzungen und Völkerrecht. Eine Untersuchung der Rechtsfolgen von Grenzverletzungen in der Staatenpraxis und Folgerungen für das Projekt der International Law Commission zur Kodifizierung des Rechts der Staatenverantwortlichkeit. 1999.

Band 32 Andreas Fürst: Die bildungspolitischen Kompetenzen der Europäischen Gemeinschaft. Umfang und Entwicklungsmöglichkeiten. 1999.

Band 33 Gilles Despeux: Die Anwendung des völkerrechtlichen Minderheitenrechts in Frankreich. 1999.

Band 34 Michael Reckhard: Die rechtlichen Rahmenbedingungen der Sanktionierung von Beitragsverweigerung im System der Vereinten Nationen. 1999.

Band 35 Carsten Pagels: Schutz- und förderpflichtrechtliche Aspekte der Religionsfreiheit. Zugleich ein Beitrag zur Auslegung eines speziellen Freiheitsrechts. 1999.

Band 36 Bernhard Mehner: Die grenzüberschreitende Wirkung direktempfangbaren Satellitenfernsehens aus völkerrechtlicher Sicht. 2000.

Band 37 Karl-Josef Ulmen: Pharmakologische Manipulationen (Doping) im Leistungssport der DDR. Eine juristische Untersuchung. 2000.

Band 38 Jochen Starke: Die verfassungsgerichtliche Normenkontrolle durch den Conseil constitutionnel. Zum Kompetenztitel des Art. 61 der französischen Verfassung. 2000.

Band 39 Marco Herzog: Rechtliche Probleme einer Inhaltsbeschränkung im Internet. 2000.

Band 40 Gilles Despeux: Droit de la délimitation maritime. Commentaire de quelques décisions plutoniennes. 2000.

Band 41 Christina Hackel: Der Untergang des Landes Braunschweig und der Anspruch auf Restitution nach der Wiedervereinigung Deutschlands. 2000.

Band 42 Peter Aertker: Europäisches Zulassungsrecht für Industrieanlagen. Die Richtlinie über die integrierte Vermeidung und Verminderung der Umweltverschmutzung und ihre Auswirkungen auf das Anlagenzulassungsrecht der Bundesrepublik Deutschland. 2000.

Band 43 Karsten Bertram: Die Gesetzgebung zur Neuregelung des Grundeigentums in der ersten Phase der Französischen Revolution (bis 1793) und deren Bedeutung für die deutsche Eigentumsdogmatik der Gegenwart. 2000.

Band 44 Ulrike Hartmann: Die Entwicklung im internationalen Umwelthaftungsrecht unter besonderer Berücksichtigung von *erga omnes*-Normen. 2000.

Band 45 Thomas Jesch: Die Wirtschaftsverfassung der Sonderverwaltungsregion Hongkong. Eine Darstellung vor dem Hintergrund der Wiedereingliederung in die Souveränität der Volksrepublik China. 2001.

Band 46 Sven Gottschalkson: Der Ausschluß des Zivilrechtsweges bei Eigentumsverlusten an Immobilien in der ehemaligen DDR. 2002.

Band 47 Gilbert Hanno Gornig/Gilles Despeux: Seeabgrenzungsrecht in der Ostsee. Eine Darstellung des völkerrechtlichen Seeabgrenzungsrechts unter besonderer Berücksichtigung der Praxis der Ostseestaaten. 2002.

Band 48 Andreas Zühlsdorff: Rechtsverordnungsersetzende Verträge unter besonderer Berücksichtigung des Umweltrechts. 2003.

Band 49 Katja Schmitz: Durchgriffswirkung von Maßnahmen der UN und ihrer Sonderorganisationen unter besonderer Berücksichtigung von Resolutionen des UN-Sicherheitsrates - Die Entwicklung supranationaler Strukturen. 2003.

Band 50 Stefanie Rothenberger: Die angemessene Nutzung gemeinschaftlicher Ressourcen am Beispiel von Flüssen und speziellen Ökosystemen. Eine vergleichende Betrachtung zum modernen Verständnis eines klassischen völkerrechtlichen Nutzungsprinzips. 2003.

Band 51 Christoph von Burgsdorff: Die Umsetzung der EG-Datenschutzrichtlinie im nicht-öffentlichen Bereich. Möglichkeit einer zukunftsorientierten Konzeption des Datenschutzes in der Privatwirtschaft unter besonderer Berücksichtigung des BDSG. 2003.

Band 52 Frank Reinhardt: Powerline. Verfassungs-, verwaltungs- und telekommunikationsrechtliche Probleme. 2003.

Band 53 Chie Sato: Immunität Internationaler Organisationen. 2004.

Band 54 Johannes Thoma: EU-Recht und Schranken hoheitlicher Staatstätigkeit. 2004.

Band 55 Wolf Peterhoff: Rechtsansprüche enteigneter Volksgruppen und ihre Durchsetzbarkeit. 2004.

Band 56 Do-Hyub Kim: Das deutsche parlamentarische Regierungssystem als mögliches Modell für Korea. 2004.

Band 57 Alexander Koberg: Die Exilregierung im Völkerrecht. Eine Untersuchung ihrer rechtlichen Klassifikation. 2005.

Band 58 Nils Christian Carstensen: Das Verhältnis des Seerechtsübereinkommens der Vereinten Nationen von 1982 zu fischereirechtlichen Übereinkommen und deren Streitbeilegungsvorschriften. 2005.

Band 59 Oliver Franz: Osttimor und das Recht auf Selbstbestimmung. Eine Untersuchung zur Anwendung des Selbstbestimmungsrechts der Völker am Beispiel Osttimors. 2005.

Band 60 Michael Kadgien: Das Habsburgergesetz. 2005.

Band 61 Felix Wolf: Terrorversicherungen und europäisches Wettbewerbsrecht. Verschiedene Modelle staatlicher Beteiligung an einer Terrorversicherung für Wirtschaftsbetriebe und ihre Vereinbarkeit mit dem europäischen Wettbewerbsrecht. 2005.

FSC
www.fsc.org
MIX
Papier | Fördert gute Waldnutzung
FSC® C083411

Kolibri 360 GmbH
Ferdinand-Jühlke-Straße 7
99095 Erfurt, Deutschland
produktsicherheit@kolibri360.de

Druck:
CPI Druckdienstleistungen GmbH
im Auftrag der
Kolibri 360 GmbH
Ferdinand-Jühlke-Str. 7
99095 Erfurt